章志强◎主编

课堂教学的
30个微技术

华东师范大学出版社
·上海·

图书在版编目(CIP)数据

课堂教学的30个微技术/章志强主编.—上海：
华东师范大学出版社,2020
 ISBN 978-7-5760-1043-5

Ⅰ.①课… Ⅱ.①章… Ⅲ.①课堂教学-教学研究-
中小学 Ⅳ.①G632.421

中国版本图书馆 CIP 数据核字(2020)第 241981 号

课堂教学的30个微技术

主　　编　章志强
责任编辑　刘　佳
审读编辑　林青荻
责任校对　郭　琳　时东明
装帧设计　卢晓红

出版发行　华东师范大学出版社
社　　址　上海市中山北路 3663 号　邮编 200062
网　　址　www.ecnupress.com.cn
电　　话　021-60821666　行政传真 021-62572105
客服电话　021-62865537　门市(邮购)电话 021-62869887
地　　址　上海市中山北路 3663 号华东师范大学校内先锋路口
网　　店　http://hdsdcbs.tmall.com/

印 刷 者　上海商务联西印刷有限公司
开　　本　787×1092　16 开
印　　张　17.75
字　　数　248 千字
版　　次　2020 年 12 月第 1 版
印　　次　2020 年 12 月第 1 次
书　　号　ISBN 978-7-5760-1043-5
定　　价　52.00 元

出 版 人　王　焰

(如发现本版图书有印订质量问题,请寄回本社客服中心调换或电话 021-62865537 联系)

编 委 会

主编 章志强

编委 黄雪丹　陈旭丽　周永国
　　　　王爱华　宁　颖　沈晓茹

序　一

　　为促进学校发展,不同学校选择的发展策略以及选择的切入点通常是不同的。在学校调研中,我发现,有的学校是从改善学校课程体系入手推动学校发展的,有的学校是在推动教师专业发展上发力的,有的学校则十年如一日地推动教学改革,有的学校是通过彰显学校特色来提高办学品质的,有的学校是通过凝练学校的教育品牌来提升办学质量的……学校改善要么从局部入手,要么进行系统变革。无论学校采取什么路径,只要学校在学校发展上投入精力、付诸实践,对学校发展总是有一定的推动作用。如同开卷有益的道理,读书总比不读书对人的发展要有益。然而,这里还有一个受益程度大小的问题。在调研中,我发现:在教学改革上发力的学校受益是最大的。这是因为教学是学校的生命线,是学校立足的根本,将改革的精力和努力集中于此,能起到事半功倍的作用。

　　当然,有的校长也会说,那不一定。确实如此,虽然教学改革对学校发展起的作用很大,但是如果没有掌握教学改革的规律,没有找准教学改革的路径,教学改革的成效就无法充分发挥。也就是说,学校在选对教学改革的方向以后,再选择正确的教学改革路径,对学校发展的促进作用是最大的。我认为上海市实验学校西校的领导团队对这个道理是深信不疑的,且一直贯彻在实践中。

　　上海市实验学校西校进行教学改革已有十年之久。该校在"成长教育"的理念下,一直在进行成长课堂的建设。为了推进教学改革的进程,帮助教师认同教学改革的理念，支持教师改变不良的教学行为，促进教学理念向教学行为的转变，该校采用了"教学微技术"的教学改革方式。教学微技术是指："针对某个教学环节或者内容等教学细节上的具有可操作性、可测量性的小方法与小手段，是方法和手段的总和。"教学微技术是教学理念转化为行为的助推器。该校每月召开微技术论坛，微技术示范员纷纷选择相应的主题开展研究，形成了微技术的研发机制，该校正在向研究型学校转变。可以说，教学微技术范式为该校推进教学改革提供了一条可以参考、借鉴的新路径。该校的微技术项目已成功申报了市级课题，并获得市级教学成果奖二等奖。

今天出版的《课堂教学的30个微技术》是上海市实验学校西校教学改革成果的第二本专著，如果说第一本专著提炼概括了该校教学改革的整体样貌，那么这本书则聚焦于该校在教学改革中研发出的微技术，将微技术的研究成果进行一一呈现。

借着这本书的出版，上海市实验学校西校有了梳理具体的微技术成果的机会，为该校在教学改革中寻求新的生长点提供了良好的基础。我是带着欣赏的眼光来看待他们的研究成果的，因为我赞赏他们在教学改革上勤勤恳恳的态度和不遗余力的付出。

是为序。

吕星宇
2020年8月

序　二

　　上海市实验学校西校章志强校长让我为《课堂教学的30个微技术》写序，我仔细翻阅了样稿，真心为上实西校章校长和他率领的教育团队躬身教育、细处用功的务实精神感动。当今教育理论满天飞，很多学校在缺乏理解的前提下盲目引入所谓的教学改革，结果画虎类犬、师生折腾、效能低下。

　　我见证了上实西校用近十年的时间探索课堂教学的改进策略，他们从上实母体汲取教育教学改革的元素，师从张人利校长学习后"茶馆式"教学，后又学习格兰特·威金斯（美）与杰伊·麦克泰格（美）共同撰写的《追求理解的教学设计》，结合学校"成长教育"的培育基础，潜心研究课堂教学变革的理念与教学行为落实之间的支架。就如本书中阐述的："不再要求所有的教师能够同步快速做到从理念到行为的直接转化，而是设置中间环节'技术'，即顺应'理念——技术——行为'的思路，先把理念转化为可操作的技术，再把技术转化为广大教师的教学行为，只有当教师真正掌握了技术并有效运用到自己的课堂中，先进的理念才能够落地。"

　　若要说这本书的独特之处，就在于作者研究了从理念到行为之间的一个"默会技术"。所谓"默会"，就是镶嵌于教学实践中，在行动中被展现、被觉察、被意会、难以言传的"经验"。比如有个面包师做的面包特别好吃，人家看他用的材料跟一般人差不多，但可能有一样诀窍是别人没有的，一样的材质做出的面包味道就大相径庭，而这个"诀窍"一般是通过家族、师徒传教得以沿袭，很少能通过文字和图标把它固定下来，成为人尽皆知、皆会、皆用的方法。教师与面包师也有相像的地方，比如两个老师同时接手两个班，相同的教材、相同的生源，不出一年，各有差异，这种差异在每一节课中并不显现，但是恰恰是每一节课中教师个体的细微之处汇聚成一种能量，这种能量的正负决定了差异的方向。

  本书汇聚了课堂教学的30个微技术，并以六个关键维度分类成六章，形成一种内在的逻辑性，这30个微技术发生在课堂教学的方方面面，散落在各个学科的教学环节中，一开始只是老师们比较随意的教学设计，渐渐地这些设计像基因一样植入到他们的教学常态中，形成相对稳定的微技术。本书中对每一项微技术的介绍，首先提炼价值意义，然后介绍具体操作方法，再举典型案例，最后还有一些操作说明和温馨提示，非常像产品说明书，操作指导性很强。通过30个微技术的提炼，教师的默会技术显性为经验，经验通过实证被提炼为规律性的认识，并形成详细的微技术说明书，从而填补了教育理念落实到教育行为之间的缺失地带。

  每一个微技术就像一粒珍珠，章志强校长"教海拾珠"，从养殖、挑选、打磨，到把一颗颗珍珠串连起来，制作成一串串项链，它们虽然并不昂贵，但是一线的老师都值得拥有。

  微言微技术，是为序。

徐 红
2020年8月

目　录

总论　汇聚每一个微小的力量 / 1

第一章　价值赋予：课堂教学微技术不仅仅是技术 / 1

改写比较：让思维变得更灵动 / 4
类比推演：概念教学的"法宝" / 11
辩论式阅读：提升思维品质的秘密武器 / 16
以"辩"促写：提升议论文写作思维的有效抓手 / 22
渐进朗读：以读促悟的有效途径 / 31

第二章　目标聚焦：课堂教学微技术的生长意涵 / 37

目标分层导引：实施差异化教学促因材施教 / 40
目标问题化：实现教、学、评一致性 / 47
问题链导学：平面几何基本图形的活学活用 / 53
串联式课堂问答：解决思维遇阻点 / 59
游戏导入：激兴趣提效率 / 63

第三章　内容丰富：课堂教学微技术的课程处理 / 73

问题链条：引导学生突破难点解决难题 / 76
内容重组：提升学生的英语写作能力 / 83

"链式"设问：聚焦问题解决 / 93
图式板书：思维训练的"脚手架" / 99
递进式问题链：让课堂提问更精彩 / 106

第四章　过程立体：课堂教学微技术的实践智慧 / 113

化整为零：主动学习的推动力 / 116
学习支架：自主学习的助推器 / 122
设置认知冲突：促进学生主动学习 / 129
角色体验：让信息科技教学更具生命力 / 135
"小白板"分享：提升合作学习实效 / 144

第五章　评价多元：课堂教学微技术的激励方法 / 153

捆绑式评价：让合作学习有效发生 / 156
多元评价：实现名著导读的学科德育价值 / 163
"四格法"：助力英语写作教学 / 171
同伴互助：促问题解决能力提升 / 181
基于单元视角的输出活动设计：提升学生的语用能力 / 188

第六章　管理技巧：课堂教学微技术的放大效应 / 195

学生自主命题：让中考语文复习高效灵动 / 198
角色分工：助力小组合作深入学习 / 205
架设"脚手架"：让概念教学变得更深刻 / 211
思维可视化：突破学生思维障碍的有效途径 / 218
设置督察员：提高布堆画合作学习的有效性 / 225

后记 / 231

总论　汇聚每一个微小的力量

一、研究的缘起

（一）理念落地需要智慧

对于教育，我们真的不缺理念，缺的是理念落地的智慧。2012年12月闵行区教育局发布《闵行区推进中小学课堂教学改进三年行动计划》，计划用三年的时间，以"课堂教学改进"促进闵行教育优质发展。同年，教育局组织区内13所学校学习张人利校长创立的后"茶馆式"教学理念，我校作为基地校参与其中，通过借鉴后"茶馆式"教学理念积极推进教学改进。但如何把后"茶馆式"教学理念尽快转变为教师的教学行为，成为工作过程中的一道难题。例如，后"茶馆式"教学有两个课堂教学的关键干预因素，其一为"学生自己能学会的，教师不讲"，很多教师始终不得要领。学校多次邀请张人利校长来校为全校教师开讲座，让老师们初步了解后"茶馆式"教学的理念，在此基础上组织全校教师系统学习张人利校长的专著《后"茶馆式"教学》，并布置了现场书面作业。现摘抄其中一道论述题如下：

此菜（八宝饭）历经千年，流传全国，色泽鲜艳美观，质软香甜，为酒席上的佳肴。由于各地习俗，口味有异，用料亦不尽相同，但其烹制方法和风味基本相似。这里提供一种八宝饭的做法，其步骤如下：（略）。如果你是一位教学生做八宝饭的老师，请尝试运用后"茶馆式"教学的两个关键干预因素来指导自己的教学，写出你的教学设计（包括教学目标、教学过程和作业布置）。

学校试图通过这种方法，帮助老师们在理解理念的基础上学会应用。2014年11月27日上午，作为闵行区首届教育学术节的重要活动，后"茶馆式"教学实践专项展示在我校举行。记得在设计活动主题的时候，我们针对教学的现状，把"学生自己能学会的,教师不讲"作为了此次活动的主题。实际上,这个主题需要我们回答的两个核心问题。一是我们教育的真正目的是什么,仅仅是教会学生知识还是教会学生学会自己学习？二是如何操作,比如,如何判断学生自己能学会？如果要让学生先学,那么是课上先学还是课前先学？是一次先学还是多次先学？先学是"书中学"还是"做中学"？是独立学习还是合作学习？先学的形式是什么,是先读还是先练、先听？如果学生自己能学会的,教师不讲,那么教师到底讲什么？通过对这些问题的深入研究和实践,老师们对后"茶馆式"教学理念不断深化,并逐渐转化为教师自己的教学行为。

总之,理念不落地,理念就是一句空话！在当前教学改革不断深化的实践中,我们不仅需要能真正指导实践的理念,更需要能够使理念落地的实践智慧。

(二)办学理念的实践载体

我们坚持以"成长教育"思想为指导,强调学校的教育要创造条件不断激发学生的潜能,激励学生不断进行自我理解、自我反思、自我完善、自我成长；相信教育的目的是让学生开始自己教育自己,其他人的帮助都只是学生自我教育的前奏。为解决学生学习中存在的问题,我们提出构建以"主动、分享、快乐"为特征的成长课堂作为课堂教学改进的载体,并提出了"调结构、转方式、变关系"的策略。

"调结构"是指改变"老师讲、学生听"的学生被动学习的组织结构,坚持以学生的学习为中心,改变单纯以知识结构为线索来设计教学的现状,而按照学生的认知需求(结合知识结构)来设计课堂教学。老师备课时在关注知识结构的同时,更要考虑这个内容学生是怎样学的,然后教师搭建"脚手架"来帮助学生,把学习的主动权还给学生,让学生主动先学、主动思考。在信息化社会里教师的职责已经从传授学生知识转变为鼓励学生思考,是帮助学生学会学习,而不是去代替学生思考和实践,只有这样才能充分激发学生学习的内在动力。

"调结构"案例：以学生认知需求为线索来设计教学。

六年级第一学期"分数的除法"的教学,教材中是学完分数的乘法后学分数的除法,分数的除法共分两节,第一节讲倒数,第二节讲分数除法的运算法则。在教学中,有一位学生向老师提出了疑惑：为什么在学习分数除法之前要学习倒数？这个问题激发了我们对书本知识结构的思考。实际上,倒数放在除法之前,是编者为了把知识点讲清楚,但却是不符合学生的认知需要的。于是我们对教材进行了"调结构"处理,在学生已经学过分数乘法的基础上,让学生探求分数除法法则,然后引出倒数概念,最后用倒数来叙述分数除法的法则。具体方案如下。

环节一：分数除法的探求

思考：如何计算 $\dfrac{2}{5} \div \dfrac{3}{4}$ 的值？

引导学生应用已有的知识进行探求，学生思维很活跃，想出的方法也较多。

方法一 根据整数的除法和分数的基本性质，

$$\frac{2}{5} \div \frac{3}{4} = \frac{\frac{2}{5}}{\frac{3}{4}} = \frac{\frac{2}{5} \times 20}{\frac{3}{4} \times 20} = \frac{2 \times 4}{5 \times 3} = \frac{8}{15}。$$

方法二 根据除法逆运算的知识，设 $\dfrac{2}{5}$ 除以 $\dfrac{3}{4}$ 的商为 x，那么得方程 $\dfrac{3}{4}x = \dfrac{2}{5}$。

可以转换成整数系数： $20 \times \dfrac{3}{4} x = \dfrac{2}{5} \times 20$，

即 $15x = 8$，

则 $x = \dfrac{8}{15}$。

方法三 设 $\dfrac{2}{5}$ 除以 $\dfrac{3}{4}$ 的商为 x，那么得方程 $\dfrac{3}{4}x = \dfrac{2}{5}$。

要解出 x，只需将等式左边 x 的系数变成 1 即可，因此等式两边同乘以 $\dfrac{4}{3}$，得 $\dfrac{4}{3} \times \dfrac{3}{4} x = \dfrac{2}{5} \times \dfrac{4}{3}$，

所以 $x = \dfrac{2}{5} \times \dfrac{4}{3}$，

即 $x = \dfrac{8}{15}$。

环节二：分数除法法则的归纳

由方法一或三都可以发现：$\dfrac{2}{5} \div \dfrac{3}{4} = \dfrac{2}{5} \times \dfrac{4}{3}$，从而归纳出分数除法的运算法则。

环节三：提出倒数概念

在叙述分数除法的变除为乘运算法则时，观察除数 $\dfrac{3}{4}$ 和乘数 $\dfrac{4}{3}$ 之间的关系，引出

"倒数"这一名称便水到渠成。

教材上呈现的知识结构：分数的乘法⇒倒数⇒分数的除法。但这并不是学生真实的认知过程,不利于学生主动建构知识。案例中进行了改进,改进后以学生认知需求为线索来处理教材,是按这样的结构来施教：分数的乘法⇒学生探求分数除法法则⇒归纳分数除法法则⇒提出倒数概念。从实际教学的效果来看,学生学习的积极性、主动性明显增强,倒数概念的产生也变得自然而然。

"转方式"是指优化学生的学习方式,改变单纯依靠学生独立学习的样态,重视学生在独立学习基础上的分享学习,让分享成为学习的一种常态,在班内构建起多边互动合作分享的课堂教学形态。华东师范大学钟启泉教授在《课堂转型的挑战》一文中谈到：取代分层教学的是"协同学习",协同学习可以排斥个人主义竞争,走向集体主义学习,为尊重差异、共同学习的互惠学习提供准备。可见,合作分享学习可以成为学生学习的一种常态,是能真正实现"变差异为资源"的一种教学方式,能实现知识、方法和思想的分享与互相促进。当然,教师根据不同的学生和教学内容,还可以选择"书中学"或"做中学"等不同的方式。在"转方式"的过程中,教师的任务是创设情景、引导问题、构建机制；学生的表现是独立学习与合作学习结合,书中学、做中学、悟中学结合,师生分享大家的智慧。

"变关系"是指改变传统教学中老师是"绝对权威"的师生关系,构建师生之间、生生之间平等、互相尊重的和谐关系。教师的作用是引导、帮助、激励学生学习,真正构建起师生的学习共同体。心理学早已证明快乐情感有助于学生的学习,平等的师生关系最有利于激发学生快乐的情感,让学生保持持续学习的热情,促进学生乐学、会学、生动活泼地学。教师要突出学生的主体地位,把课堂教学的时空和机会最大限度还给学生,给予其充分展现的机会,并给予激励性的评价。只有这样,学生的自主性、能动性和创造性才能受到充分的尊重和激发。教师只是学习共同体中的首席或引导者,作用是让学生因为学习而快乐,因为快乐而喜欢学习。

(三) 教学是一种科学,是一种艺术,实际上也是一种技术

在深入研究的过程中,我们发现,广大教师对于课改的理念都能学习并接受,但是行动有差异,操作上的瓶颈具有普遍性,尽管其中的原因是多方面的、是复杂的,但一个重要原因是有些教师不知道如何将理念转化为自己的教学实践,导致自己的课堂教学行为很少有实质性的改变。因此,要让教师深入持久地推进课堂教学改进,必须要找到改变教师教学行为的一个切入口。

例如，我在一次学校的教学例会上听到一位青年教师谈到下一步教学策略的时候，她归纳成三点：第一要夯实基础知识的教学，第二要充分调动学生学习的积极性，第三要加强实验教学。这样的归纳显然是不够的，因为还停留在观念的层面，比如：如何来夯实基础知识？怎样来调动学生的积极性？如何来加强实验教学？如果这些问题得不到解决，那么我们的总结就只是停留在口头上、形式上。这就要求我们老师进行深入的思考，并且找到解决问题的对策。

一位体育老师给了我启示。每天的课间操，我校1200个学生要在5分钟内从两幢5层教学楼到操场完成集合，并能做到快、静、齐，这绝非易事，当天主持出操的体育老师口令的有效性至关重要。我校体育老师总结了五个技巧：第一，让最早到场地的班级能快、静、齐地列队，后进的班级就会主动融入；第二，由内而外进行评价管理，靠近操场主席台的班级如果有讲话声音，教师必须立即准确点出班级和学生姓名，督促其及时改正；第三，即时评价，主要以赞扬为主；第四，评价用语要做到"短、平、快"，"短"指用语短促有力，"平"指用词公平合理，"快"指语速快捷、声音洪亮；第五，评价后的教育必不可少，对于个别提醒了还没有改正的同学，必须当即指出，出操结束后进行教育，绝不轻易放过。

虽然这只是喊口令的小诀窍，但是对于整队的效果却起到了至关重要的作用。课堂也是这样，一些细微的小技术，可以大大提高课堂教学的效能。

（四）理念转化为行为的校本模式

把教学看成是一种技术，实际上也得到国内外专家的认可。美国教育传播与技术协会（Association for Educational Communication and Technology，简称AECT）在1994年就对教学技术提出了全新的定义，认为"教学技术"是关于学习资源和学习过程的设计、开发、使用、管理和评价的理论和实践。该定义改变了以往"教学过程"的提法，体现了现代教学观念从以教为中心转向以学为中心，从传授知识转向发展学生学习能力的重大转变。

国家督学、上海市教育学会会长尹后庆为格兰特·威金斯（美）与杰伊·麦克泰格（美）共同撰写的《追求理解的教学设计（第二版）》写序。在序言的最后一段，他说："这是一本值得我们反复翻阅的书。当基础教育课程改革方案、课程标准已经制定，教材体系已经初步建设完成的时候，我们一定会感觉到，最紧迫、最需要的当是把理念转化为行动。所谓'行动'，指的是所有在日常课堂上每天与学生互动的老师们在主导教学中的具体行为。这是关系到课程改革理念和方案能不能真正落地、能不能达到预期效果的关键环节。此书的推出,可以说是正当其时,希望此书能够帮助更多的教育工作者突破'理念向行动'转化的关键环节!"[1]《追求理解的教学设计(第二版)》中有一段话:"我们采用了一种被称为'概念获得'的追求理解的教学技术。你需要做的就是通过比较图表 6.1 中呈现的一系列正反例,设法弄清楚什么是理解。换句话说,第一列中关于理解的表述是怎么样的? 他们与第二列的表述有什么区别?"[2]我们看到,文中讲到的教学技术实际上就是一张表格,是用来帮助理解概念的。

我国教育部陈宝生部长在 2017 年 9 月 8 日《人民日报》撰文《努力办好人民满意的教育》指出:"深化基础教育人才培养模式改革,掀起'课堂革命',努力培养学生的创新精神和实践能力。""课堂革命"首先是一场课堂技术的革命,我们的良好愿望和先进理念只有落实到教育方法上,才能真正实现我们的教育理想和教育目标。顾泠沅老师从 1977 开始的青浦实验,第一阶段的实验方法就是以教学实践为基础的综合研究、"始终强调以概括与提炼为手段",从而获得了大面积提高教学质量的系统经验。[3] 如他在总结成功案例时发现,"在新授课中,教师根据教材特点,选择恰当内容编成问题,让学生产生解决问题的欲望,然后学习,比直接按教材讲课更容易激发学生的学习兴趣";有老师"在训练中则采用分步设置障碍的办法,一题多变",效果很好。[4] 在《教学实验论——青浦实验的方法学与教学原理研究》一书中,顾泠沅老师把"情意原理、序进原理、活动原理、反馈原理"作为让所有学生有效学习的四个基本原理。从我们提出的技术思维来看,这些经验如"把问题作为出发点"和"变式训练"等都可以看成是改进教学的技术。北京市十一学校联盟总校校长李希贵在《教育艺术随想录》的《培养协作精神,开拓学习新途径》一文中写道:"合作学习是一种新的课堂教学技术,我们借鉴合作学习的一些经验,结合我校实际开始进行导生制实验研究,将导生制发展为一种合作学习的新途径。[5]"李校长直接把合作学习说成是一种教学技术,这十分有利于我们

---

[1] (美) 格兰特·威金斯,(美) 杰伊·麦克泰格.追求理解的教学设计(第二版)[M].闫寒冰,宋雪莲,赖平,译.上海:华东师范大学出版社,2017:序 2.

[2] (美) 格兰特·威金斯,(美) 杰伊·麦克泰格.追求理解的教学设计(第二版)[M].闫寒冰,宋雪莲,赖平,译.上海:华东师范大学出版社,2017:143.

[3] 顾泠沅.教学实验论——青浦实验的方法学与教学原理研究[M].北京:教育科学出版社,1994:前言 1.

[4] 顾泠沅.教学实验论——青浦实验的方法学与教学原理研究[M].北京:教育科学出版社,1994:25-26.

[5] 李希贵.教育艺术随想录[M].北京:中国人民大学出版社,2017:145.

推广合作学习在教学中的使用。张人利校长为落实后"茶馆式"教学理念指出了 8 个教学策略、2 个教学手段、N 个教学方法。

在实践中，我们改变了原有的思维方式，即不再要求所有的教师能够同步快速做到从理念到行为的直接转化，而是设置中间环节"技术"，即顺应"理念——技术——行为"的思路（如图 1 所示），先把理念转化为可操作的技术，再把技术转化为广大教师的教学行为，只有当教师真正掌握了技术并有效运用到自己的课堂中，先进的理念才能够落地。

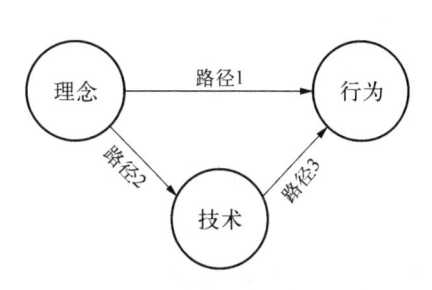

图 1　理念转化为行为的不同路径

对于优秀教师而言，可以通过自己的理解、架构、实践和反思，把先进的理念比较快地转变为自己的教学行为（图 1 中路径 1）；但对于大部分教师来说，我们可以为他们提供一些有效的策略和做法，即为教师搭建"脚手架"。我们提供了两条路径，图 1 中路径 2 是优秀教师、研究人员等通过理解、架构、实践、反思和提炼形成可操作的技术，使技术成为理念的载体；路径 3 是通过学校的有效组织，帮助大部分教师模仿、反思，内化为自己的行为，从而大面积地改变教师的课堂行为。

二、微技术的教学内涵与实践意义

（一）微小的技术却改变着现实的大世界

看似微小的技术，却常常能改变人类的生活。大家知道，烧制瓷器需要三个条件——高岭土、高温和上釉技术，缺一不可。在中国，尽管陶工们在 3000 多年前就掌握了用高岭土烧制陶器的技术，并且在接下来的 1000 多年里不断研究它的特性、改进工艺，但是由于窑温不够高，同时也没有掌握上釉技术，因此烧出来的是陶器，而不是瓷器。到了东汉，中国陶器的烧制温度普遍达到了 1100℃。而上釉技术的突破得益于一次意外。在某次烧窑的时候，烧窑的柴火灰落到陶坯的表面，与炙热的高岭土发生化学反应，使石英在高岭土陶坯的表面形成一种釉面。发现这个秘密后，陶工们在烧制前将陶器浸泡在混有草木灰的石灰浆中，经过很多次烧制，窑工们熟练掌握了其中的技巧，又经历了很多代人，中国人发明了一种可控的上釉方法——草木灰上釉法，终于完成了瓷器的发明。从这个案例当中大家也可以发现，"如果说陶工们注意到自然上釉的现象还只是一个发现，那么草木灰上釉法则是一个有明确目标的主动发明。

这是一项伟大的发明,在人类的发明史上,其作用不亚于我们常说的中国四大发明,因为它解决了一个困扰人类几千年或许上万年的问题:怎样让烧制出的器皿不渗水"。①看似一个微小的技术却让陶器质变成瓷器,成为一个伟大的发明。

其实,我们生活中这样看似微小的技术是很多的。上海徐汇交警王润达在执勤中发现,许多路口的车辆待行区是将停止线前移,指示牌示意车辆进入该区域,相当于在空间上增加车道的蓄车距离,一般情况下驾驶员进入待行区前需要停一次车,进入待行区后需要再停一次车等待,而第二次起步消耗了一定的车辆通行时间,也增加了车辆的油耗,通行效率不高。王润达设计了一种新颖的方法,给汽车一段"助跑"的距离,实现灯到车到,让驾驶员只停一次车就能过红灯。实际操作为:将车辆以怠速通过待行区的时间作为绿灯倒数时间。相比原来早早地停在待行区等绿灯亮再起步,提高了10%到12%的通行效率。另外,通过此方法,待行车辆更晚地进入路口范围,对正在通行的车辆影响更小。此方法被命名为"王润达通行法"。2018年,王润达因其杰出表现被公安部授予"个人一等功",当选市局交警条线"新时代'马天民'式交警"。他的事迹和精神被传为佳话,辖区群众亲切地称他为"绿灯侠"。一个微小的技术让十字路口车辆的通行效率大大改变。

教学上微小的技术就更多了。我校在通过小组合作学习创建学习共同体实践的初期,发现很多班级的小组合作学习流于形式、效率不高。例如,英语组的一位老师针对讨论总结常常由成绩好的几位学生发言的状况,在班级讨论环节设置了一个规则,即每组的发言人由这组中英语成绩稍差一点的学生来担任。学生在讨论时就出现了这样的景象:英语成绩好的学生在讨论时把成绩差一点的学生教会,起到了小组合作学习的作用。这位老师针对小组讨论中存在的问题,积极寻找改进的措施,建立了有效促进小组合作学习的机制,使讨论的质量明显提高。经过多次实践检验,我们发现这样互相启发的合作学习机制很有成效,于是把"有效促进小组合作学习的机制"称为小组合作学习的"微技术"。

(二) 什么是教学微技术

在当前教育大格局无法改变的情况下,我们可以从改变教学的某一个环节或某一内容的教学方法入手,达到整体改变课堂教学的目的。教师容易认可学校倡导的教学

---

① 吴军.文明之光(第一册)[M].北京:人民邮电出版社,2014:181.

理念，却很难将其转化为自己的教学行为。我们研究的教学微技术是指针对某个教学环节或者内容等教学细节上的具有可操作、可测量的小方法与小手段，是方法和手段的总和。教学微技术本质上是程序性知识，帮助教师将自己认可的教学理念转化为教学行为，将教师教学中的默会知识提炼为显性知识。教师撰写每个微技术要求包含拟解决的问题、理念与意义、操作方法、案例与分析和温馨提示五大要素。

以我校数学老师田静提出的应用先导式概念教学微技术为例加以说明。在多年的教学中，田老师发现，很多老师一般以知识结构作为教学线索，往往先把概念讲一讲，然后举例应用，最后让学生练习巩固。这种方式对于教师传授知识是颇有效果的，但忽视了学生在学习过程中的体验感悟，甚至会压抑学生的学习动机。学生虽掌握了理论知识，但获取知识的能力、解决实际问题的能力却得不到培养，长此以往，学生核心素养的培育得不到落实。因此，概念教学的环节应该得到改进。

田老师了解到："学习是一个建构过程的观点已经得到了普遍认同，即当学习者尽力去理解世界时，他们不是被动地接受信息而是积极地建构知识。"[1]"学习活动是人类活动的一种特殊形式。学习活动的目的就是在社会化条件下，尤其是在教学、指导和社会交流与合作的条件下通过个人建构的方式来获得社会性的知识和能力。"[2]因此，概念教学中，教师要尽可能展现概念的形成过程，创造条件让学生去主动建构。

田老师提出的应用先导式概念教学微技术是指：将概念应用以问题的形式前置，激发学生的认知需求，学生调动已有的知识储备、整合原有的知识结构，在解决问题的过程中形成新的概念，或者加深对概念的理解。应用先导式概念教学法一般适用于数学中诸如倒数、同类项、有理化因式等有关运算的过程性概念，它对发展学生的数学能力具有十分重要的意义。

应用先导式概念教学微技术具体操作方法如下：第一，利用学生的最近发展区，找到所学概念与学生已有知识的联结点；第二，创设情境，让学生逐步探究概念的关键特征；第三，让学生明晰概念的本质，建构起概念，并给出概念的定义。

以七年级第一学期"合并同类项"教学为例阐述微技术的具体应用。教材是以知识结构为线索呈现的，先介绍同类项的概念，再通过各种练习对同类项这个概念加以辨析

---

[1] （比）E.德·科尔特.教育心理学[M].曾琦等，译.重庆：西南师范大学出版社，2011：103.
[2] （比）E.德·科尔特.教育心理学[M].曾琦等，译.重庆：西南师范大学出版社，2011：217.

和巩固。实际上,学生对一些基本的合并同类项早已熟悉了,只是不太清楚什么情况下可以合并,以及为什么可以合并。因此,这节课的教学线索可以调整为由化简的需求引发对同类项这个概念的思考,再通过探讨合并同类项的原理,从中归纳出同类项的概念。

环节一:利用已有知识,让学生在熟悉的问题中初步体验合并同类项

化简代数式 $2x - \frac{1}{3}y + 1 + \frac{5}{3}y + 4x$。讨论:化简的依据是什么?

在解决问题的过程中,学生感受到分类的需求,并通过讨论明确了两项合并为一项的依据是乘法分配率的逆用。

环节二:问题引领,深入思考,逐步探究同类项的关键特征

问题1 观察下列单项式:$2a$、$5mn$、$4bc^2$、x^2y、a、$2x^2y$、$\frac{1}{2}bc^2$、$-3x^2y$、$-2mn$、$-4xy^2$。请按照自己对上述代数式的不同理解分类,并说出你的道理。

学生讨论后逐渐形成统一,以字母"a""mn""bc""xy"分成四类。这样先形成了同类项概念中的"字母相同"这个关键点。

问题2 根据上述分类,求出每一组中各单项式的和。

前三组,学生意见基本统一:

$$2a + a = 3a;$$

$$5mn + (-2mn) = 3mn;$$

$$4bc^2 + \frac{1}{2}bc^2 = \frac{9}{2}bc^2;$$

当做到"xy"组,即 $x^2y - 3x^2y - 4xy^2$ 时,学生产生不同的意见,甲同学认为答案是 $-2x^2y - 4xy^2$;乙同学认为是 $-6x^3y^3$;丙同学认为都错,但是说不出完整的理由。此时,教师首先引导学生回顾前三组单项式求和的原理,即乘法分配律如何逆用;然后重点观察第三组单项式的特征,于是同类项概念中的"相同字母的指数相同"这一关键特点渐渐浮现。

环节三:明晰同类项概念的本质,学生建构起同类项概念

在思维碰撞中,学生最后统一认为把第四组再分成两类,其中 x^2y、$-3x^2y$ 可以合并为一项,因为相同字母的指数也要相同,才能正确运用乘法分配律。因此上述甲同学的意见是正确的,即同类项的本质就是"所含字母相同,并且相同字母的指数也分

别相同的项"。至此,同类项概念构建完整。

通过"应用先导式概念教学"微技术让学生主动建构同类项概念,通过"调结构",以学生认知为线索,找准学生的最近发展区:一是代数式化简的自然需求,二是解方程(组)时积累的初步的化简经验。在此基础上,将教学线索确定为"化简引发单项式分类需求⇒尝试分类⇒尝试合并以检验分类的合理性⇒讨论分类的标准⇒优化分类并完成同类项概念的建构"。可见,概念教学是融入在一系列的问题解决之中的,概念在辨析中逐渐形成。这是符合学生认知规律、让学生主动建构知识的教学设计。

在应用该微技术时也应注意:首先,教师提出的问题应是能激发学生认知冲突或认知需求的问题,学生在学习此概念前应有足够的知识储备,教师提出的问题应是学生运用已有知识能够解决的问题,或者通过讨论能够解决的问题;其次,教学中应尽量避免发生所谓"首尾呼应"的情况,即教师提出问题并引发学习需求后却把问题搁置一边,仍然回到知识结构的教学线索,讲完概念再来解决开头的问题,这实际上是浇灭了学生的学习热情,失去了一次学生主动建构概念的极好机会。

教学微技术具有局部性、有效性、可操作性、发展性四个显著特点。

教学微技术具有局部性的特点。课堂是教学的现场,是由一个个教学的环节构成的。微技术虽小,却是构成形形色色高效课堂的基本单元,微技术就是存在于每一个环节中改进教学的技术,即它存在于课堂的局部,通过每个局部的改进来提升整个课堂教学的质量。学校的课堂,正是通过这些细微的改进,催生着大的变革。

教学微技术具有有效性的特点。由于微技术小,每个教师都可以基于教学中的实际问题去寻找对策、改进教学,从而使学校不断产生变革的内生动力,因此这样的微技术具有有效性特点。

教学"微技术"具有可操作性的特点。有些教育理念较难转变为教师的教育行为,很重要的一个原因是,它的操作性较低。在日常的听课中我们发现,有些教师的课堂思维含量与其提问质量有关。而对于如何提高课堂上提问的质量,有些教师显得没有办法。我们常常发现这样的现象,教师请一位学生回答问题,但这位学生没有回答出来(或只回答了一部分),老师就让他坐下去,请另一个学生把正确的答案告诉大家。这样的教学实际上是把由教师"塞",通过提问变成由学生"塞",没有体现出启发式教学的特点。老师通过学习和实践后发现,课堂提问实际上是有技巧的:从教师的作用来看，教师主要是启发学生，而不是代替学生学习；从解惑的时机看，要在学生思维受阻的时候介入，当然这个解惑者可以是教师，也可以是学生；从引导学生回答的内容看，教师让学生回答的不应该是这个题目的"做法"，而应该是解决问题的"想法"，即思考的方法。因此教师要串联起学生的回答，师生之间的问答应该呈现出解决问题的思维过程。这种问答方式我们称为课堂问答技巧的微技术，显然，它具有很强的可操作性。

教学微技术具有发展性的特点。教学微技术的使用没有死板的模式，它可以有不同的表现形式。不同的内容、不同的生源、不同的教师都会使微技术的应用形式发生变化，即微技术的应用是有情境性的，这是留给教师发挥的空间，体现了教学不仅是一种科学，同时也是一门艺术。

（三）微技术的价值和意义

说到微技术的价值，我想再讲讲中国发明的瓷器。中国人最先发明了瓷器，但是，今天，欧洲人却占据着世界高端瓷器市场 90% 的份额，其余份额则由美国和日本瓜分。为什么？欧洲人较早地掌握了现代的科学研究方法。他们保留了全部的原始数据和实验报告，擅长定量分析和比较实验，完全弄清楚了瓷器的成分和烧制的原理。英国人韦奇伍德为研制出碧玉细炻器所做的 5000 多次实验都有记录。这种科学研究的方法是欧洲人取得长足进步的基础。相比之下，中国工匠更多的是具有制瓷工艺的感性认识。他们靠"师傅带徒弟"的方法将经验代代相传，而徒弟是否能超越师傅，这完全靠悟性。中间即使有一些发明和改进，也因为没有详细的过程记载，或许是出于保密故意不记载，很多发明和改进都无法传世，后世常常不得不重复前人的失败，从而使得瓷器制造技术进步缓慢。这其实不是中国瓷器制造特有的问题，而是中国古代很多手工业普遍存在的现象。[①] 两种不同的传承方式，导致了中国和欧洲形成两种不同的制瓷工艺演变方式。我们希望通过微技术的提炼把教师的感性认识总结为经验，把经验通过实证提炼为规律性的认识。

罗振宇在 2019 年的跨年演讲中说道："我们可能有必要把世界理解成一组多米诺骨牌，它摆成什么样不知道。但是只要有一个小小的颤动，哪怕是一只路过的蚂蚁碰倒了一张牌，一个极小的趋势，那么抖动了一下，就推动了一个大一点的趋势，再推动

[①] 吴军.文明之光（第一册）[M].北京：人民邮电出版社，2014：215.

一个更大的趋势,经过一连串的连锁反应,等推到我们面前的时候,已经面目全非,而且还变成了个庞然大物。"我们也希望微技术成为课堂教学的"一个小小的颤动",从而引发课堂的变革。

有专家指出,学校转型,不是零散的而是系统的,包括价值转型、运行机制转型、技术系统转型。在三者中,技术系统转型是关键,但目前尚较为薄弱。我们提出的教学微技术就是课程实施过程中的软技术,而这些软技术恰恰决定了课堂教学的质量,如果没有技术系统的转型,那么学校的转型永远是空中楼阁。再好的国家教育政策,没有学校的认真执行,就是一纸空文;再先进的教育理念,如果不能转化为广大教师的教学行为,那也只是空谈。因此,微技术解决了先进教学理念落地的"最后一公里"问题,为大面积改进课堂教学提供了一种范式。

我们提出"微技术重建课堂",具有三重含义。其一,教学微技术的广泛使用,为我们大面积提高教师教学技能、提高课堂教学质量提供了一种有价值的路径。当一种技术让老师去使用,熟练以后就变成老师的一种技能,并逐渐成为老师的教学能力。实际上,教学中表扬、鼓励、提醒、批评等环节都是有技术的。如,很多老师这样表扬学生:"某某同学很好。""某某同学真不错。""某某同学很能干。"这样的表扬是抽象式、通用式的表扬,会让学生感到老师的表扬是随意的,往往起不到表扬应有的作用。如果我们表扬:"某某同学创新能力强,常常能想出一些别人想不到的好方法。""某某同学文章写得好,有文采、有内容、有思想。""某某同学领悟能力强,老师一点他就会自己思考。"这样的表扬就比较具体。表扬越具体,被表扬者的被重视感就越强,效果就越好。另外,表扬要多表扬过程,少表扬结果。而这些表扬的技术是可以通过培训让教师掌握的。其二,以微技术重建课堂让教师回归课堂教学研究的主体,成为自觉的研究者。无论是一期课改、二期课改,还是现在的综合改革,都是由行政部门发文推动的,其益处是面上容易推进,但长此以往,校长和教师容易变成被动的执行者。同样,很多学校的校长主持一个大课题,让学校教师参与研究,长此以往,老师也缺少研究的内生动力,容易变成一个被动的参与者。我们强调"微技术重建课堂",让每个教师都有发现问题、解决问题的机会,由于微技术入口小,不是"高大上"的课题,所以能够增强教师参与研究的信心。实际上,教师自己提炼的微技术,恰恰是教师自己创造的知识,微技术的提炼使得广大教师的实践智慧得以固化和传递。因此教师不仅仅是一个知识的传授者,更是一个知识的创造者,这大大激发了教师研究与实践的积极性,让每个教师都能够成为课堂教学改革的自觉推行者。其三,微技术重建课堂调整了师生教与学的方式。我们强调微技术是先进教学理念的载体,只有思想到位、理念到位,教师才能自觉地去改进教学;强调在学校倡导的"调结构、转方式、变关系"策略下来提炼微技术。如,教学设计逻辑线索的改变,由重静态的以知识体系为线索转变为重动态的以学生认知需求为线索,使学生的认知需求和学科知识体系有机融合。因此,微技术的应用不断改变着教与学的方式。微技术虽小,却是构成高效课堂的基本单元,也是使学校不断产生变革的内生动力。

我们认为,教学微技术的提出,有利于把教师的教学经验提升到基于实证的方法论。我们用实证的研究来完善微技术,用延时后测法验证微技术的有效性,从而用实际效果说服教师信任微技术的效用,为转变教师理念提供一种新的方法。我们改变"师傅带徒弟"式的经验传承,把一线教师有益的教学经验进行记录、提炼、实证和完善,形成教学微技术,并不断总结,迭代改进,便于更多的老师学习和应用。

以微技术为支架促进理念向行为的转变,为教学改进提供新路径。为解决理念落地"最后一公里"问题,我们在理念与行为之间设置微技术作为支架,建立"理念——技术——行为"的模型,由专家、优秀教师、研究人员等通过理解、实践和反思,提炼出可操作的微技术,为教师搭"脚手架",再通过有效的培训和推广,让大部分教师通过模仿和反思,逐步内化为行为。

我们以微技术研究为突破口,实现课堂教学改进机制的突破。我们设立"教学微技术研究中心",将科研室作为"科学院"、教导处作为"工程院",分别负责研发、应用与推广,打通教学与科研的壁垒,将微技术的课题研究及实践推进无缝对接。将课例研究产生经验、经验提炼变成教法、教法推广形成技法的过程,与微技术展示分享机制、教师自主发展机制、学科教研组建设机制有机结合,实现了学校教学变革。

三、课堂教学微技术的整体架构

在微技术提炼的过程中,我们始终坚持"一三六"思想:一个核心,即以学生的学习为中心;三个策略,即调结构、转方式、变关系;六大要素,即价值赋予、目标聚焦、内容丰富、过程立体、评价多元、管理技巧。(如图 2 所示)

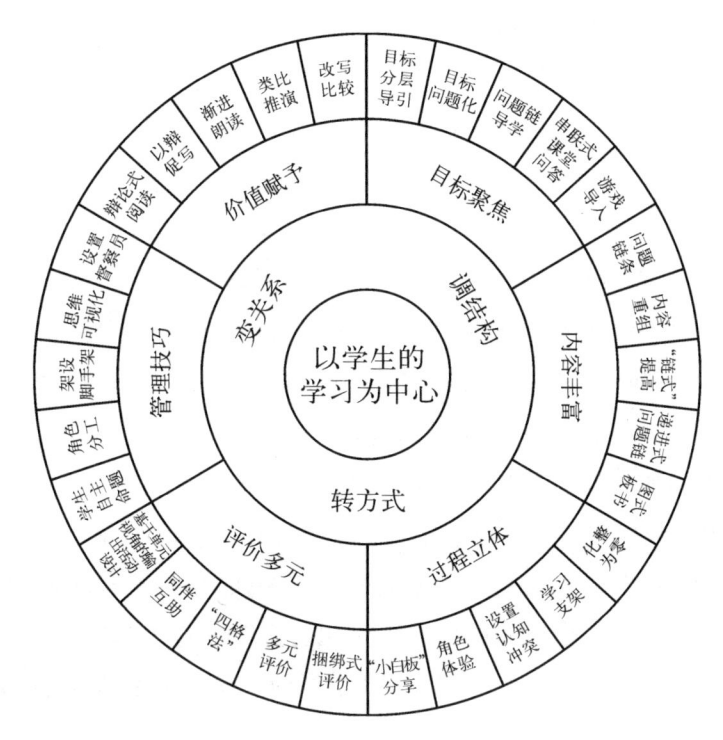

图 2　课堂教学微技术架构图

我们把课堂教学分解为六大要素：价值赋予、目标聚焦、内容丰富、过程立体、评价多元、管理技巧。课堂教学中每一个微技术的提炼，一定是一种育人价值的体现，技术承载着育人的价值。目标是课堂教学的灵魂，课堂教学的每一个环节无不体现着目标的实现，因此目标聚焦微技术可以体现在：对教学目标的科学叙述；对实现教学目标的合情处理，如目标的分层、目标的聚焦；还有目标的引领作用的体现，如目标导引教学、化目标为项目等。通过微技术的课程处理，运用多维视角探索教材，教学内容变得足够丰富，增加对内容的变式处理、情景化处理等。教学过程是课堂教学微技术实践智慧的体现，学生学习的过程是立体的，既可以指向学习空间的立体，也可以指向学习方式的立体，我们可以把平面的教学手段和单向"注入式"的教学方法，拓展为立体的、多层面的、互动的教学方法与手段，充分调动学生的视觉和听觉，营造立体化、交互式的教学情境。评价是课堂教学必不可少的环节，我们倡导教学与评价同行，强调评价方式和主体的多元化，如：书面的卷子评价、项目评价、展示型评价等。管理技巧的微技术可以放大课堂教学的效应，可以应用身体态势、某种暗示、同伴协管、目标管理、制定规则等多种方式进行课堂管理。

（一）微技术的提炼机制

微技术的提炼首先应在"以学生的学习为中心"的价值引领下,坚持目标导向和问题导向的原则,一般应有自上而下和自下而上两种机制。

1. 自上而下的"来自理论,及于实践"机制

学校确立了"调结构、转方式、变关系"课堂教学改进策略,要求广大教师运用该策略去进行对微技术的提炼。学校成立教学微技术研究中心,以科研室为负责部门,以微技术示范员、科研组长为主要成员,主要任务是研发微技术。教师根据学校的课堂教学改进的目标和策略来设计教学：备课时,教师要充分考虑学生的认知需求,了解这个内容学生是如何学的,站在学生的视角来考虑一节课的难点;老师根据教学的需要,设计如何进行分享式学习,如何提高合作学习的效能。教师主动改善师生关系,真正懂得教师的作用不仅仅只是让学生掌握知识,还要让学生学会获取知识的方法,更重要的是唤醒学生内在的学习动力。为了实现这些目标,在教师研发微技术的基础上,学校形成操作手册,让微技术示范员承担教学的示范课,并承担课题研究、论文撰写、微技术成果的评定等工作。

佐藤学先生在《学校的挑战：创建学习共同体》一书中写道,所谓"学习",是同客体（教材）的相遇与对话,是同他人（伙伴和教师）的相遇与对话,也是同自己的相遇与对话;"学力"的形成并不是基于自己理解的水准,而是通过同教师和同学的沟通,认识自己当下的理解水准下并不理解的事物,并把它加以"内化"。从这样的理念出发,我们要求教师不断拓展学生的学习方式,把合作学习看成学生学习的一种常态,使课堂形成多边互动的对话形态,充分挖掘学生差异资源,重视学生互教对激发双方学习主动性的作用,通过构建有效合作学习机制提高学习的效率,并组织教师提炼能提高合作学习效能的微技术。

语文李老师提炼提高小组合作学习效能微技术的案例就是一个证明。她在推进小组合作学习的过程中发现,班级的小组合作学习常常流于形式,主要表现在：第一,少数学生分组后容易分散注意力,扯开话题,使学习效率降低;第二,讨论时只有成绩好的学生在交流,成绩差一点的学生常常游离在外;第三,讨论时,大家仅仅说一说自己的想法而已,泛泛而谈、点到为止,未能结合文本有深入的思考,讨论根本起不到互相学习的作用,类似的小组合作学习谈不上创建学习共同体。为了尽可能地使学生在

合作学习时能够真正有效地"议"起来,她在小组内设置了小组长和观察员,小组长组织讨论,而观察员负责追问,当组员提出某一个观点后,观察员就追问:你提出这个观点的依据是什么? 在课文中能找到吗? 这样的机制一建立,学生讨论的气氛明显活跃了起来,小组讨论的结果更科学、更有力,讨论的质量明显提高。这个有效设计我们称为"有观察员的小组合作学习"微技术。

2. 自下而上的"来自实践,建构理论"机制

微技术的提炼更多的是基于解决每一个教师教学中碰到的问题,并服务于学校课堂教学改进的整体策略,这是每个学校课堂教学改进中最坚实的力量。

英语沈老师任教的班级外来务工子女较集中,孩子的英语起步晚,底子薄弱,英语学习中遗留了大量未能及时解决的问题。由于学生的语法基础极其薄弱,阅读、听力、作文等项目无法开展。在学校微技术改进的大环境影响下,沈老师尝试改变自己的教学方式。考虑到语法是听说读写的基础,且班级中也有几位英语较好的学生,沈老师决定从语法教学入手,应用小组合作同伴互助学习的方式来改进。经过几个环节的不断优化,班级同学的语法基础得到了明显的提高,如表1考试数据所示。

表1 2014年第一学期期末考试各项目平均分对比

	听力 (满分25)	语法 (满分38)	阅读 (满分25)	写作 (满分12)	平均分
八(*)	17.4	23.1	11.7	5.4	57.4
八(*)	17.9	23.1	12.7	5.7	59.4
沈老师任教班	19.7	28.2	13.2	6.9	68.5
八(*)	19.1	23.1	12.6	5.9	60.7

从表1中可以看出,沈老师任教的班级在语法方面占明显优势,且在此基础上,听力与写作也有了进步,英语学习成绩在同类班级中处在领先的位置。为此,学校对沈老师的做法进行了提炼和归纳,我们发现,沈老师班上的小组合作学习自然而有效,为了帮助每个学生融入小组讨论,沈老师采用了小组积分、捆绑奖励的方法。她在班级讨论时设置了一个规则,即每组的发言人由这组中英语成绩稍差一点的学生来担任,这样一来,讨论时就出现这样的景象:英语成绩好的学生在讨论时把成绩差一点的学生教会,起到了小组合作学习的作用,对于提高英语学困生的学习成绩起到显著作用。

这个有效设计我们称之为"捆绑式评价的小组合作学习"微技术。

但问题是，总有部分教师认识不到自己教学的问题在哪里，那就不知道自己教学改进的起点在哪里。于是，学校开展了大量的听课调研，汇总学校课堂教学中存在的共性问题，并提出了改进的建议（见表2），形成学校"课堂教学改进指导书"，让每一个教师自查问题，并选择若干专题进行研究和实践。

表 2　课堂教学改进指导书

	改 进 前 的 问 题	对 改 进 的 建 议
教学目标	目标定的太大，常常不是一节课的目标，不能有效检测。教学目标比较单一，重在知识的掌握。	应该是有限的、直接的、可观测的、可操作的。教学目标是多元的，注重学生的全面发展。
课前备课	老师主要想的是怎么教才能让学生听得懂。	教师要想学生是怎么学的，然后教师该如何搭"脚手架"帮助学生学习。
学情分析	仅仅是对学生课前学情的分析。	一般应包括学生课前学情、学生先学后的学情以及在师生共同释疑过程中的动态学情。
教学线索	以教材的知识结构为线索。	以学生认知为线索。
课堂问答	教师与学生的课堂问答呈现散状，学生的回答是孤立的。	教师串联起师生课堂的问答，在学生思维遇阻点给予解惑，这个解惑者可以是教师，也可以是学生，问答呈现思维过程。
小组讨论	讨论的议题探究性不强，且讨论常常在少数几个学生之间开展，讨论形式化。	议题有较强的讨论价值，讨论能使所有学生参与进来，讨论是基础差的学生向优秀学生请教的机会，学习小组真正成为学习共同体。
先学后教	布置学生预习，老师较少对预习进行有针对性的评价，而仍然按照既定教案教学。	"先学"不仅仅是看书，还可以先做、先听等，"后教"是在对"先学"评价的基础上进行的，从解决"先学"出现的问题开始。
差异教学	为了兼顾两头，一般按中等程度的学生水平来设计教学；或者常常依据学生成绩分班而教。	重视同伴学习的作用，通过小组合作学习，让学生教学生去解决一些问题，真正将差异变成一种资源。
学习方式	学生的学习方式比较单一，以老师的课堂讲解作为学生习得的唯一途径。	学生学习方式多元化，独立学习与合作学习相结合，针对不同的内容，采用书中学、做中学与悟中学等不同学习方式。
教学评价	主要是依据课后作业和单元考试情况去评价教学的效果。	强调教学与评价同行，即评价的即时性。课堂要充分暴露学生的问题，并强调师生共同答疑。
试卷评讲	教师根据学生答题情况进行讲解，学生在错题旁写上正确的答案。	往往让学生自己先订正，课堂上分小组先互相帮助解决自己不能订正的，最后全班作为一大组师生一起解决难题。

在学校的指导下,老师们从课堂实践的案例中提炼经验,经验再经课堂实践进一步验证,逐步提炼出微技术(如图3)。从教学实践研究开展以来,学校形成了微技术的提炼路径:① 盯准课堂教学,教师个人(或群体)发现某一环节上的问题;② 分析问题原因,教师个人(或群体)提出改进办法;③ 回归课堂教学,教师个人(或群体)完善改进办法;④ 转化实践经验,教师个人(或群体)提炼改进技术、编写"微技术操作说明书";⑤ 全校推广应用,学术化呈现"教学微技术"。逐步形成了如"串联式课堂问答""捆绑式评价的合作学习""有角色分工的合作学习""基于学习脚手架的先学后教""阶梯式朗读""问题组合式教学""应用先导式概念教学"等十多项微技术,并形成了微技术的操作指南,这实际上就是学校基于教师的经验和智慧共同形成的课程实施工具,有了微技术,我校课堂教学改进的策略有了载体,使策略能真正发挥作用。

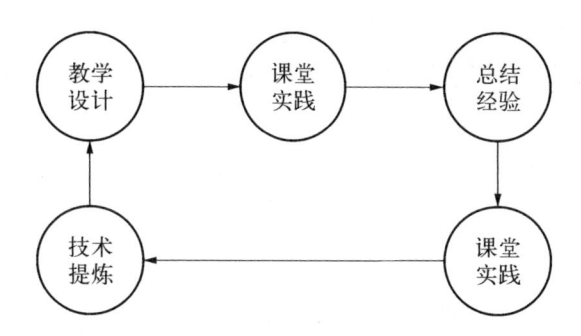

图3 课堂教学微技术提炼的循环回路

课堂变革的真实驱动,往往取决于手段的"质变"与品质优化、功能转型。从解决问题入手,回溯与归纳提炼的过程、精彩的过程演绎、高效的问题应对、对焦点问题和关键环节的巧妙解决,往往都是在课堂中真实发生的,令人回味,给人启迪。它的价值除了解决现实问题,更大的还在于提炼纳入为系列、有针对性的课堂策略方法与措施。

(二)微技术的推广策略

学校通过机制和制度保障,使微技术的提炼与应用成为学校教师的一项日常工作。榜样人物的塑造让全校教师掀起"学先进、做先进"的热潮,学校授予微技术提炼杰出贡献者为"微技术示范员",每年评出三位,连续三年评出了九位微技术示范员,这一方面鼓励这些示范员教师继续对微技术做更深入的研究和实践,以此为起点形成自己的"一绝招一特色",并申报区级课题进行深化研究;另一方面有利于其他教师向他们学习,并自发地组成有相同研究兴趣的共同体,相互学习,共同进步。由科研室负责的教学微技术研究中心组织微技术示范员、专家组开展经常性的研讨，并把成熟的微技术编制成微技术专题操作手册。同时，学校开展对备课组长和教研组长的培训，力争使他们成为教练员式的组长，把提炼的微技术带到每一个备课组，让每一个教师掌握，然后根据自己的教学内容和生源情况进行实践，逐个推广应用，形成"滚雪球"式的推进办法。在每个教研组内，学校设立科研组长，专门负责教研组的科研工作，特别是微技术的提炼。在教研组的学科发展季中，有一项活动就是利用全校教职工大会进行本教研组一学期提炼的微技术的集中展示，实现了校内的分享。微技术示范员一人深入研究的问题，往往会成为一个备课组甚至教研组的研究主题，如2018年11月，我校迎来上海市教委教研室对我校的课程教学调研，数学组和物理组的主题教研就是围绕本组的微技术展开。数学组以"数学概念课教学之我见"为主题，展示"应用先导式教学"微技术在数学概念教学中的应用。物理组以"依托单元教学设计，构建多元成长课堂"为主题，汇报"阶梯式教学"微技术在物理教学中应用的成果。两个组的展示都取得了很好的效果，受到了市教研员的好评。以学校各式各样的论坛和展示活动来展现微技术应用，助推微技术推广。

（三）教学微技术的实证研究

2016年3月25日(周五)下午，我们开展了一次由数学教研组承办的全校教研日活动，旨在通过两种不同教学方式的对比，验证课堂教学微技术的效果，为成长课堂的实证研究提供鲜活案例。本次全校教研日活动分为三个板块。

第一板块是由A、B两位教师上两堂风格迥异的数学研究课。在两个同类班级授课，设定相同的教学内容"一元一次方程的解法(3)——去分母"，选择完全相同的3道例题。A教师是经验丰富的"老教师"，他通过暗示，引导学生将含有分母系数的方程转化为不含分母系数的方程；这位教师深知学生易犯哪些错误，因此在每一个关键点上都反复强调注意事项，提醒学生不能犯错；课堂交流以师生一对一的问答为主。

B教师善于研究学生学习行为，采用学生"做中学"的体验式学习，让学生在独立思考和小组交流中自然而然地认识"去分母"这一新的解题思路；教师虽然知道学生易犯哪些错误，但事先不强调注意事项，"放任"学生在解题过程中犯错，教师运用"有角色分工的合作学习"微技术，充分利用小组中的学生差异资源，让学生在辩论中找到问题的答案，自发总结易错点和注意事项；课堂交流以生生对话为主，教师负责组织、点拨和追问。

第二板块是两个班级的课后检测和问卷调查。课后检测由数学教研组副组长命题,组织第三方教师监考、阅卷和质量分析,并由科研室负责心理问卷调查。检测分两次进行,第一次为课后当场检测,第二次则安排在周末过后的星期一早上,并且两个班级都不对本节课的教学内容布置针对性作业。

第三板块是基于数据的教研。在周五当天,数学教研组公布了第一次检测的结果:A教师的班级平均得分率约为83%,B教师的班级平均得分率约为85%。3月28日(下个周一),数学教研组公布了第二次检测的结果:A教师的班级平均得分率为83.7%,而B教师的班级平均得分率提高到了94.4%,如图4所示。两次检测数据验证了数学教研组的假设:小组合作学习微技术的确能让学生对新知的掌握更加牢固持久。针对以上数据,老师们认为,A教师强大的导向性会限制学生的思维,长此以往会让学生产生依赖心理,遇到老师讲过的题会做,遇到没见过的题型就很难独立分析,学生问题解决能力的培养是不足的。B教师采用的学生体验式学习,给予学生足够的时间和自由,让学生尝试独立解决新问题,运用微技术在同伴互助中逐渐形成新的、正确的认知。这种方式可能更费时,可能节外生枝,但从学生思维品质的长远发展来看,却更有意义。另外,与单纯的教师讲解、反复强调注意点相比,小组合作的方式让学生尽可能多地暴露问题并得到解决,经过辩论而掌握的知识,或许记忆得更加牢固持久。

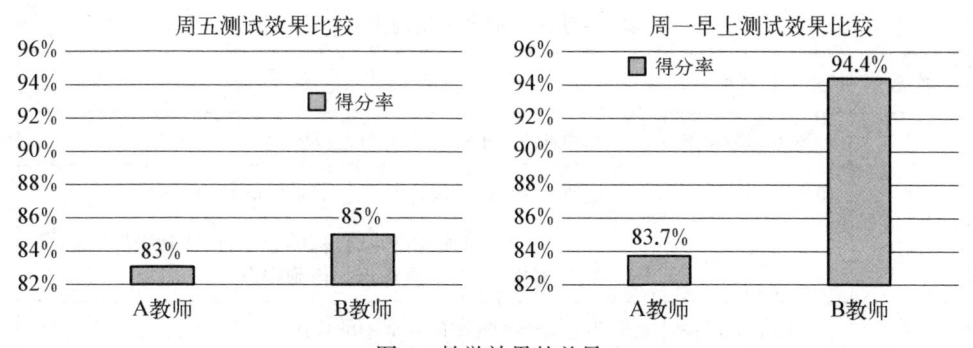

图4 教学效果的差异

在微技术提炼、运用和推广过程中,这样的教研活动有多次。我们用循环实证的研究法来完善微技术,用延时后测法验证微技术的有效性,从而用教学的实际效果显现微技术的作用,为转变教师理念和行为提供了一种新的方法。

四、微技术的研究与实践成效

(一)提炼微技术成为教师专业发展的路径

一所真正成功的学校,一定是一所师生都得到充分发展的学校。我校教师专业发展力求多维度、分层次整体推进,学校努力寻找激励教师专业发展的内在机制,搭建教师专业成长平台,营造教师乐于研究微技术的校园氛围。

1. 开展研究型教师的培训项目,建立高端教师发展的路径

我校开发实验西校高端教师培养项目,该项目设计历时三年,前两年为集中培训,第三年采用名师带教的形式。在专家的引领下,组建研究的共同体项目,每两周一次请上海教科院的专家进行跟踪式指导,以制度化、系列化的手段形成培养路径,紧密配合学校的成长课堂研究。通过项目实施,激发项目组教师对研究的热情,提升项目组教师的研究能力。研究能力包括:文献研究能力、调查研究能力、课例研究能力、论文写作能力、课题申报能力。项目组教师习得后,作为种子教师带教其他教师,为学校营造更为浓厚的科研氛围,提升学校教师的整体研究水平,形成教、学、研一体的学校教师培训新模式。

2018年2月实验西校研究型教师的培训项目正式启动,历经教师自主报名、学校审核筛选、聘请培训专家等程序,培训最终于3月6日开始,上海教科院专家来校先后进行了8次培训,每次培训2小时,主要培训内容如表3所示。

表3 研究型教师的培训内容

次数	时间	主 要 内 容
1	2018.03.06	专家报告《在参与中学习、行动》
2	2018.03.20	专家报告《教学设计——一项系统的教学过程》
3	2018.04.03	1. 对培训学员作业《教学目标的设计》点评和指导 2. 专家报告《教学重难点如何确定》
4	2018.04.17	专家报告《图式在教学中的作用》
5	2018.05.15	历史《西欧与日本》案例分享、专家点评
6	2018.05.29	专家报告《成长课堂价值观》
7	2018.06.12	各小组学习手册修改分享与点评
8	2018.06.28	项目汇报会:小组分享、学员代表微报告

2. 以"四课制"为载体,提高教师课堂教学的能力

建校以来,学校每学期进行"四课制"教学展示活动,推进各层面教师的专业成长。每次的"新到教师汇报课""青年教师展能课""中年教师特色课""资深教师示范课"成为学校的教学节日,成为一种教研文化。近三年来,学校"四课制"主题主要围绕"一绝招一特色""学困生教学""个性化教学"展开。目前,活动的形式不断丰富,如"公开课+个人总结""公开课+答辩""公开课+微论坛""公开课+微报告"等,使活动走向深入。活动过程中个人反思和集体研讨相结合,多轮上课、同伴合作,形成开课、反思、评课、总结系列教研活动。通过"四课制"活动为各层面教师提供展示教学智慧、展现综合能力的平台,让教师在实践中学习,在学习中体验,在体验中提升。每一个教师均能在"四课制"中找到自己的位置,都能在"四课制"中不断学习,实现可持续性发展。

3. 创新师徒带教模式,委托校外名师培养本校教师

为了加快中青年教师队伍建设,促进中青年教师教育教学能力提升,学校对于积极要求上进的中青年教师进行定向培养,每年派出3—4名教师,委托上海市静安区教育学院附属学校、上海市实验学校等名校分期分批进行培养,充分利用校际间的资源对他们进行特色培育,将优秀教师作为区级骨干(或后备)教师的候选人。在教师自愿报名、学校统筹下,我校与静教院附校开展了五年的师徒带教活动,共选派了语文、数学、英语、物理、化学等学科16位教师前往静教院附校学习,学校定期组织专门的拜师仪式,每个学员坚持每两周一次去附校听课,详细记录每次听课的内容与感受,注重听课后与带教师父的交流,多次邀请师父来校听课指导,帮助自己指出教学上的不足,在结业仪式上进行精彩的汇报课展示,由学校与带教师父进行考核评定。

4. 建立以课题研究为载体的"学、研、教、训"于一体的研修机制

针对学校科研常常与教学实践分离的现状,我校成立"教学微技术研究中心"作为枢纽,以科研室为负责部门,它是以微技术示范员、科研组长为中心组成员,以成长课堂实验小组为主体的研究机构。它的主要功能是研发微技术,形成微技术的操作手册,开设教学微技术的实践课、示范课,承担课题研究、论文撰写、成果评定等工作。学校授予微技术提炼杰出贡献者为"微技术示范员",并形成微技术操作手册;形成了把做法提炼为教法,把教法提炼为技法的机制。学校引导青年教师反思、总结,提炼课堂教学微技术,并以此为起点鼓励青年教师练好教学绝招,尽早形成自己的教学特色。在学校教学例会上设置专门时段,给青年教师提供进行"一绝招一特色"分享展示的机

会。通过青年教师分享、专家点评,青年教师再次反思、修改,提升教学水平,使微技术逐步成为教师自己的教学特色。

学校平时定期加强对课题负责人的培训与指导,使课题研究真正解决教师教学实践中的一些具体问题,并成为教师成长的阶梯。

5. 进一步完善校本研修机制,促进教师队伍整体素质提升

有条不紊地落实十三五培训,市、区级培训与校本培训有机结合、相辅相成,做到严管理、重实效、促成长。学校根据实际的需要精心设计三年的校本培训项目,定期组织理论学习和业务培训,营造良好的学习气氛,倡导行动研究,完善激励机制,使教师掌握正确的研究方法。学校采用自学与组织学习相结合、研讨与讲座相结合的方式,激发教师投身教育研究的积极性、主动性。根据上海市教委对教师专项能力的要求,学校通过全校教师大会、专家讲座培训、教研组专题专项研讨、教师参加各级培训和自主学习等方式,围绕教师专项能力开展教师新基本功大赛等一系列活动,提高教师育德能力以及本体性知识、作业命题、实验、信息技术、心理辅导等方面的专业(专项)能力,充分激发教师自主学习、自我发展、自我提升的积极性和创造性。近年的校本培训内容如表4所示。

表4 校本培训内容

时　　间	主　　题	主持人
2014年11月—2015年5月	《基于"电子书包"项目提升教师信息素养的研究》	宁　颖
2015年5月—2015年10月	《教师心理成长拓展训练》	胡　晨
2016年11月—2017年5月	《聚焦教学微技术的研究,不断提升教师的研究力》	章志强
2017年5月—2017年10月	《提升教师阅读素养,绘制教师专业发展地图》	黄雪丹
2017年10月—2018年5月	《以教研组建设为载体,提升教师专业能力》	陈旭丽

(二) 微技术研究促进教研模式的拓展

1. 跨学科教研模式的形成

在学校里,同一学科教研天经地义,但是,学科的壁垒却阻断了跨学科教研。那如何进行跨学科教研呢?微技术的实践研究恰恰成为跨学科教研的一个主题。在实施中,我们充分发挥微技术示范员的作用,成立以微技术示范员为主持人的研究共同体。2018年举办的第一次微技术研究共同体活动共有101位教师参加,活动分两个阶段推进。活动前,我们把九个微技术示范员分成六组,并确定六个微技术研究内容,即

"小组合作""应用先导式概念教学""基于内容重组的教学""学生自主命题""阶梯式教学""先学后教",然后邀请六个示范员作为每组的组长,由组长撰写每个微技术研究的简介,并在微信报名系统里请所有教师自主选报,根据自主报名和名额统筹形成六组名单,每个小组15—18人。分好组以后进行微技术专场研讨,研讨会共分六个会场,由微技术示范员主持,介绍共同体的工作思路,主要是两个方面。一是已有微技术的深化研究。沈晓茹老师分享了激励学生相互评价的微技术,王爱华老师分享了散文教学的基本路径,葛亮老师分享了"阶梯式教学"微技术的深入实践,宁颖老师分享了"学习支架"的应用策略,孙丽凤老师介绍了微技术的提炼过程,田静老师分享了"应用先导式教学"微技术的推广应用。二是发挥微技术共同体的力量研发新的微技术。主持人首先带领大家学习了华东师范大学崔允漷教授的《真实情境下的深度学习》一文,引导各位老师通过微技术的运用,将学生带向深度学习。然后主持人解读了章志强校长的《核心素养视野下"成长课堂"的整体构建》的报告内容,带领每位组员思考课堂教学中遇到的新问题,提出可能的解决方案,引发学员思考成长课堂的三要素,探究如何运用微技术深入推进成长课堂的整体构建。最后,大家经过讨论,确定了每个共同体后续研究内容、实施方式和预期成果,不断拓展微技术研究的内涵和外延。整个活动结束以后,章校长结合每组的反馈,一对一提出了建议,确定以课题化、项目化策略推进共同体的研究实践,为微技术深度研究确定了方向。

以后,学校每个学期都确定微技术研究共同体的活动时间,客观上形成了稳固的教学研究团队,构成了学校的一个个非行政性组织。以微技术示范员为引领,以有共同研究兴趣的老师组成共同体,完善嵌入式学习机制,形成"学习——反思——实践——培训"的研修机制。同时规范各组的研究,形成两条工作的路径:自上而下地全面解读、落实学校的教学理念与改进目标,这是共同体教师工作的基点;自下而上地选择研究内容,在共性的基础上尊重差异,鼓励个性化的研究。在共同体研究的基础上,充分发挥学校微技术研究中心的作用,进一步提炼、丰富、发展微技术,完善微技术内在逻辑结构,引导教师走进教学改革的深水区,持续发挥微技术的内生力,深化成长课堂的构建。教师在学习、实践、研究中不断成长,真正形成一支"乐学习、善教学、会研究、敢创新"的教师队伍。

2. 全校教研日的形成

为进一步激发教师研究微技术的热情,学校每学期至少组织一次全校教师集体的教研活动来研究展示微技术,并确立当天为"全校教研日"。"全校教研日"是由教研组中实验老师根据研究目的上课、全校教师听课、实验教师或教研组长在全校教师大会进行个人或组内教学微技术发布交流,然后专家点评指导的一个全校性教研活动日。

(1) 利用全校教研日进行教研组学科微技术发布

2016 学年第一学期,数学组和语文组进行了微技术研究的发布。数学教研组进行了全校教研日活动暨数学教学微技术改进的实证研究,谈晓青和王伟两位教师进行同课异构、课后说课及反思交流;田利群、田静等老师通过"课例研究""循环实证"等方式,研究课堂上教师对学生发生的错误进行"及时纠错"的微技术和让学生"做中学"的微技术的应用价值,并向全体教师展示数学教研组应用微技术转变学生学习方式,注重情境学习、体验学习、合作学习等方式提高课堂实效的精彩案例。语文教研组以"微光点燃课堂　技术演绎精彩——微技术在语文教学活动中的实施"为主题进行展示。四个备课组老师基于对课堂教学改革的实践探索,遵循我校"成长课堂"的教学理念,以"主动、分享、快乐"为评价指标,在课堂教学的各个环节开展积极有效的实践研究。六、七、八、九四个备课组的展示主题分别为《用微技术激活凝固的知识》《在路上——随文写作"点"的选择》《语文综合实践活动要姓"语"》《学生自主命题微技术》,让老师了解了如何让微技术在语文教学中深化运用。两个教研组的微技术发布,让全校教师更加明确了课堂教学研究的路径和目的,明白了如何利用微技术培养学生的认知能力,促进学生思维发展,提供高效的课堂教学范式。

(2) 利用全校教研日进行"四课制"之高级教师示范课微技术研究发布

我校推行新到教师汇报课、青年教师展能课、中年教师特色课、资深教师示范课的四课制展示活动。2017 学年第一学期我校高级教师作为资深教师在示范课的基础上,又通过全校教研日展示了自己的微技术研究,引领教师们利用微技术实现教师教学方式的转变,突出学生主体地位,提高学生的学习能力。当年部分教师的研究主题见表 5。

表 5　2017 学年第一学期部分高级教师微技术研究主题

序号	姓　名	微技术研究主题	学科
1	章志强	促进学生主动学习的策略研究	数学
2	陈旭丽	数学命题研究	数学

(续表)

序号	姓　名	微技术研究主题	学科
3	吴　连	《如梦令——昨夜雨疏风骤》的教学——李清照诗词的解读	语文
4	赵春玲	初中英语课堂提问策略实践研究	英语
5	段筱静	中考最后阶段复习策略研究	物理
6	袁素云	以学定教　小组合作	科学
7	魏润华	运用电子书包，实践地理微课，创新地理课堂教学	地理
8	宁　颖	以育人价值引领学科教学	信息
9	黄雪丹	发掘金苹果——多元智能理论指导下的新"三观"	心理
10	胡　晨	教师职业生涯背景下的心理调适	心理

(3) 利用全校教研日进行学困生教学策略微技术发布

随着微技术实践研究的深化，学校引导老师利用微技术聚焦学困生教学，关注差异化教学和个性化学习。2016学年第二学期和2017学年第一学期我校进行了两次学困生教学微技术研讨展示活动。2016学年第二学期进行了"遇见，让师生成长为更好的自己——聚焦学困生教学主题教研"。当时我校八(8)班是全校公认的"差班"，为了转变这个局面，任课教师傅士禄、陈琳、吴俊、沈晓茹分别从学困生课前预习指导、课后作业分层设计、小组合作学习管理及营造和谐的师生关系等角度分享了自己学困生教学的微技术。2017学年第一学期进行了第二次学困生教学微技术全校教研日展示。蔡小红和刘晓东老师进行了《拨开云雾见日出　指点迷津重返航》《不止一次我们努力尝试》的微技术研究发布，然后张宇超等八位老师对学困生个性化教学微技术进行小论坛研讨。章志强校长对学困生全校教研日的微技术展示进行了点评，肯定了各位教师在学困生辅导上所做出的不懈努力，鼓励老师们用智慧提升学困生成绩。每一种花都有不同的花期，每一个学生都有不同的成长过程，让我们用微技术精心浇灌、静待花开。

(4) 利用全校教研日进行学科发展季微技术发布

为推进教研组内涵建设，提高每个教师的专业能力，学校每学期开展两个学科的学科发展季活动，每个学科两年一次。学科发展季包括教师理论学习、主题教研、学生活动、教师微技术实证研究与展示、项目化学习展示等环节。2017学年第二学期语文和科学教研组进行了学科发展季的微技术发布会,周永国老师首先作《阶梯式教学评价》微技术发布,他以"传统的教学过程中,当学生遇到复杂的问题或者难点时,教师怎么做的?"作为切入点,引发教师对传统课堂的思考,引出科学教学微技术的主题。翁晓敏老师的《语文可以这样"玩"》围绕"激趣式教学"微技术展开,旨在带动学生学习语文的兴趣,培养学生学习的能力。2018学年第二学期理化和综文教研组进行了学科发展季的微技术发布会,段筱静、陈卿卿等理化老师结合中考改革,从理化学科特点和我校学生的实际情况出发,在八、九年级中开展杆秤、热机模型、水火箭制作等比赛活动和教学微技术交流;葛亮老师进行了《搭台阶、引思维、促发展》的"阶梯式引导教学"的微技术发布会;文综教研组的姬华老师进行了《聚焦核心素养 根植常规教学》微技术发布,从单元教学设计、学科活动、合作学习等角度阐述了历史学科的教与学的微技术。2019学年第一学期信息教研组微技术发布的题目是《项目化学习促学生核心素养提升研究》,宁颖等信息老师认为高效率的项目化学习是促进学生核心素养发展的一条有效途径,她们根据信息、劳技两门学科的课程标准及学科核心素养,梳理了两门学科的融合点,在六年级劳技、信息学科中大胆进行了跨学科项目化学习的尝试,在项目化学习中探索如何利用微技术提升学生问题解决能力。英语教研组张毓皎等老师以《春风化雨,育人为本——英语学科育人之本在于培养学科素养》为题进行了英语组学科发展季活动。学科发展季特色活动的开展,旨在激发学生的学习兴趣、培养学生的创新意识、营造教研氛围、拓展教研模式、扩大微技术研究的范围。

(三)学校形成微技术文化

1. 学习微技术的提炼

基于教学微技术的启发,我校在学生层面开展了撰写学习微技术的活动。在年级组长和班主任老师认真组织下,每个班级的学生结合自己的学习实践,围绕一个有效的学习方法,重点撰写自己是如何应用这个方法的,包括它有哪几个应用步骤、应用时要注意什么问题、应用这个方法的体会和效果。学校共收集了225篇学习微技术的文章,并进行了七年级学习微技术智慧传递的分享活动。围绕英语的学习,进行了专场微技术论坛,六位英语小达人分别从英语单词记忆、英语课文背诵、英语阅读、英语听力、作业质量提高等方面介绍了自己的学习秘籍。学生们自信地讲解学习方法,让大家慢慢感受到了他们高效学习背后的"黑匣子"。心理教师从学习心理学的角度进一步分析了高效学习的奥秘,用艾宾浩斯曲线打开了记忆与复习的神秘大门。

2. 德育微技术的提炼

提高德育有效性,也需要微技术。《卡尔·威特的教育》一书写道:"我采取的教育方式是,首先唤起儿子的兴趣,然后再适应其兴趣进行恰到好处的教育。""只要在散步时儿子对某种事物引起注意,我就教给他相应的知识。""(在教他画地图时)我有空就带着儿子到周围村庄去散步,叫他注意观察不同的地形、地貌、河流的走向、森林的分布等等。"老卡尔·威特在教育孩子时确实有很好的方法,虽然每位孩子的培养方式不可复制,没有"标准流程",但有效的方法很值得我们借鉴。我们引导教师思考以下三个问题:学生真正需要什么?学生的兴趣点在哪里?我们该怎样关注到学生的需求并以此作为教育的良好契机呢?

例如,当老师面对家长"当孩子沉湎游戏,家长该怎么办"之问时,在专家的指导下,老师们集思广益,给出了家长教育的微技术:"做孩子的队友,不做孩子的对手。"具体操作如下:与孩子沟通时,父母要控制好情绪;父母要认可孩子的社交需要;父母和孩子共同制定适度玩游戏的规则;父母要做孩子的榜样,不要老是刷手机;父母和孩子一起建立替代玩游戏的新习惯或者寻找新的快乐模式。

面对"学生小A的父母离异且长期在外地工作,他每天将时间荒废在游戏里,一直自暴自弃,逐渐对学习失去了信心",老师该怎么教育?类似这样的案例,好几个班主任都碰到过,他们总结出的好方法是,找到小A的特长,依据特长让他为老师、班级做事,得到老师和同学们的认可后,树立他生活的信心,然后把信心迁移到学习上,逐步在学习上也取得进步。

面对如何在薄弱班级营造"团结友爱、共同进步"班集体时,班主任们又群策群力,总结出多条策略。① 一点突破:精心组织集体活动,争取在年级里表现出色,积小胜为大胜,增强集体荣誉感、自信心,然后把自信心迁移到其他方面。② 凝聚正能量:放大班级学生的优点,一个人的优点变成几个人的优点,再逐步变成班级的优点。③ 为学生提供展示才能的机会:如,开展以"我进步了"为主题的班会,让学生登台演讲。这样的案例在班主任的教育实践中还有很多,学校已经将教育方法编辑成若干册的《一生一策》案例集,供老师们学习,全校教师在立德树人的理念下,进一步优化德育的方法,提高育人的效果。

3. 管理微技术的提炼

在教学、学习、德育微技术提炼的过程中,学校又鼓励学科老师和行政干部进行管理微技术的提炼,下面给出一位初三语文老师的教学管理微技术:从基础位到目标位的对照超越法。

微技术的含义:客观科学分析本班语文学科目前基础指标与目标指标的差距,并不断对照目标指标提出和实施改进措施,直至达到或超越目标。

微技术提出的理念:现代管理大师彼得·德鲁克根据目标设置理论提出了目标激励方案,强调组织群体共同参与制定具体可行的能够客观衡量的目标。现代管理学认为,科学化管理有三个层次:第一个层次是规范化,第二层次是精细化,第三个层次是个性化。精细化管理的本质意义就在于它是一种对战略和目标进行分解、细化和落实的过程,是让战略规划能有效贯彻到每个环节并发挥作用的过程,也是提升团队整体执行能力的一个重要途径。按照"精细化"的思路,找准关键问题、薄弱环节,分阶段进行改进。

微技术拟解决的问题和要达到的目标叙述:语文 H 老师初三新接 A 班,A 班在同类班级中语文分数较低,H 老师努力寻求对策,尽快提升 A 班的语文成绩、力求超越 B 班是 H 老师的目标。

微技术实施步骤如下:

① 精细化分析基础位与目标位的差距。H 老师的基础位是:落后 B 班 5.5 分。目标位是 B 班的语文成绩。H 老师就语文考试的八大板块把 A 班、B 班的得分情况进行仔细对照。(见表6)

表6 A 班、B 班八年级期末成绩(满分 100 分)

	默写	鉴赏	课内	课外	阅读一	阅读二	综合	作文	总分
A 班	8.53	3.15	3.76	4.15	7.65	8.61	1.53	29.3	66.73
B 班	9.55	3.9	4.25	4.55	9.7	9.07	2	29.14	72.23
	−1.02	−0.75	−0.51	−0.4	−2.05	−0.46	−0.47	+0.16	−5.5

② 精准分析差距的原因。默写与诗词鉴赏的差距,主要原因是部分同学学习态度差,上课不认真听,下课不背默;阅读一(说明文)相差 2.05 分,是因为学生在说明文知识点上有漏洞。H 老师对每份试卷进行细致的分析,精准了解每个孩子知识点的漏洞,还对每个学生的家庭、个性、知识与能力基础进行分析,找出每个学生丢分的原因。

③ 找准对策。H 老师一方面端正学生的学习态度,集中抓几个学生,合理安排他

们每天的背诵任务,并借助家长的力量,一起督促孩子;对于说明文,H老师采用了教学微技术,让学生对说明文的五大知识点吃透、学扎实;教师利用课上课下的各种机会对每个学生进行针对性知识点弥补;教师精准地采取措施引导、帮助、激励每个学生,做到因班施教,因材施教。

④ 阶段总结,继续努力。半个学期以后A班语文只落后B班1.06分了(见表7),H老师继续寻找对策。

表7　2018届A班、B班九年级期中成绩(满分150分)

	默写	鉴赏	课内	课外	阅读一	阅读二	综合	作文	总分
A班	14.88	1.92	7.13	5.33	12.25	14.83	6.00	46.33	108.67
B班	14.55	2.45	8.50	5.14	12.45	16.5	5.45	44.68	109.73
	+0.33	-0.53	-1.37	+0.19	-0.2	-1.67	+0.55	1.65	-1.06

对于诗词鉴赏和课内文言文,H老师仔细研读教材,精心备课,注重"第一次"教学的有效性,采取"任务分解""小组合作帮助学困生""老师、学生、家长形成合力"等策略;对于阅读二(现代文阅读),H老师采用教学微技术来夯实阅读知识点。

⑤ 目标达成,实现超越。经过不断的努力,H老师成功实现逆袭。九年级区一模成绩,A班语文超过B班5.31(见表8);九年级区二模成绩,A班语文超过B班1.22分(见表9)。最后,A班语文中考成绩也超过了B班。

表8　A班、B班九年级区一模成绩(满分150分)

	默写	鉴赏	课内	课外	阅读一	阅读二	综合	作文	总分
A班	14.77	2.72	8.36	4.22	11.36	12.40	6.18	46.09	106.14
B班	13.78	3.00	7.22	4.35	9.91	11.87	6.43	44.26	100.83
	+0.99	-0.28	+1.14	-0.13	+1.45	+0.53	-0.25	+1.83	+5.31

表9　A班、B班九年级区二模成绩(满分150分)

	默写	鉴赏	课内	课外	阅读一	阅读二	综合	作文	总分
A班	14.78	2.33	8.06	7.22	15.28	13.83	7.17	46.94	115.61
B班	13.78	2.67	7.22	7.28	14.17	14.11	8.56	46.11	114.39
	+1	-0.34	+0.84	-0.06	+1.11	-0.28	-1.39	+0.83	+1.22

H老师目标制定是适合的,为目标的实现奠定了基础。她对照两个班级语文各板块的得分情况,仔细分析,从容易解决的问题入手,全方位精准施策,教学效果明显。在整个过程中不断发现问题、解决问题,持续改进,终获成功。精细化的目标管理是我们提高工作效能的重要措施,但目标管理如何高效仍然值得探索。该管理微技术是从语文学科提炼出来,但也适用其他学科,学校以此为基础,形成初三教学目标管理的校本模式。

教学微技术虽小,却是构成形形色色高效课堂的基本单元,也使学校不断滋生变革的内生动力。实验西校的课堂,正是通过这些细微却持久的努力,催生着大的变革。通过教学微技术、学习微技术、德育微技术、管理微技术的提炼和应用,提高了学校教育与管理的品质。不仅如此,运用微技术已经成为西校人的一种生活方式,做事要精益求精,要追求卓越。微技术已然成为实验西校根植于管理者、教师和学生心中的核心概念,微技术正在不断为广大师生善于发现问题、解决问题和务实精进提供动力,已成为学校的文化名词。

(四) 微技术研究引发的社会影响

1. 学术影响

学校积极推进教学改革,成果丰硕。2017年,微技术研究成果《理念转化为行为的助推器:教学微技术的研究与开发》荣获上海市基础教育教学成果二等奖,该成果已辐射市内外。2018年11月学校代表闵行区初中学校接受上海市教委教研室为期两天的大调研,徐淀芳主任带领50多位专家对我校以微技术为载体积极推进教育改革给予高度评价。专著《主动、分享、快乐——构建"成长课堂"的实践探索》于2015年由上海教育出版社出版。我校教改成果被发表在2016年11月第205期《上海课改与教研专报内参》。上海青年报于2017年1月也以《提炼"教学微技术"演绎课堂新精彩——上海市实验学校西校构建"主动、分享、快乐"的"成长课堂"》为题报道我校课堂教学改革。18篇关于微技术的教学改进文章在《上海教育》《上海教育科研》等杂志发表或评选得奖。

2. 实践影响

微技术研究成果在2017海峡两岸暨港澳地区基础教育研讨会上展示。2019年9月,章志强校长受肇庆学院省级中小学教师发展中心邀请,为教育实践基地学校指导教师能力提升项目培训班上课,介绍我校教学改革的成果。章校长在区学术节、区暑期校园长书记培训会和区初三教学工作会议上展示微技术运用;和语数外三位教师受张人利校长邀请为静教院附校全体教师作微技术讲座;还受邀到上海市实验学校、闵行区万源城协和双语学校、闵行区龙柏中学等多所学校讲学,分享我校的微技术改进课堂的经验。陈旭丽副校长于 2017 年 9 月 21 日受邀到吉林省长春市上微技术示范课。她于 2020 年 1 月 19 日受区教育学院推荐,在安徽蒙城县"中小学'抓教研促质量'期末专题培训活动"中,为全县中学校长、教导主任、各学科教研组长作了《加强教研组建设 提高教学管理有效性》讲座。沈晓茹老师去上海市嘐城实验学校等 8 所学校做合作学习微技术报告。从 2015 年至今,有 15 批近两百多名外省市干部来校学习微技术。

3. 国际影响

日本记者于 2013 年 11 月 28 日来校观摩数学课,采访校长,报道我校教学改革的情况。2016 年 5 月 18 日世界银行代表团来访我校,观摩了张毓皎老师开设的英语微技术公开课。2019 年 9 月 20 日,日本南东北地区教育访问团来校交流学习,聆听学校教学改革报告。2019 年 12 月 15 日,章志强校长随闵行教育代表团访问日本,并与日本相关学校教师交流,介绍我校以微技术为载体的教学改革。

第一章

价值赋予：
课堂教学微技术
不仅仅是技术

教学微技术是教师在精细化教学实践中衍生出来的一种全新的教学方式,是将教师教学中的默会知识提炼为显性知识,将教育理念转化成行为的"助推器"。海德格尔说:"任何发问都是一种寻求。任何寻求都有从它所寻求的东西方面而来的事先引导。"[①]可以说,教学微技术是对传统教学的一种发问和挑战。

建构主义学习理论认为"课堂是一种社会交往的场所,在这个场所中所有的学习者一起协商并创造意义",该理论认为"主动学习和问题解决能有效地促进学习者参与学习建构"。[②]教学微技术如"改写比较、类比推演、辩论式阅读、以'辩'促写、渐进朗读"等,都体现出了师生互动的教与学过程。学习者通过对话、辩论、朗读,将被动接受学习转化为主动参与,学习内容由抽象到具体、由理解到运用,由此及彼、由表及里,是更加深度的、有效的教学知行合一。

教育关乎人的成长,需要有其自身的质感与温度。从某种角度来看,课堂教学微技术自带育人的温度和教育的光芒,孕育着教学价值、树人价值和社会价值,是对教育的终极目标——培养更加高尚人格的一种寻求与探究。

改写比较,是对课文中的知识内容进行二次创造,让学生在问题的驱动下,进行高层次的思维活动。通过情景模拟,学生身临其境,感悟作者的创作意图,活学、活现、活用知识,使知识不再成为枯燥无味的代名词。课堂也因有思维的唤醒而变得更加灵动、深刻。

类比推演,通过巧用类比,充分利用已有的教学资源,站在学生的学习立场,帮助学生用已有的知识和经验,化抽象为形象。在知识的推演和迁移中,激发学生的学习兴趣,培养学生的发散思维和迁移能力。

辩论式阅读是提升语文课堂学生思维品质的"利器"。通过创设多向思维模式,从

---

① (德)海德格尔.存在与时间[M].陈嘉映,王庆节,译.北京:三联书店,2006:6.
② (美)艾丽森·A.卡尔-切尔曼.教师教学设计:改进课堂教学实践[M].方向,李忆凡,译.福州:福建教育出版社,2018:12.

辩题的确定、辩论形式的选择、辩论过程及辩论后的延伸,引导学生去追问为什么,去挑战是什么的不同看法,在思辨的过程中,形成自己的观点。辩论式阅读体现出了师生在一种尊重、平等氛围下的对话和高阶思维的形成。

以"辩"促写,是通过对英语写作话题进行深入的分析和辩论,帮助学生搭建写作框架,使之成为提升议论文写作思维的有效抓手。通过辩论,引导学生对话题进行深入思考,帮助学生形成积极的价值观和辩证地看待世界。

渐进朗读,关注不同层次学生的学习需求,以读为核心,建立渐进朗读学习模型。通过细化朗读目标,加强朗读指导,让学生在不同形式、不同目标、不同方法的朗读中逐层推进,拉近与文本和作者的距离,借读开悟。渐进朗读遵循学生的认知规律和情感体验,学生在渐进朗读的情感体验中不断建构新知。

师者,睹几而作、不忘初心、躬身笃行,方得大善与大爱!课堂教学微技术是教师主动寻求课堂突破,提升育人价值,转变学生学习方式的变革。这场变革所激发出来的巨大能量,将吸引着一大批有识之士去思考、实践、探索、创新……

改写比较：让思维变得更灵动

传统课堂中，教师的"教"与学生的"学"往往缺少真正意义上的关联。一方面教师组织教学的形式过于单一，教师单向传授知识，学生被动接受知识；另一方面教师过多的课堂提问，容易将文本割裂，使其呈现碎片化的状态，不利于学生构建完整而系统的认知，且提问中低阶思维问题多，高阶思维问题少，不利于学生思维品质的提升。改写比较以学生为主体，改变课堂师生关系，促进学生在较高认知水平进行心智活动，培养学生分析问题、解决问题的能力，让学生的思维变得更灵动。

一、理念与意义

改写比较就是教师立足学情，在深度解读文本的基础上，抓住文本中可比较的点进行改写，引导学生在"思"和"辩"中进行深度思维活动的一种教学方式。它以发散性思维和创新思维为主要特征，深度挖掘学习资源，为学生的思维活动搭建脚手架。

建构主义学习理论强调教师不是知识的灌输者，学习者的知识是在一定情境下，借助他人帮助，比如交流、合作、讨论等，通过意义的建构而获得。[①] 面对内容深奥、表达含蓄、意蕴丰厚的文本，学生往往是一头雾水，不知所云，而教师一言堂生硬灌输的教学模式显然是不可取的。教师需要在文本与学生之间架起一座桥梁，让两者进行有效"对话"。改写比较在课堂实施的过程中以学生为主体，使学生抓住文本矛盾冲突或非寻常表达等比较点，在深度解读文本后有目的、有意识地进行改写，个人、小组或全

---

① 何克抗.建构主义革新传统教学的理论基础[J].中学语文教学，2002(08)：58-60.

班成员围绕特定的内容进行比较阅读,在思辨中主动获取知识,促进高阶思维的培养。

(一)改写比较有助于学生深度理解文本

学生运用原有的知识储备,在课文预习阶段就能自主解决一些基本问题,比如主人公是谁,课文讲了一个怎样的故事,故事发生的时间、地点、起因、经过等记叙要素。要将初级学习转变为高级学习,就需要在原有知识的基础上,生成新的知识,这个过程学习个体一般较难独立完成。改写比较,为学习者创设了一个适宜的学习情境,学生通过改写前后的内容进行有组织、有目的、有指导、有评价的思维碰撞活动,逐步调整知识结构,建构新的认知,从而完成对文本的深度解读。

(二)改写比较有助于提升学生的思维品质

教育心理学认为,当学习者对所学知识感兴趣时,大脑中与之相关的神经细胞处于活跃状态,而其他细胞则处于抑制状态。因此,课堂教学内容的设计一定要立足学习者的学习需求和心理需求。学起于思,思起于疑,改写比较往往是抓住文本中矛盾冲突之处和非同寻常之处进行改写设问,激发学生的思维,将固化的思维转向发散性思维或批判性思维,学生最终形成生疑、质疑、析疑、解疑的思维模式,问题意识的培养增强了学生解决问题的能力,也提升了学生的思维品质。

(三)改写比较有助于点燃学生的学习热情

传统课堂教师控制得太多,学生在教师组织和引导下进行各种学习活动。学生的"学"始终处于被动状态,被动思考,被动活动,被动接受新知,个体个性化的学习需求和认知往往被忽略。改写比较改变了传统的师生关系,教师不再是知识的灌输者,而是学习活动的组织者、参与者、引导者,学生是课堂主体,个人或小组围绕核心问题进行思维碰撞,学生的合作意识、语言表达能力、逻辑思维能力、解决问题的能力在自主互动中逐步增强。

总之,改写比较立足于教学目标,遵循启迪思维的原则,帮助学生深度理解文本,在课堂有限的时空内,有效激发学生的学习主动性,让他们主动获取知识,提升思维品质。

二、操作方法

(一)课文材料重组,突破难点

学生在阅读课文时会存在不同程度的阅读障碍,其中理清行文思路是阅读难点。

只有深入研读，把握前后内容之间内在的逻辑关系，才能理清文脉。教材是教师进行教学活动的资源，教师可以结合课文特质，进行教学内容的调整重组。

基于教学目标，教师将课文材料按照一定的逻辑关系重新编排，调换段落前后顺序，切分段落若干层次。教师通过课文结构的变化，引导学生思考内容之间的关联，帮助学生突破阅读难点。课文材料重组要根据实际教学的需求，充分预设，抓住学生理解文本时思维上的障碍点，通过重组比较，为学生搭建一个思维的脚手架，引导学生在材料的"变"与"不变"中探究，教师在此基础上巧设疑问，学生的思维在问题引领下逐步深入。

(二) 课文内容加减，突出重点

教材中选编的课文，教师不可能逐字逐句逐篇地分析，因此要根据课堂教学目标的需求，进行有意识的裁剪。当文本中出现看似芜杂繁冗的内容，学生不能理解这些"闲笔"在文中的作用时，教师立足文体特征，大胆改写，让学生调动认知去辨析作者的写作意图。教师可以删除那些看似与主要人物、主体事件无关的段落内容，将文本"瘦身"后让学生反复比读，体会其在文中的作用；教师也可以补白，让学生在特定情境的引领下发挥想象，将课文中留白部分填补完整，文本"增肥"后让学生反复比读，体会作者的写作意图。课文内容的加减立足教学目标，减去看似无关的内容，加入主要事件的相关内容，不管是加法还是减法，师生对文本的二次创作都有助于学生对文章重点的理解。

(三) 句子语序调整，体会情感

语言单位按照一定规则组成的先后顺序，就叫语序。语言、文字的表述一般都要按照规则进行组织。语言形式往往是作者内在情感的投射和外化，大到一个句式段落，小到一个标点符号，无一不是情感的载体。教学中可以有意识地改变句子的语序，引导学生关注行文中细小的语言形式的变化，如句子前后成分语序改变，体会语言形式的转变与作者情感态度之间的关系，虽然是小小的改动，但它所带来的思维冲击力是不可忽视的。因为进行改写比较活动时，情感态度及价值倾向是明确的，学生在进行这样的阅读活动时更容易触碰作者的情感。

(四) 认知冲突生成，激趣思辨

认知冲突的生成，是因为个体原有的认知和知识结构与现实情境有偏差，这种情况如果在课堂中生成就能很好地激发学生的认知需求。教材中的文本有的含蓄隽永，有的清新自然,有的平铺直叙,有的文势起伏,日常教学中抓住行文中可改写的比较点,如情节内容逻辑上的矛盾、人物性格的矛盾、环境与人物之间的矛盾,利用这些资源,引发认知冲突激趣思辨;甚至文势铺陈时,通过改写制造矛盾,让学生在"合理"与"不合理"中生成认知冲突,会有意想不到的课堂效果。

总之,改写比较的方式有很多,需要根据文本的特征和学生的学习需求进行相应的设计,不能一概而论。

三、实践案例与分析

部编教材八年级上册第三单元主题为山川美景,文体主要为古诗文,教学重点是阅读写景散文,感受山川风物之美,从审美和认知两个角度提高学生对古诗文的阅读、感知、赏析、体味、领悟能力。《记承天寺夜游》是其中的一篇文言游记散文,写于苏轼被贬黄州期间。全文仅85个字,却运用记叙、描写、议论等多种表达方式,创造了一个清冷皎洁的艺术世界,表现了作者豁达乐观的心境。学生学习本文的重难点在于体会作者复杂的情感及理解"闲人"的内涵。

这篇文章常规的教学思路是将课文分成叙事、描写、议论三层,然后带领学生逐字逐句加以分析。传统教学束缚了学生思维,不利于学生阅读能力的培养。运用改写比较充分抓住课文中不寻常之处,大胆重组课文材料,改写句子,在学习内容与学生认知心理之间制造一种"不协调",学生在比较中自觉自主找到作者隐藏在行文中的情感脉络,激发学习兴趣和求知欲,同时避免碎片化处理文本,让学生在比较中思辨,在思辨中明晰,获得个性而鲜活的阅读体验。

方法一:重组材料,课文变形

部编版教材中课文85个字是以"段"的形式呈现,立足文体"游记"的基本特征,学生根据作者的行文思路,试着将文章变形。

教材原文:

记承天寺夜游

苏 轼

元丰六年十月十二日夜,解衣欲睡,月色入户,欣然起行。念无与为乐者,遂至承天寺寻张怀民。怀民亦未寝,相与步于中庭。庭下如积水空明,水中藻、荇交横,盖竹柏影也。何夜无月?何处无竹柏?但少闲人如吾两人者耳。

课文变形：

记承天寺夜游

苏 轼

元丰六年十月十二日夜，解衣欲睡，月色入户，欣然起行。念无与为乐者，遂至承天寺寻张怀民。怀民亦未寝，相与步于中庭。（记叙）

庭下如积水空明，水中藻、荇交横，盖竹柏影也。（描写）

何夜无月？何处无竹柏？但少闲人如吾两人者耳。（议论）

学生通过内容调整，将课文从一段变为三段，明确了文章的表达方式，更是理清了行文思路，彰显了文章的结构之美。这样的课文变形，有利于学生深入文本，把握作者复杂的情感。

方法二：立足文体，课文加减

游记常规写法是开篇简单交代游记要素——时间、地点、人物、事件起因等，重在写景抒情；而这通篇85字的游记，用67个字交代游记要素，真正写景的句子只有一句，18个字。读到这里让人产生疑问：作者为什么有这样不寻常的语言表达？这就需要立足文体大胆进行改写，呈现一个常规游记的版本。

记承天寺夜游

苏 轼

元丰六年冬夜，月色入户，至承天寺寻张怀民，相与步于中庭。庭下如积水空明，水中藻、荇交横，盖竹柏影也。松柏森森，秀竹郁郁，古木萋萋，四野静寂景茫茫。何夜无月？何处无竹柏？但少闲人如吾两人者耳。

学生通过比较阅读会发现，改写后的课文缩减前文，简单交代夜游的时间、地点、人物和缘由，扩写了文中月夜绘景的句子，学生的认知冲突已经生成。教师适时抛出问题："原文好，还是改文好？"此时，学生的思维自然落到了那些看似闲笔的文句上，"十月十二日夜""欣然起行""念无与为乐者""遂""亦"。不需要老师一字一句追问，学生通过反复比读，领会作者不仅是交代游记要素，还要写出在这样一个寻常的冬夜作者情感的起伏变化。

在把握作者情感变化的基础上，学生用重音、拖音读出情感变化，用文言读，用白话文读，甚至加入语气词辅助朗读，以读促讲，以读促悟。

方法三：调整语序，情感突显

这篇游记散文全文最精妙的一句便是写景句，但作者惜墨如金，只用18个字就点染出一个空明澄澈的境界。学生不仅要感受这美妙的境界,还要读出作者隐含其中的情感。一个句子,两处比喻,但语序的排列有变化;语序改变,意味着作者情感的变化。

原句:庭下如积水空明,水中藻、荇交横,盖竹柏影也。

第一个比喻:没有出现本体。第二个比喻:先出现喻体,再出现本体。

改句:庭下(月光)如积水空明,竹柏影如水中藻、荇交横。

常规比喻:本体,比喻词,喻体,三者依次排列。

学生通过比较发现,句子调整语序,补上本体后,意思没有发生改变。进一步比较后发现,原文多了一个"盖"字。为什么不把本体"竹柏影"写在前面?一个"盖"字传递出怎样的情感?学生结合"盖"字的意思,反复比读后发现,明月相邀,知己作伴,作者完全陶醉在这澄澈的月色里,起初没有发觉这是竹柏在月光下的影子,一个"盖"字,将作者恍然大悟以及惊喜万分的情状描绘出来,一字之差,意思不变,意境却相去甚远。因为一开始不知道是月光,所以第一处比喻没有出现本体月光,因为一开始不知道是竹柏影,所以第二处比喻本体放在了喻体后面,最后"盖"字作结,作者的欣喜之情溢于言表!无一字写月,却将月光的皎洁澄澈写到了极致!学生在比读中发现,在疑惑中思考,由句子语序的变化读出作者的情感,更由"景语"读到"情语"。只有心胸豁达,处逆境而无悲戚之人才能沉醉、享受这样的月夜美景。"空明"的不只是那晚的月光,更是苏轼当时的心境!学生的思维随着文本的深入研读,不断往深度发展。

方法四:"闲人""忙人",激趣辩论

文章最后以议论作结,引发读者深思。苏轼以"闲人"自称,但纵观苏轼一生他又是个"忙人",学生小组合作,结合文本的理解及课外拓展资料体会"闲人"一词的内涵。

原文:何夜无月?何处无竹柏?但少闲人如吾两人者耳。

改文:何夜无月?何处无竹柏?但少忙人如吾两人者耳。

生:苏轼是"闲人"。苏轼因反对变法,引发"乌台诗案"。他被贬黄州后任团练副使,这是一个有职无权无薪的官,不得签署公文,没有薪俸。他更没有人生自由,不得擅离该地,没有可能大展身手,有所作为。

生:苏轼是"忙人"。虽然此时的苏轼没有实权,政治上无法实现自己的抱负,但他要维持生计,养家糊口,就不能一味沉浸在悲戚之中,他在城东开垦荒地,脱下长衫,自耕自足,他的自号"东坡居士"就源于这段经历。

生:苏轼是"闲人",但又不甘做"闲人"。他被贬黄州的那几年,文学造诣极高,他将满腹的抑郁和不甘，寄托山水，在大自然的怀抱中疗伤并汲取能量，给后世留下了丰厚的精神财富。

　　学生在"闲人"与"忙人"的辩论比较中，不断走近文本，走近作者，走近苏轼笔下澄澈透明的世界。认知冲突有时只是表象，学生能够在问题驱动下，进行高层次的思维活动，从而培养良好的思维品质，这才是语文学习的本质。

　　整堂课的设计立足"游记"的文体特征，围绕核心问题"作者的情感"，抓住课文几个矛盾之处、非常规之处，对文本进行二次创作，在改写中引导学生比较阅读，"本篇游记与常规游记的改写比较""文中比喻句与常规比喻句语序的改写比较"以及最后苏轼到底是"闲人"还是"忙人"，学生通过探究辩论，通过朗读，抓住关键词句，理清作者的情感变化，从而领悟作者的心境和人生态度。课堂以教师为主导，学生为主体，质疑为主线，循序渐进，层层深入，探究"闲人"的意蕴，达成浅文深教的效果。

四、温馨提示

　　① 改写比较不能脱离学生实际。立足教学目标，既要有一定的认知冲突，激发学生发散性思维的产生，又不能思维强度过大，给学生造成学习上的困惑。

　　② 改写比较课堂主体是学生而不是教师。课堂以学生个体或小组的自主学习为主，以核心问题为任务驱动，学生在不同思想的碰撞中提升思维品质。

　　③ 改写比较课堂一定要预留足够的时间给学生。有价值的问题一定是需要思维空间和时间的，只有让学生充分、深入地思考，才会有精彩的课堂呈现。

（撰稿者：蔡小红）

类比推演：概念教学的"法宝"

物理学科知识内容广泛，概念较抽象，学生在学习上有一定的困难。中学生因其认知水平有限，不能较好地把形象思维变成抽象思维，因此在根据物理现象总结规律，以及应用规律解决实际问题时感觉困难。对于不同性质的两个对象在某些方面有相似之处，我们可以采用类比推演，其为依据其中一个学生所熟悉的对象推理演绎出另一个研究对象的相关规律的方法。当然所推理出的结论需要用实验来验证其准确性，两者相似性越多，推演出的结论准确性越高。

一、理念与意义

建构主义理论重视学习过程中对头脑里原有经验的改造和重组。学生在学习的过程中遇到陌生的概念和规律时，应主动地在大脑里搜索与此相关的信息并进行筛选和处理。[1]当学生发现学习的新知和已有的旧知有某种相似之处时，会进行类比和推演。因此使用类比推演是遵循思维规律的，同时也能提高学生的创新思维能力。

（一）类比推演促进形象思维向抽象思维的转化

初中物理涉及的物理现象比较直观，一般都是生活中常见的现象。学生可以通过形象思维获取知识。进入高中后，课程难度有所增加，内容更抽象，思维方式从形象思维向抽象思维转变，学生一时难以适应。教师应及时加以引导，帮助学生转变思维方式。借助类比推演，引导学生探索初、高中物理学习中遇到的相似问题。设计教学活动中的情景、问题链、思维引导方式等，帮助学生逐步学会从形象思维转化为更高层次

---

[1] 唐风，唐利强.类比教学的理论基础及其对物理教学设计的启示[J].教育理论与实践，2014(5)：21.

的抽象思维。

（二）类比推演能培养学生的创新思维能力

在科学探索中，类比是一种非常重要的思维方法。通过把陌生的对象和熟悉的对象进行对比，把未知的东西和已知的东西相对比，可使学生深刻地认识、理解并掌握知识，同时提高获取知识的能力，掌握科学的思维方法。在学习过程中，学生并不是被动地接受现成的知识，而是经过自己的探索来获得知识，这样的学习更有效、更牢固，理解也更透彻。在科技高速发展的时代，社会对于人才的培养也提出了更高的要求，为了适应社会发展，教师在教会学生知识的同时，更重要的是培养学生正确的学习方式、提高学生的思维品质及创新能力。应用类比推演，不仅可以变抽象为形象、变难为易、化繁为简，同时又可以启发学生的思路，举一反三、触类旁通，促进知识的"迁移"，培养学生的创新意识和能力。

总之，类比推演是一种重要的思维方法，在中学物理教学中运用该方法可将知识化抽象为形象，帮助学生理解知识点，总结知识框架结构，提高学生分析问题的能力，并培养学生的发散思维与迁移能力。因此，教学过程中教师应有意识地帮助学生掌握此方法，这对学生以后的学习有重要的意义。

二、操作方法

类比推演要求教师熟知教材知识体系，准确把握教学重难点，了解学生的实际情况，特别是学生目前的知识能力水平，这样才能做到心中有数、有的放矢，才能使设置的情景或问题既包含了学生熟知的某些物理现象、概念、知识和技能，同时也能和所要学的新知识产生某种关联，有一定相似性，但又存在不同点。我们需要关注其相同点，要异中求同；同时也要关注其不同点，要同中求异。

（一）从可观察的现象引入物理概念

物理概念是反映物理现象和物理过程本质属性的一种抽象，是在大量观察、实验的基础上，运用逻辑思维的方法，把一些事物的本质共同特征集中加以概括而形成的。它是学习物理、培养物理思维方法的基础，因此物理概念教学至关重要。

教师可以从学生已有的生活经验导入，使学生感到亲切，更容易接受，有助于培养学生的注意力、观察力、分析问题的能力。教师选择的事例要恰当和典型，语言要简练生动，所举事例必须是学生熟悉的。教师也可以运用实验引入，这样能使学生感受更深刻,容易激发学生的学习兴趣,使其注意力集中到被研究的对象上来,注意观察现象的变化及产生的条件,从中发现本质的特征。

(二) 巧用类比,加深对物理概念的理解

用类比法从旧概念推理出新概念,是实效的教学方法。[①] 新概念往往与已学过的概念规律间存在着有机的联系。抓住新旧知识之间的联系,从已有的知识出发,通过逻辑展开,把新概念自然地引申出来,也可以创设学习新概念的良好物理环境。教师也可以将物理概念与学生的日常生活经历进行类比。学生在日常学习生活中积累了一定的生活经验,用学生身边的事例进行类比,可以帮助学生更容易理解物理规律,启发学生的思维,调动学生学习的积极性,培养学生在生活中观察和分析事物的能力。

总之,类比推演是我们认识世界、发现规律的一种重要思维方法,课堂中教师可以利用类比推演从旧的知识引出新的知识,也可以通过对比新旧知识点,加深学生对新知识的理解。通过不同事物间的类比降低知识的理解难度。因此类比推演对于物理概念教学起着非常重要的作用。

三、案例与分析

以初中物理《电流强度》一课为例,电流的定义比较抽象,学生难以理解和诠释它的概念。运用类比推演,引导学生将水流和电流进行类比从而得出电流定义,这种类比的研究方法对后续电学的学习起到了积极作用。学生可以用相同方法来学习电压以及串并联电路的特点。

(一) 观察灯泡亮度,引入"电流强度"

由于电流强度的概念比较抽象,所以学生很难理解电流是有强弱的。本节课教师自制电流强度演示板,选用两个相同规格的小灯泡,以并联的形式接入电源两端,其中一个灯泡与一个定值电阻串联,使得两盏灯泡点亮时的亮度不同,学生观察哪盏小灯更亮。然后将两个灯泡的位置互换,再次让同学观察并比较灯的亮度,发现原来较暗的灯泡第二次较亮。因为灯泡的规格相同,这样就可以避免灯泡的规格对于亮度的影响,从而使学生感受到是通过灯泡的电流强弱不同影响了灯的亮度,由此引出"电流强

---

① 徐慧.巧用类比法进行物理教学[J].课程教学研究,2015(05):57.

度"这一物理概念。像这样从学生的生活实际出发,利用可观察的灯泡亮暗来反映电流的强弱,化抽象为形象,更容易使学生感受到电流是有强弱的,从而顺利引入电流强度的概念,同时也激发了学生探究电流强度的欲望。

(二) 电流类比水流,化抽象为形象

电流强度的概念比较抽象,学生不容易理解,而水流是学生日常生活中经常接触的,并且水流和电流有着许多相似的性质。通过水流来类比电流,引导学生总结归纳出比较水流强弱的方法来启发如何比较电流的强弱。学生通过推演可以自主地概括出电流强度的定义及其表达式。通过这样的类比和推演,学生对于电流强度概念的理解更加深刻。

以下为《电流强度》一课的部分教学片段:

师:如何比较不同导体中的电流强弱呢?电流摸不着、看不到,我们是否可以找到与电流相似且方便观察的对象呢?

生:我们可以用水流和电流进行类比。

师:我们或许可以通过比较水流的强弱来得到一些启发,接下去请看演示实验,这里有两根粗细相同的管子,同时拧开水龙头放水,请思考如何比较水流强弱呢?

生:用两只烧杯去接水,观察相同时间内哪根管子放出的水更多。

师:除了控制时间相同,比较流出的水量,还有其他方法吗?

生:控制两管流出的水量相同,比较所用时间的多少。

师:如果放水的时间和放出的水量都不相同该如何比较水流强弱?同学们可以回忆一下之前是如何比较物体运动快慢的。当物体通过的路程和所用时间都不同时,如何比较运动快慢?

生:可以比较出水量和时间的比值,即单位时间内的出水量。

师:类似的,如果我们把两根管看成导体,里面流动的水看成是定向移动的自由电荷,我们是否能找到比较电流强弱的方法呢?

生:比较单位时间内通过导体横截面的电荷量。

此时学生已经在教师的引导下自主地得出电流的定义,说明之前的类比有效降低了学生对于电流强度概念的理解难度。

电流强度的概念运用了比值定义法,定义式为 $I = Q/t$。根据定义式,学生容易将电荷量和通电时间误认为是影响电流强度的因素,实际上比值定义式是量度公式而非

决定条件的公式,学生对此很难理解,即使记住了也很容易遗忘。学生之前已经学习了密度的知识,其定义式为 $\rho = m/V$,密度是物质的特性,与物质种类有关,与物体的质量和体积都无关。对于这类易感知的物理量来说,学生是比较容易理解的。通过电流强度与密度进行类比,教师可以引导学生发现电荷量与通电时间的比值定义了电流强度,但并非影响电流强度的因素。因此通过类比能使学生更好地理解电流强度的定义式。

在教学过程中,教师应该对学生进行正确的引导,使用合理的类比。通过对旧知识的回忆,学生可以联想到对新知识的学习方法,教师还可以寻找一些跟所教知识点相似度高、学生比较熟悉、认知度高的知识进行类比,这样学生能够理解得更加透彻,思维更加开阔。

四、温馨提示

① 类比推演在运用时应注意,由类比推演出的结论并不一定是正确的,两个研究对象即使有很多相同的地方,也并不一定能得出相同的结论。另外,教师在运用类比推演时,应尽可能利用学生们所熟知的事物进行类比,还应注意选择的事物与物理知识的类比过程是否恰当。有些物理过程是有条件限制的,教师在类比时应格外注意,以免让学生产生错误的理解。

② 当没有可以类比的生活经验或物理过程时,就可以用讲故事的方式进行类比。[1] 目的是将抽象的物理过程借用有趣的故事情节来阐述,所以故事内容应该生动活泼,能吸引学生。除此之外,也要保证故事内容要严谨,不能随意编造,要符合所类比的物理知识,不能让学生因为故事内容而对所学的物理知识产生错误的理解。

(撰稿者:葛亮)

---

[1] 毕晓微,胡银泉.利用类比法学习物理的 3 个切入点[J].物理通报,2019(05):53.

辩论式阅读：提升思维品质的秘密武器

随着中国学生发展核心素养的提出，学科课堂不能再仅仅着眼于学科基本能力的培养，必须长期关注学生发展的思维、能力、品德的提升。传统语文课堂是教师问、学生答的上课模式，学生往往只针对教师某一问题进行思考、回答，缺少对教学内容内在逻辑的整体把握，思维呈现散点状，不利于学习兴趣的激发和逻辑思维的培养。教师采用辩论式阅读的微技术，将教学重心下移，以学生为主体，以辩论为呈现形式，促使学生自主地将散点的思维前后关联，从而有效提升学生对阅读文本的整体把握能力，培养学生的思维逻辑性。

一、理念与意义

辩论式阅读教学是指在教学过程中，以学生为主体，以辩论为中心，以教学为主旨，以反向思维和发散性思维为特征，渗透启发式、研究式、自主探究式学习的一种有效的阅读方式和课堂教学模式。[①]

根据这一定义，可以发现辩论式的阅读教学，打破了教师问学生答的单向性教学模式，反向思维和发散性思维使学生思想的维度变为双向，甚至是多向；同时认识到矛盾冲突会推动学生的进一步探究，最终获得对这一问题的自我认识。整个学习过程能更有效地促进学生阅读能力的提升，值得借鉴。

但同时，辩论式的教学形式在高中和大学阶段运用比较多，一般采用正规的4×4的辩论赛形式，在初中语文教学中引入这种教学形式，存在着参与人数受限、学生思维

[①] 赵砚锋.浅谈语文辩论式阅读教学[J].黑龙江科技信息，2010(12)：154.

能力尚缺的问题,所以将辩论式阅读作为微技术引入初中语文课堂,必须要加以突破和改进。本文所论述的辩论式阅读,是整堂课教学过程中的一个环节,一般时间在8—10分钟;以全班学生为参与对象,扩大参与范围;以突破文本阅读中的某一重难点或分歧点为主题,降低思维的难度;形式上采用相对宽泛的正反双方,为学生积极思考、表达不同见解提供空间。

经过一段时间的实践,辩论式阅读微技术的作用主要体现为以下三个方面:

(一)辩论式阅读能够激发学生的学习兴趣

不同年龄段的学生对于学习的认识出发点是不一样的,如高中、大学学生,他们偏于理性,知道自己学习某一学科的价值与意义,从而产生学习动力。而初中学生更为感性,相较于传统的教学模式,辩论的教学形式,其开放性、对抗性等特征无疑更能激发初中生的学习兴趣,提升他们更积极参与课堂教学的意愿,从而推动对阅读文本内容的关注和解读。

(二)辩论式阅读能够创设多向、完整的思维模式

辩论式阅读,改变了学生在教师的引导下去解读文本的单向过程。传统教学中,教师是架设在文本和学生之间的一座桥梁,权威性很少会受到挑战。在学生辩论中,权威的角色没有了,取而代之的是平等的关系,学生敢于去挑战不同的看法。学生不仅要把握文本,理清自己在文字之下读到了什么,依据是什么;而且要了解其他学生对同一文本的不同解读,形成多向的思维模式。

在这个过程中,因为教师的缺席,学生又面临着要自己把握内容的内在逻辑的挑战,他们必须通过分析、比较、判断,形成完整的思维过程,从而最终得出自己对某一问题的答案。

(三)辩论式阅读能够全面提高学生的语文基本能力

当然,辩论式阅读的意义不仅仅是提升思维能力,它还有助于提升学生倾听、表达的语文基本能力。倾听他人发言,准确地把握对方的观点、依据,是辩论开展的前提。准确的语言表达,逻辑思维的培养,又是辩论顺利推进的基础。语文学科的这些基本能力,在辩论式阅读开展的过程中,相互促进,实现良性循环。

总之,辩论式阅读进入语文课堂,能有效提高学生参与度,引导学生围绕辩题,对文本进行解读思考、质疑、辨析、表达等一系列学习行为,既提高学科素养,又提升学生的思维能力,值得教师在摸索中不断探索、实践。

二、操作方法

（一）辩题的确定

辩论式阅读的顺利开展，首先取决于辩题的选择，教师需要考虑两个因素：

一是"可辩性"，辩题的选择必须有认识的矛盾冲突，让学生有话可说，有内容可辩。如部编版七年级《从百草园到三味书屋》中作者对三味书屋的情感，学生就会有不同的看法，在文本中找到各自的依据，辩论才能有效开展。

二是"针对性"，辩题的选择要符合学生的知识、思维和心理水平。初中低年级学生的辩题主要基于文本的解读，可以是课文的重点难点，可以是学生容易出现分歧的内容等，切入点要小。到了高年级，可以更多地拓展文本，将一些具有现实意义的主题定为辩题，将学生的视角从课堂延伸到社会，体现语文教学的社会价值。

（二）辩论形式的选择

作为课堂教学模式的辩论，不同于4×4的比赛性质的辩论，语文阅读课堂上的辩论主要可以采用自由辩论和分组辩论的形式。

自由辩论：学生围绕辩题自由发表观点，说明理由。对于他人观点，可赞同、可反对，也可以是部分肯定部分质疑。这种辩论形式自由度最大，能充分发挥学生的发散性思维。

分组辩论：学生根据观点形成明确的辩论双方，组员自由发言，阐述理由。相对于自由辩论，分组辩论的限制度更大，对抗性更强，能充分调动学生学习的主动性，锻炼学生的反应能力、语言表达力，提升逻辑性思维。

（三）辩论过程的开展

辩论式阅读，是学生自由地发表认识的过程，但也需要一定的规范和保障。

1. 规范的制定

辩论时的相关规范要加以明确。比如语言表达的规范，"我们的观点是……，依据是……""我认为……同学的……观点是错误的，……"等句式的运用，指向明确。除了语言的规范外，发言时的仪态、语速也可以做一定的规范要求。

2. 教师的作用

辩论式阅读主体是学生，教师不参与到具体的辩论内容中去，但作用依然重要。教师要把握整个过程的时间，在有些同学论辩偏题，游离到其他问题时，要及时提醒，保证辩论的顺利进行。在论辩结束后，教师也应该对整个活动中学生的表现做一些简单的小结,对辩论方法做一些指导和示范,提升学生的思维水平。

(四)辩论的延续

辩论结束,辩论式阅读的学习过程并没有画上句号。对于一些比较好的辩题,教师可以布置一些小作业,如150—200字的片段写作,或是利用某些App的功能,让学生录制不超过2分钟的视频发言,巩固学生思维训练的成果。

由上可见,辩论式阅读的组织是一个完整的过程,教师针对学生实际情况,确定辩题,选择适合的辩论形式,保障教学活动的顺利进行;学生积极思考,发表意见,质疑辨析。课堂上呈现的时间通常不长,但需要教师为此不断实践,总结经验。

三、案例与分析

"谦虚"的卖油翁?

《卖油翁》是宋代文学家欧阳修创作的一则写事明理的寓言故事,记述了陈尧咨射箭和卖油翁酌油的事,通过卖油翁自钱孔滴油技能的描写及其对技能获得途径的议论,说明了熟能生巧的道理。部编教材将其收入了七年级下学期语文课本。

原文:

陈康肃公善射,当世无双,公亦以此自矜。尝射于家圃,有卖油翁释担而立,睨之久而不去。见其发矢十中八九,但微颔之。

康肃问曰:"汝亦知射乎?吾射不亦精乎?"翁曰:"无他,但手熟尔。"康肃忿然曰:"尔安敢轻吾射!"翁曰:"以我酌油知之。"乃取一葫芦置于地,以钱覆其口,徐以杓酌油沥之,自钱孔入,而钱不湿。因曰:"我亦无他,惟手熟尔。"康肃笑而遣之。

(一)基于学生理解分歧的辩题确定

按照以往的教学经验,对于卖油翁人物形象的把握,除性格沉稳内敛这个特征外,学生们对于"卖油翁是否是一个'谦虚'的人?"一直存在分歧。不同版本的教材及教参,以及网上的众多分析,也都有不同的解读。围绕这个问题进行辩论式阅读,能引导学生细致深入地品读课文,有作为辩题组织教学的价值和意义。

(二)基于教学实际的辩论形式选择

本文教学内容整体难度适中,学生理解存在分歧,辩论依据基于文本,不需要课前准备,这几个因素为七年级学生进行课堂即兴辩论提供了基础,为了鼓励学生更积极地参与、思考,形式上采用自由辩论的形式。

(三) 辩论的过程和分析

课堂上学生围绕着辩题,进行了时长为 10 分钟的自由辩论,学生们积极发言,各抒己见,课堂气氛热烈。

学生的主要观点和依据总结如下:

生 1:卖油翁是一个谦虚的人,他评价自己的高超倒油技艺"我亦无他,惟手熟尔(我也没有别的奥妙,只是手法熟练罢了)"。

生 2:卖油翁不是一个谦虚的人,陈尧咨射箭的技艺"当世无双""发矢十中八九",这样的高超技艺值得肯定,但他的评价仅仅是"无他,但手熟尔"。

生 3:卖油翁在自己实践的基础上,得出"惟手熟尔",一个不谦虚的人,怎么可能做到这一点。陈尧咨骄傲自大,他就得不出这个道理。

生 4:卖油翁虽然讲出了道理,但是以此去评价别人,否定别人的成绩,算不上谦虚。高超的射击很难练成,不应该简单评价。

生 5:卖油翁不谦虚,在陈尧咨射箭的时候是"睨之久而不去",斜着眼是轻视他人的表现。

生 6:"睨之"课下解释是"不在意",不是轻视,后面还写了"但微颔之",点头表示赞许,是一定程度的肯定,并没有否定的意思。

生 7:在一个骄傲自大的人面前,做出"睨之久而不去"的样子,有挑衅的意味。这不是谦虚,反而有些自大。

虽然辩论的最后并没有得出一致的观点,但是由学生的观点和他们在文本中找到的依据及其理解,可以看到在这一场自由辩论中,学生的思维有一个不断推进的过程。

首先观点 1—4,出发点相对宏观,可以看到学生从揭示本文中心的"惟手熟尔"切入,提出各自的论点。学生们从中心句的含义、评判对象的不同和对陈尧咨这个人物是否值得肯定三个角度进行辩论。学生结合观点,联系文本表述和生活认识,加以论证和阐述,体现了不断推进的逻辑性思维。

观点 5—7,相对微观,学生从细节刻画入手,抓住"睨之久而不去""但微颔之"两句,进一步把握人物。对于"睨之久而不去"的认识,课堂上讨论更是热烈,这种基于课下注释,在具体语境中分析人物行为的方法,是语文阅读课分析文本,整理思路,把握人物和主旨的基本路径。

《卖油翁》课堂教学中引入辩论式阅读的模式,明确学生的主体地位,学生不再只回答思维过程中的某一问题。在辩论的过程中,他们自主地将散乱的观点、依据有条理地加以组合,通过表达观点、驳斥观点的形式加以呈现。每一个学生的发言都是一个完整的思维过程,都形成自己内在的逻辑关系;同时同一方学生的补充,反方学生的质疑批驳,又不断推进思维的深度和广度。由此可见,辩论式阅读提高了学生的学习兴趣,激发了学习潜能,最终达到提升思维能力的目的。对于教师而言,辩论式阅读教学也拓展了语文课堂教学的价值与意义。

（四）进一步拓展延伸的思维训练

课后布置作业:用150字阐述观点和依据。学生进一步梳理课堂辩论的内容,语言表述更为合理有逻辑。同时有个别学生通过查阅资料,获得了北宋时期"重文轻武",陈尧咨在当时因为骄傲自大、脾气暴躁,是一个被当时文人所鄙薄的人物的资料信息,并由此提出了本文作为一篇寓言故事,作者是想通过虚构的卖油翁,表达对陈尧咨这样的人物的不屑,借卖油翁之口说出道理的观点。分析资料,加以判断整合,不失为又一种思维训练的方式,教师同样应该加以肯定。

四、温馨提示

① 辩论式阅读微技术适用于探讨文本阅读中的重点难点、分歧点,"可辩性"是第一要素,没有合理的角度、切入点,不应强求使用。

② 针对有价值但难度系数大的辩题,可采用课前预习或课后延伸的方法来处理。

③ 辩论过程中,有时会出现辩论方向被一两个学生带偏的现象,这时教师要能准确判断,及时加以引导。

④ 辩论后,教师的总结不应局限于点评内容和观点,还应从思维的逻辑性、辩论的具体方法上予以指导。

（撰稿者：李铮怡）

以"辩"促写：
提升议论文写作思维的有效抓手

初中生在英语写作的过程中，存在着诸多问题，如不知如何组织材料丰富内容、如何搭建写作框架，对作文主题的思考缺乏深度，思维局限。特别在初中阶段高年级中，学生面对中考的压力，更多地以习题操练为主，而忽略了写作技巧训练和思维品质的培养。以"辩"促写是针对初中高年级学生议论文写作的一种学习方式，即通过辩论，对写作话题进行深入的分析和讨论，使道理越辩越明、思维越来越有逻辑、思路越来越开阔。以"辩"促写帮助学生谋篇布局，丰富写作内容，促进了学生们对话题的深入思考，有效地提升了学生们的思维品质。

一、理念和意义

辩论，从古至今，都贯穿在知识文化的形成、发展、升华过程中。而现代的辩论式学习模式，通过对话式、讨论式的学习进一步促进学生的学习主动性和积极性。

"辩论式教学具有参与式教学、研讨式教学、探究式教学、体验式教学、开放式教学等教学方法的特点和优势"[1]。它是以学生为主体，在教师的引导下，由小组或全班成员围绕特定的论题辩驳问难。以"辩"促写是辩论式学习的一种方式。通过辩论，学生的逆向思维、发散思维、辨证思维得到提升，这为写作搭建框架，提供了丰富的论据。

同时，根据《上海中小学英语新课程标准》的要求，英语的教学方式既要注重知识

---

[1] 刘文光.辩论式教学溯源及特点探析[J].遵义师范学院学报,2018,20(01):125.

的迁移和内化,又要帮助学生进行积极的心理构建,从而形成正确的、积极的人生观和价值观。因此,在高年级英语写作教学中运用以"辩"促写的方式,使写作教学在无形中渗透人文教育,提升学生的思维品质。

(一)辩论的思维和内容为写作积累素材

教师根据议论文的结构梳理辩论框架,并且帮助学生巩固辩论的技巧。学生们在辩论的过程中,将理论付诸实践。双方辩手合理运用论据来支撑观点,针锋相对、旁征博引、充分拓展思路、发挥想象力。根据双方所提供的论据论证、指导学生根据辩论的思维过程,即"提出观点——摆出论据——总结观点"来搭建写作框架,对所需要的内容进行去粗取精、去伪存真。

(二)以"辩"促写有利于提升学生的写作思维品质

教师通过辩论的形式来熟悉话题、剖析话题,激发学生参与的热情。学生畅所欲言,多角度分析、多维度论证,从而优化思维品质,提升写作能力。

(三)以"辩"促写有利于健康心理的构建和积极价值观的形成

教师利用话题进行辩论,使学生懂得如何正确地、全面地、客观地看待周围事物,而不是以偏概全。这有利于促进学生形成健全的人格和心理。在辩论过程中,学生们自然而然地思考话题深层次的含义。通过不同的观点,以及多种论据的呈现,话题积极的方面得到进一步强化,从而使学生懂得如何正确、合理地看待两面性的事物,有利于积极价值观的形成。

总之,以"辩"促写,使学生在辩论中进行观点的碰撞、思维的升华,同时也获得了学习的乐趣,了解事物的规律,对学生内在价值观的树立起到了潜移默化的作用。

二、操作方法

(一)课前准备:整体规划课堂细节

设计调查问卷确定辩论的主题。通过调查问卷,掌握被调查者对该话题的主观看法,为课堂辩论提供思维和论据支撑。如果观点中有冲突,恰好作为课堂辩论的着手点,引入课堂辩论。

根据班级情况进行分组。根据班级人数选出正方和反方的代表,余下的同学作为观察团对整个辩论的过程进行观察分析和评价。

根据辩论的过程设计观察表。观察表中需要记录参与辩论的人数、表现情况、精彩论据、观察者的观点等，作为评选最佳辩手、最佳团队的依据。

根据课堂步骤设计板书。板书贯穿课堂的始终，既要有正反方辩论过程中的论据和论证方法的记录，也要有最后总结的写作框架。因此，板书的设计一定要全面严谨。

根据课堂时间确定辩论的流程。总共三个阶段：观点陈述、自由辩论以及总结陈词。

（二）课堂梳理：认真思考选择辩论方法

① 复习所学辩论结构。针对所学习的内容阅读文章，让学生初步了解某一话题不同方面的论点和论据，掌握发表观点的框架并积累素材。同时，围绕生活中相关的话题产生新的辩题，为进一步的话题辩论、观点陈述、思维碰撞做好准备。

② 巩固所学辩论技巧。根据所学习的材料和相关写作话题帮助学生梳理论证方法，如：事实论证法、举例论证法、数据分析法、解释说明法等。通过复习这些方法，学生们懂得如何选择辩论技巧使自己的论点更清晰、论据更有说服力。

（三）课堂推进：引入辩论针锋相对，观察记录具体全面

① 创设情景引出话题。根据所学习的单元内容，让同学们联想一下进入初中阶段高年级后最贴近生活的、最关心的问题，从而引入辩论的话题。

② 分享调查问卷确定辩题。根据调查问卷的分析情况，分享大家对某一话题的观点和看法，从而确定辩论的主题。

③ 观察记录展开辩论。辩论基本可以分为三个阶段：观点陈述，1分钟；自由辩论，10分钟；总结陈词，2分钟。正方和反方围绕话题展开辩论。教师负责记录双方的论据、精彩的句子以及标出所运用的辩论方法。其他同学组成观察团，对参与的同学进行观察记录，通过回答问题的方式来反馈所接受的信息，例如：How many members took part in the debate? (The members who stood up and showed their opinions) Who performed best? Why? Write down your opinions and supporting details.

（四）"辩"后总结：师生评价搭建框架

进入辩论的总结阶段，观察团同学根据观察表的记录情况进行评价，评出本组的最佳辩手、最佳团队，并写出评选的依据，再由组长代表该组分享观察报告。教师在辩论过程中记录并板书，包括分论点、论据以及论证方法。辩论结束后，同学们进入写作框架的构建，教师以一方的观点为例，列出框架：观点——分论点以及论据——总结升华。最后,指导学生如何遣词造句,将框架填补充实。

三、案例与分析

以下是在九年级第一学期牛津英语写作教学中,开展以"辩"促写的单元教学设计(如表1-1所示)。通过实践,可以帮助同学们在辩论中不断提升自信、优化思维品质,并为写作打下坚实的基础。

表1-1 9A牛津英语教材单元辩题设计

以"辩"促写的目的	单元课题	单元辩论主题	心理构建,价值观提升
新中考命题导向 ↓ 思辨能力提升 ↓ 健康的心理构建 ↓ 积极的价值观形成	Unit 1 The Trojan War 特洛伊木马	Is fighting the best way to solve problems? (武力是解决问题的最好方式吗?)	帮助学生学会用智慧的方式解决生活中的问题,避免暴力冲突。
	Unit 2 Cormorant fishing 鸬鹚捕鱼	Is it necessary to keep the traditional things? (是否有必要保留传统?)	激发学生对过去的传统技艺、现代化的高科技以及未来生活的思考,从而得出结论:要传承优秀历史文化、珍惜现在、创造未来。
	Unit 3 Head to head 针锋相对	Is it necessary for students in Grade Nine to use smart phones? (九年级学生是否有必要使用手机?)	通过辩论,学生明确手机的优缺点,学会辩证地看问题,达成正确合理使用手机的共识。
	Unit 4 Computer facts 电脑	Is a computer more powerful than a human brain? (电脑强于人脑吗?)	帮助学生意识到电脑的重要性,以及其带来的弊端,从而合理正确地使用电脑。
	Unit 5 Human brains 人类大脑	Can robots take the place of human beings? (人类大脑会被机器人取代吗?)	让学生意识到人工智能等高科技产物能够服务于社会很多方面,与此同时还要关注人类思维能力和水平的提升。

下面是以上海市九年级牛津英语9A Unit 3 Head to head 这一课为例,采用以"辩"促写实施写作教学的案例。

(一)课前准备:设计辩论流程表,把握辩论进度

课前设计好辩论的流程表,从而把握辩论的进度,如表1-2所示。

表 1-2 辩论流程表

确定辩题	Is it necessary or unnecessary for students in Grade Nine to use smart phones?		
课前准备	1. 设计调查问卷		
	2. 课前分组	正方：10 位男生	
		反方：10 位女生	
		观察团：15 人，分成三组，每组 1 名组长	
	3. 设计观察表	记录双方表现	
	4. 设计板书	框架明确，一目了然	
课堂展示计划	1. 观点陈述：每组各 1 分钟		
	2. 自由辩论：10 分钟		
	3. 总结陈词：每组各 2 分钟		

（二）课堂梳理：师生问答，夯实辩论结构和技巧

1. 复习所学辩论结构

学生们通过运用思维导图和头脑风暴来回顾 Emma 养狗的理由。他们的表达由"形容词——动词词组——句子"的形式逐级展开，由字到词、由词到句、由句到篇，这是使用正推法。教师通过设计表格搭建框架的形式帮助学生们一起复习 Matt 的观点，给出支撑分论点的论据，让学生总结每组论据的中心词是什么，即逆推法。例如学生根据不同方面的举例和事实论证，推演出中心词：dirty, unsafe, expensive 等。

2. 巩固所学辩论技巧

教师通过图表和数据等帮助学生梳理 Emma 和 Matt 所运用的论证方法和技巧，例如：Some dogs bark at people they do not know. A few dogs bark all night. A small number of pet dogs even bite people. 这三句话中的 some, a few, a small number of 运用了列数字和事实论证的方法。而"It's nice to pick them up and hold them in our arms." "It's wonderful to see them growing up quickly." 这两句是对"Dogs are cute."这句中心句的解释和说明。

（三）课堂推进：全体行动，展开辩论与观察

1. 创设情景引出话题

根据 Emma 和 Matt 所讨论的话题，学生们知道任何事物都有两面性，要辩证地看待。那么，学生最关心的话题就是"进入高年级后，如何看待手机"。以此作为辩论的话题，激起学生情感上的共鸣，引发思考。

2. 调查问卷确定辩题

教师通过课前设计家长问卷调查，了解家长在家使用手机的时间、用途、花费，以及是否同意自己的孩子使用手机，并阐述理由。课堂中，让学生分享调查报告中家长们的观点以及自己的思考，从而暴露出观点的分歧，以此确定辩题：九年级学生是否有必要使用手机？为辩论的开展做了铺垫。

附调查问卷：

（关于手机使用情况家长问卷调查）

The usage of smart phones in my family

1. How long does your father use the smart phone after work every day on average?

    A. less than an hour   B. 1—2 hours

    C. more than 2 hours   D. never

2. How long does your mother use the smart phone after work every day on average?

    A. less than an hour   B. 1—2 hours

    C. more than 2 hours   D. Never

3. What does your father usually use the smart phone to do?

    A. to play games   B. to deal with something about work

    C. to chat with friends   D. to shop online

    E. something else：_____

4. What does your mother usually use the smart phone to do?

    A. to play games   B. to deal with something about work

    C. to chat with friends   D. to shop online

    E. something else _____.

5. Do they allow you to use the smart phone? Why or Why not?

_____

A report based on the questionnaire：

_____

3. 观察记录展开辩论

按照课前分好的小组展开辩论。观察组负责做好观察记录，具体步骤如下：

① 辩论分为正方和反方,正方为男生,他们的观点为"It is necessary for Grade Nine students to use smart phones.";反方为女生,她们认为"It is unnecessary for Grade Nine students to use smart phones."。时间16分钟,分为三个阶段:双方一辩陈述观点,然后进入自由辩论阶段,围绕使用手机的必要性展开针锋相对的辩论,最后,双方四辩总结陈词。在辩论过程中,教师负责记录双方的论据,例如:正方阐述九年级学生使用手机的必要性体现在哪些方面,而反方如何辩驳,标出所运用的论证方法。

② 15位观察团的同学进行观察记录(如表1-3所示),包括参与辩论的人数、表现、精彩句子和辩论方法,并发表自己的观点,从而形成观察报告。

表1-3 观察表

Observation checklist(观察表)		
Observation items	The for side	The against side
How many members took part in the debate? (stood up and showed their opinions)		
Who performed best? Why?	_____ performed best. Reasons: ( ) A. He/She spoke very fluently. ( ) B. He/She gave more details which were reasonable. Other reasons:_____.	
Which side performed better? Why?	The _____ side performed better. Reasons: ( ) A. There are more members joining in the debate. ( ) B. They showed more reasons and gave more details. Other reasons:_____.	
A report on the observation:	There were _____ members of the for side taking part in the debate and _____ members of the against side taking part in it. _____ (name) performed best because _____. The _____ side performed better because _____. I will give _____ scores (full mark is 10) to the for side and _____ scores to the against side. I think the best sentence or supporting detail is _____. In my opinion, I think it is necessary (unnecessary) for us to _____. First, _____. Second, _____. All in all, I think we should (shouldn't) _____.	

(四)"辩"后总结:师生评价,搭建"九年级学生是否有必要使用手机"的写作框架

辩论结束后,进入学生评价环节。首先,给观察组3分钟的时间进行讨论,观察组组长在梳理小组讨论的基础上,运用事实论证、引用、解释说明以及举例论证等方法来分享观察报告,并引用了组员认为精彩的句子和表达。例如:Smart phones are good servants, but bad masters if we don't use them properly. 最后,三个观察组举牌表决,一致同意反方获胜。由此可见,同学们通过辩论,清晰地意识到了使用手机的优缺点,以及应该如何正确合理地对待手机。

接下来教师对整个辩论的过程进行评价,写好板书(见表1-4),并列出写作框架(如表1-5所示),梳理中心句和论据,最后和同学们分享感悟,让学生们明白"Make the best use of the advantages and avoid the disadvantages of smart phones",使用手机不可避免,那么我们就要充分利用它的优点,避免它的弊端带来的影响。生活中有很多事情存在两面性,需要我们理性地看待。教师的总结无痕地渗透了德育,升华了学生们的价值观。

表1-4 板书内容

The for side 正方(necessary)	The against side 反方(unnecessary)
1. Provide a convenient way to search for information. (data)	1. Be addicted to using smart phones without independent thinking.
2. Listen to music to relax ourselves by using them. (facts)	2. Use the smart phones to relax while forgetting the time. (facts)
3. Provide different choices of goods when shopping online. (facts)	3. Buy fake shoes at a high price. (examples)
4. Contact our parents easily if something emergent happens to us. (facts)	4. Personal information is given away. (facts)
5. Get a lot of knowledge from different APPs. (examples)	5. Lack self-controlled ability. (examples)
	6. Bring health problems. (facts)
	7. Cyber violence makes bad influence on teenagers and adults. (facts)

表1-5 写作框架

\multicolumn{3}{c}{My views on using smart phones}		
Opinion	\multicolumn{2}{l}{unnecessary}	
Supporting details	unsafe	cheat in exams buy fake goods give away personal information
	distracted	relax for too long by using them be impossible to concentrate with smart phones nearby be interrupted from time to time by messages

(续表)

Supporting details	harmful	get near sighted be too dependent on them
Conclusion		As a student in Grade Nine, it is unnecessary to use smart phones.

四、温馨提示

通过课堂实践,以"辩"促写的英语写作模式初步形成,但需注意以下几个方面:

① 以"辩"促写要基于初中高年级阶段议论文相关的阅读材料,为辩论提供思路和框架。为议论文写作思维的提升和树立正确价值观做好铺垫。

② 调查问卷的设计要基于事实与实践。针对不同的话题,设计调查问卷,从而掌握更多人的观点和看法,为自己的论点和论据增添依据和素材,起到锦上添花的作用。而观察表的设计要有针对性,让每个同学都能够动脑、动笔。

③ 板书的设计要有条理。板书要涵盖写作框架和论证的方法,中间是正方和反方的观点。

(撰稿者:张艳萍)

渐进朗读：以读促悟的有效途径

语文学习，即是语言和文字的学习。语文教学要抓语言，语言教学要抓语感，语感教学要抓朗读。传统语文课堂教学中，教师讲解占据了大部分时间，教师的分析替代了学生的体验感悟，学生被动地接受，认知和感受都浮于表面。朗读在语文课堂中似乎无足轻重，处于尴尬的境地。同时，朗读教学缺乏指导，没有层次；朗读对象过于单一，流于形式，往往是为了读而读。渐进朗读遵循学生的认知规律和情感体验，是提升学生语言感悟能力的有效途径。

一、理念与意义

渐进朗读就是以读促讲，以读促悟，由浅入深的板块朗读。朗读是独立的，阶梯之间是有关联的。捷克教育家夸美纽斯强调："秩序是把一切事物交给一切人们的教学艺术的主导原则。"[1]教学要按照学科的逻辑系统和学生认识发展的顺序进行，使学生系统地掌握基础知识、基本技能，形成严密的逻辑思维能力。教学逻辑必须遵循学生思维和认知的逻辑，课堂教学如此，朗读教学也如此。学生在不同形式、不同目标、不同方法的逐层递进朗读中促进认知，将自己的感悟和体验在朗读中不断内化，从而建构新知。

渐进朗读各个板块之间，梯度明确，层次分明。古诗词篇幅短小，情感充沛，具有音律美，客观上更适合渐进朗读的实施，效果更明显。

（一）渐进朗读能够促进学生的文本解读能力

基础朗读，要求学生读准字音，读懂句意，扫清字词句的障碍，为阅读文本做好准

---

[1] （捷）夸美纽斯.大教学论[M].傅任敢，译.北京：教育科学出版社，1999：65-66.

备。学生借助文下注释,借助工具书,大声通读课文,调动眼、耳、嘴、心,读准字音,理解词义,读懂文意,不加字,不漏字,不破句,在朗读中初步感知文本的内容。

文字是作者表达观点,传递情感的一个载体。因此,字词的读音、节奏的停顿、句读的处理,都关系到个体对文本的理解。教师可以从词语、句子结构出发示范停顿,学生模仿朗读;也可以让学生在出声朗读中主动暴露出问题,教师利用这样的课堂生成性资源,形成生生纠错、小组合作、反复点读、重点强化的朗读链。通过初读课文,学生对文本建立初步认知,为文本的深入研读做准备。

(二)渐进朗读能够增进学生的情感体验

古诗词的格律决定了它独特的审美特征,短小凝练,抑扬顿挫。诗词的格律对于初中学生而言,复杂又难理解,但是朗读中轻重缓急、抑扬顿挫的节奏,实质就是对平仄声的处理,所以知识点既要拓展,又要降低难度。教学中抓住学生思维受阻点平仄声的区分,以及相应的朗读原则,突出平声悠长上扬、仄声短促抑制的特点。

学生通过词韵朗读,在词句的轻重缓急、抑扬顿挫中把握作品内在的情感脉络。行文中往往是慷慨激昂时用短句,语气紧凑急促;抑郁难平、思绪深沉时用长句,语气低缓悠长。学生在朗读时,将自己独特的情感体验加入其中,这是把文字转化为有声语言的创造性过程。学生调动已有的生活体验、知识和情感将冰冷、固化的文字变得有温度,与作品中的人物一起感动,一起悲愤,一起哀怨……

(三)渐进朗读能够拉近学生与文本、作者之间的距离

古诗词作品中有相当一部分是作者在特定生活际遇下特定情绪的表达,相隔千年,时代迥异,学生与作者、与文本之间相距甚远。教师的讲解不能替代学生自身的感悟体验,学生通读文本、品读文本、精读文本,在主动积极的思维和情感活动中,才能加深理解,有所感悟和思考。

文字是一座桥梁,连接着读者和作者。学生正是在不同形式、不同层次的朗读中,调动原有的知识储备,调动个体的隐性资源,如知识、情感、生活体验,逐步把握文本内容,读懂文字内涵,体会作者情感。在这个隐性的思维过程中,学生在个体、文本与作者之间建立起关联,积极地感受作者思想,拉近三者之间的距离。

总之,朗读是阅读的起点,是理解课文的重要手段。渐进朗读以读为核心,基础朗读、节奏朗读、词韵朗读、体验朗读逐层推进,引导学生在读中悟、悟中思、思中辨、辨中明,深入感知文本。它有利于学生发展智力,获得思想熏陶,有助于情感的传递。

二、操作方法

如何让渐进朗读在古诗词教学中真正促进学生的认知,增进学生的情感体验呢?为此,教师就要精心设计课堂朗读环节,让朗读有方法、有目的、有变化、有梯度。建立渐进朗读学习模型,以目标为导向,在朗读的不同阶段实施不同的朗读方法。(见图1-1)

(一)明确朗读目标,增进朗读体验

为了达成读悟相融的目标,必须将每个环节落到实处,扎实有效,才能让学生有不同程度的体验。教师要明确每个朗读环节的目标,以便有效地实施。① 学生通读全文,扫清字词障碍,读准每一个字音,不加字,不漏字。② 学生散读课文,结合文下注释,理解词义,疏通全文:学生熟练掌握文下每个注释,知道每个句子的意思。③ 读出节奏,读出味道:学生利用古诗词基本知识,划分停顿,读出节奏,再依据平仄声的朗读原则,读出古诗词的味道。④ 设置问题,体验朗读:学生品读词句时,有特定的语言环境,以问题驱动学生的思维,使其充分发挥想象,体会作者的情感。

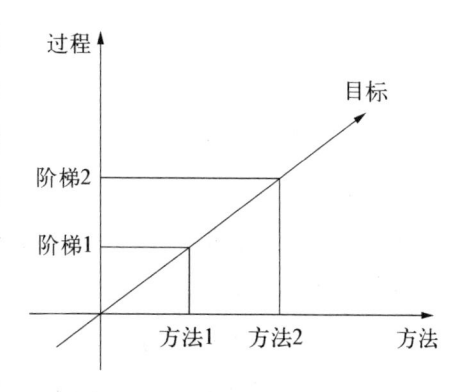

图1-1 渐进朗读学习三维坐标图

(二)细化朗读过程,区分朗读梯度

朗读教学实施过程中,教师根据学生认知的需求、认知的程度、认知的结果设计课堂朗读,根据古诗文教学的特点,一般设计四个阶梯:① 读准字音,字句通顺;② 理解词义,读懂句意;③ 读出节奏,读出味道;④ 品味词句,读出情感。通过这四个梯度的设置,由浅入深逐步拉近学生与文本之间的距离,使学生深入理解作者的情感。

(三)加强朗读指导,掌握朗读技巧

朗读技巧有很多,但对初中生而言重要的就是重音、语速和语调的处理。重音,就是用声音来达到强调语意的作用。语速则是需要根据文本内容及情感表达的需要决定。语调往往是受语言环境限制,因为同样的内容,放在不同语言环境,感情色彩会发生变化,所以不同的人,不同的语言环境决定了声音的高低、快慢和强弱。

古诗词一般句式工整,用韵严格且富有变化。初中学生在学习朗读的过程中,偏重于对内容情感的理解。通过朗读指导,学生能够了解格律的基本规律,准确划分停顿,读出节奏,读出一点味道。

上述操作方法，是渐进朗读实施过程中的要点。当然，在实际操作时要根据文本内容的不同，进行相应的调整，才能取得良好的教学效果。

三、案例与分析

渐进朗读学习模型可以应用到语文课堂教学中，针对不同的文体，设计不同的朗读梯度。下面以部编版九下的《破阵子·为陈同甫赋壮词以寄之》为例，呈现完整的古诗词渐进朗读学习过程。

这是宋代爱国词人辛弃疾具有代表性的一首豪放词。为了让学生充分地读，在读中整体感知，在读中有所感悟，在读中培养语感、体验品味，学生课前充分查阅资料，了解南宋特殊的历史背景以及词人辛弃疾的相关资料和主要经历，学生在作家与作品之间建立初步关联。

阶梯 1（基础朗读）：读准字音，读懂句意

达成读准字音的目标，只有让学生充分朗读，才能暴露问题。课堂上预留了6—8分钟，让学生用自己喜欢的方式读课文。个别读、小组读、默读、出声朗读，甚至是演诵。学生在出声朗读的过程中，暴露出了一系列字音的问题，如"挑灯""霹雳""生前身后""塞外""麾下炙"等字的读音，生生纠错并评价，然后点名朗读，最后全班齐读。

对于词句的理解，学生借助工具书和文下注释，先散读课文，然后提出问题，生生释疑、师生释疑结合。在这个环节中，学生扫清字词句的障碍，为阅读文本做好准备。

阶梯 2（节奏朗读）：划分停顿，读出节奏

为了达成节奏朗读的目标，学生凭借语感，自己试着划分词的节奏。教师点名朗读，学生进行评价。在此基础上，教师根据语句结构示范划分词上片的停顿："醉里/挑灯/看剑，梦回/吹角/连营。八百里/分/麾下炙，五十弦/翻/塞外声，沙场/秋/点兵。"分小组朗读上片内容。用以上方法，学生自己划分词下片的停顿，同桌之间互相听读，读出节奏。这个环节的预设是4—5分钟。

诗词的节奏和语句的结构有密切关系。学生在朗读中，划分停顿的过程就是利用已有知识感受文本的过程，这样的体验有利于学生拉近与文本的距离。

阶梯 3（词韵朗读）：区分平仄，读出变化

平仄区分是学生朗读中的思维受阻点，为了让课堂朗读有节奏、有变化、有味道，教师明确区分平仄声的基本方法：现代汉语中的第一声，如大部分的第二声入平声；第三、四声入仄声。平仄声朗读的基本方法：平声悠长上扬，仄声短促下抑。如词中韵脚"营""声""兵""生"要读得悠长一些，尤其是最后一句"可怜白发生"，情感行至此处，陡然降落且戛然而止，饱含词人多少辛酸、多少无奈，情感要饱满，情绪要低沉，声音要悠长。这部分课堂预留时间是5—6分钟。

词的格律决定了它独特的审美特征，学生通过词句的轻重缓急，抑扬顿挫，把握作品内在的情感脉络。

阶梯4（情境朗读）：品味壮词，读出情感

为了达成阶梯4的朗读目标，教师设置问题以驱动学生的思维，让学生在朗读中加入自己的想象，调动原有的情感体验，获得独特的阅读感受。全班分小组以"我读到的情感是_____，当我读到_____句时，仿佛看到这样的情景_____"的句式进行语言训练，学生发挥想象，品读词句，体会情感。这个环节的朗读一定要充分，课堂预留了20—25分钟。

这个环节的课堂呈现是最精彩的，因为每个个体的阅读感受都不同，学生在分享交流中，或进行思维碰撞，或引发思想共鸣，或互为补充思想。朗读既是他们情感的一种表达，同时又促进、内化他们的认知。

纵观课堂，朗读设计的层次感是亮点，学生的主体地位是主线。贯穿课堂的朗读，分为四个层次，由浅入深，学生从最初的文从字顺、字正腔圆，到有板有眼、有滋有味，教师有目标、有指导、有评价，学生在不同形式、不同目标、不同方法的朗读中，逐步体会作者壮志难酬的无奈和矢志不渝的爱国情怀。

学生学习方式的转变，最根本的就是发挥学生在课堂中的主体性地位，变被动学为主动学。渐进朗读遵循了教学的两个原则：一是学生的认知规律，由浅入深，由易到难；二是关注不同层次学生的学习需求。在四个阶梯实施的过程中，不同层次的学生都能参与其中，学生在朗读过程中不断暴露问题，教师在课堂中不断强化夯实，使课堂成为一个有机的整体。学生在朗读中不断发现问题、分析问题、解决问题，进而推进认知，建构新知，他们的学习状态是主动的；学生在体验朗读中获得独特的情感体验，在生生的分享中不断进行思维碰撞，学生的学习心态是开放的；学生在朗读中逐步走进文本，与作家、作品、自我进行心灵的对话，并在师生分享中不断深化、内化，这样的学习体验是快乐的。

四、温馨提示

① 渐进朗读在课堂实施过程中,一定要预留充足的时间给学生。朗读,尤其是有质量的朗读,除了老师的指导,更要学生自身实践。

② 课堂朗读过程中,教师要关注学习能力弱的学生,根据朗读的难度让不同学习能力的学生都参与进来,激发他们的学习兴趣。

③ 朗读环节实施过程中,课堂上要有及时的反馈与评价。可以是生生评价、小组互评、师生点评,或肯定或指出改进意见。

(撰稿者:蔡小红)

第二章

目标聚焦：
课堂教学微技术的
生长意涵

"在生活中,目标有助于我们集中注意力,去努力完成目标指明的使命。在教育中,目标指出预期的学生学习结果,明确提出教育过程使学生发生的预期变化。在教学中,目标尤为重要,因为教学是一项有目的的理性行为,从根本上说是为了帮助学生学习。"①因此,教学目标将成为选择教学材料、勾勒教学内容、形成教学步骤以及准备测验和考试的标准。②

教学目标既是教学的起点,也是教学的终点,在教学中有非常重要的地位,所以教师在教学中必须聚焦教学目标。首先要制定适切的教学目标并清楚表述,然后在教学实施中要紧紧围绕教学目标开展活动。可以通过教学内容的结构化、问题化、实践可操作性,教学过程的情境化、活动化,教学组织的小组互动、团队合作,教学评价的及时性和多元化,教学资源的信息化、可视化等环节聚焦目标、落实目标、检测目标,引领学生开展高阶思维,体现课堂教学的生长意涵。

本章我们将通过五个目标教学微技术,呈现聚焦目标教学,体现课堂教学生长意涵的过程。

教学目标的制定要考虑到学生认知基础、学习需求和兴趣、社会生活需要、学科教学需要等多方面因素,针对学生的差异性,结合小组合作,利用目标分层导引微技术,实施差异化教学,促进因材施教。围绕认知过程"记忆/回忆、理解、应用、分析、评价和创造"六个维度③设计适合学生能力的不同梯度的问题,既关注学生学习的共同基础,也兼顾高阶思维的培养,实现不同的学生得到不同的发展。

利用目标问题化微技术,将教学目标以问题的形式表述给学生,实现教、学、评一致。把教学目标的"知识与技能""过程与方法""情感、态度与价值观"三个维度的陈述

---

① (美)安德森等.布卢姆教育目标分类学:分类学视野下的学与教及其测评:完整版[M].蒋小平等,译.北京:外语教学与研究出版社,2009:3.
② (美)泰勒.课程与教学的基本原理[M].罗康,张阅,译.北京:中国轻工业出版社,2014:3.
③ (美)安德森等.布卢姆教育目标分类学:分类学视野下的学与教及其测评:完整版[M].蒋小平等,译.北京:外语教学与研究出版社,2009:4.

句描述，转化为让学生清晰明了的"疑问式问题""方法式问题""反思式问题"。通过问题引领，引导学生思考，激发学生学习的积极性和主动性，提高学生的问题解决能力，提升学生的核心素养；提升教师对新课程、新教材、新中考的把握，实现教、学、评的一致性。

遵循学生的认知规律，将教学内容再创造，利用问题链导学微技术进行平面几何基本图形的活学活用。教师通过布置与学生思维最近发展区相适应的学习任务，引导学生联想与问题密切相关的事实和条件，多角度、多层次地分析问题。在经历问题的探寻与解决的过程中不断优化学生的创新品质，让学生在思维进阶过程中自发领悟思维策略与思想方法，培养学生的高阶思维能力。

教学过程中当学生因思维遇阻而无法继续回答老师的问题时，其他同学（或老师）可利用串联式课堂问答微技术解决思维遇阻点。聚焦教学目标，调整学生问题，使一个个问题呈现递进型，用一条问题解决的主线将生生（或师生）的问答串联起来，展现出问题解决的思维过程，构建起学生积极思考和探查问题的反应模式，培养学生成为更有效的倾听者和探究者，以目标优化教学过程，以评价促进学生学习。

运用游戏导入微技术聚焦教学目标，激发学生的学习兴趣。合理利用教学资源设计小游戏，通过教学情境的创设，以任务驱动学习，激活学生的已有经验，使学生在玩中学，在有趣的游戏过程中体验感悟学习内容。游戏导入微技术符合初中低年级学生心理发展状态，在课堂教学中导入游戏也可以促进学生自主学习、提升探究意识、培养合作精神。在这种方式下，教学目标更加明确，教学模式更加高效。

哈伯特说："对于一只盲目航行的船来说，所有的风都是逆风。"如果教师想培养学生成为自主学习者甚至高效的终身学习者，就得确保学生知晓"在学习活动结束时，自己应该知道、理解和能够运用什么"。这种目标的"透明化"过程，可以帮助学生专注于学习本身并为自己的学习活动负责，继而产生学习动机以及监督和调节自己学习活动的心理与行为，从而努力实现学习目标，逐步实现自我管理。

目标分层导引：
实施差异化教学促因材施教

"因材施教"出自孔子的《论语·雍也》，距今已有两千五百多年的历史，它是孔子教学实践中的一条基本原则。随着《中共中央 国务院关于深化教育教学改革全面提高义务教育质量的意见》(2019年6月印发)的出台，教育更加关注精准分析学情，重视差异化教学和个性化指导，注重对学生核心素养的培育。但目前我们课堂教学都是班级授课制，各班人数偏多，因学生原有基础和认知能力的不同，学生整体接受速度和接受能力有很大差异或差距，如果统一教学目标、统一学习要求，对所有学生"均码"设计教学，忽略了学习者特征和需求的差异，不利于因材施教，会使学生两极分化严重，与培育学生核心素养目标相违背。如何探求一种有效的教学方式，协调学生之间的差异，满足不同学生的需求？我们采用目标分层导引教学微技术实施差异化教学，促进班级授课制下因材施教的有效开展。

一、理念与意义

目标分层导引是一种面向全体学生，尊重学生的客观差异，根据学生的不同层次制定不同的教学目标，依据目标进行分层教学，让全体学生在原有基础上进行提升的教学方法。教学目标是教学活动的主体在具体教学活动中要达到的预期结果标准，是教学目的在教学中的具体体现。① 因此，我们在制定教学目标时，应该以学生为主体，充分考虑到学生的心理年龄特点以及知识认知水平，在了解学生已经会了什么、学生

---

① 华国栋.差异教学论(修订版)[M].北京：教育科学出版社，2007：67.

对所要学知识的背景知识掌握程度以及学生接受知识能力的基础上,再来制定切实可行的、与学生发展相适应的有效的教学目标,①即分层设置符合学生能力的教学目标。利用目标分层导引教学微技术的意义是:

(一)实施差异化教学,提高课堂效率,关注各层学生进步

教材中给定的教学内容、教学目标直接变成学生的学习内容和学习目标,能力强的学生会感觉内容简单没有挑战性,缺乏学习的积极性;能力偏弱的学生感觉不知所云。教学目标的整齐划一,导致部分学生没有真正参与到课堂教学中,而没有学生热情参与的课堂教学是低效的。如果利用小组合作进行目标分层导引,既设置了适合本小组学生学习起点的教学目标,又结合了小组合作让学生的疑难问题随时得到解决,对提高课堂效率和关注不同层面学生的进步有很大作用。

(二)实施差异化教学,激发学生兴趣,促进学生个体发展

"跳一跳,摘果子"是激发学生学习兴趣的最好方式。为了让学生体验到学习的成就感,激发学习兴趣,教学内容和教学目标的设置就要略高于学生现有的认知水平。鉴于班级整体授课时学生的认知水平差距太大,无法兼顾,教师在基于学情的基础上进行目标分层导引,设置适合本小组学生认知最近发展区的教学目标,让学生各有所得,学生学习兴趣和探究能力都会大大提升。

每一个孩子都是与众不同的,有自己独特的天赋特征、偏好,也有不同于别人的弱点。利用目标分层导引微技术,针对不同的学习者提供不同的学习内容、制定不同的学习目标、实施不同的教育行为,达到因材施教、因势利导的效果。

二、操作方法

利用目标分层导引微技术,实施差异化教学促进因材施教的操作分为三个环节。

(一)同质分组,差异学案

将班级中学习能力、知识水平大体相当的学生分为一组(也称同质分组),不同层次的小组使用教学目标不同的学案。小组数量一般分为能力层次不同的4—6组最适宜(同能力的人数过多,可适当平分几组),每个小组设置一名学习成绩和学习能力略

---

① 张华春.新课标下数学教学目标的有效定位[J].数学学习与研究,2013(02):85.

高于本组其他成员的学生为组长,负责本组组员的学习、交流、指导、汇报等分工和引领作用。

(二)目标分层,差异题组

按照不同的教学目标,设置难度不同的题目,选取学生能够理解的不同梯度的题目为一个题组。比如:由简单到复杂可以设置题组为 A 组(问题 1—3),B 组(问题 2—4),C 组(问题 3—5),D 组(问题 4—6 或者 3—6)等,教师也可以依据学情进行自由组合,然后下发相应的学案。

题目设置的难度从简单逐渐发展到复杂,可围绕教学目标认知过程的六个维度(认知过程维度包括六大类别:记忆/回忆、理解、应用、分析、评价和创造)进行分层设计:

1. 设计知识性问题

知识性问题就是提出对先前所学知识材料的回忆和记忆的问题,是最低水平的认知目标。

2. 设计理解性问题

理解性问题就是对所学知识的领会和迁移的问题。主要考察学生对概念、规律的理解,或者是否可以把自己学习过的内容用另外一种方式呈现出来,能将知识迁移到新的问题,让学生进行知识的比较、总结等。

3. 设计应用性问题

应用性问题就是对所学概念、法则、原理的运用,将所学知识应用于新的情境之中,解决实际的问题,是较高水平的理解。

4. 设计分析性问题

分析性问题就是提出一个很复杂的问题。学生通过分析把复杂的知识整体进行分解,并理解各部分知识之间的关系,是一种由整体到部分的分析。

5. 设计评价性问题

评价性问题就是提出一个理性的、深刻的对事物具有说服力的价值判断的问题,培养学生的开放性、批判性、总结性等思维。

6. 设计创造性问题

创造性问题就是提出一个需要把所学知识的各部分重新组合,形成一个新的知识整体的问题,有时也称作综合性问题。它能使学生系统地分析和解决某些有联系的综合知识点集合,培养学生的高阶思维。

这六个维度的问题中(5 和 6 顺序可互换),既有初级层次的认知问题,也有高级层次的认知问题。我们提倡课堂教学不能仅仅局限于初级认知的问题,在适当的时机,高级认知问题更能促进学生思维发展,激发创新意识。

(三) 小组交流,展示晋级

依据各小组成员实际学习能力,分层发放学案。每个小组成员先独立思考,出现思维障碍时,小组交流讨论。组长起到引领作用,带领组内成员解决问题。如果全组成员都无法解决问题,教师可对组长或组员做个别指导,帮助小组完成任务。小组完成任务后,可晋级学习探索更高一级的题组。合作学习后,每组派一名学生进行本组题目之间关系的讲解,以及最后一题的交流展示(非组长)。

总之,通过分层分组、分层设置题组,进行目标分层导引实施差异化教学,可以关注不同学生的学习进程,激发学生学习内驱力,促进学生成长。

三、案例与分析

实施目标分层导引微技术时,操作环节(一)、(三)依据本班学生的实际情况进行实践即可,环节(二)依据不同的课型有不同的处理方式。下面仅以沪教版八年级第二学期《22.2 平行四边形习题课》为例,进行环节(二)目标分层设置题组的案例分析。

平行四边形的性质和判定学习结束后,为了对所学内容进行巩固训练,特安排了一节习题课,题目设置的难度从简单逐渐发展到复杂。

1. 回忆所学平行四边形内容,设计知识性问题

问题 1:平行四边形有哪些性质?判定一个四边形是平行四边形的方法有哪几种?

分析:本题就是单纯地回忆所学平行四边形的定义、法则、定理等问题。学生只需把平行四边形的性质和五种判定方法(1 个定义+4 个判定定理)复述一遍即可。

2. 领会所学平行四边形内容,设计理解性问题

问题 2:(源于教材 80 页第①题)用两个全等的三角形(每个三角形的三边互不相等,不妨设边长为 10 cm、12 cm、14 cm),按照不同的方法可以拼成一些不同的四边形,这些四边形都是平行四边形吗?为什么?

分析：本题是初步利用所学平行四边形的知识，进行识别、推断、解释的问题。学生需要不遗漏地拼出 6 种不同情况（如图 2-1），再利用判定方法就可以解决问题（其中 3 个是平行四边形）。不遗漏拼出四边形的方法可以是：把三角形的三条边，分别作为四边形的一条对角线构造四边形，通过分三种情况讨论，每条对角线都可以拼出两个不同的四边形，共 6 种情况。

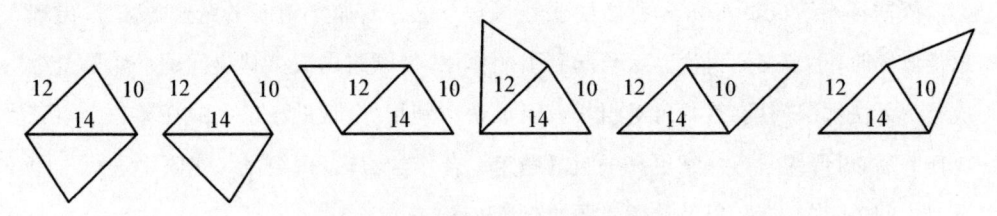

图 2-1 两个全等三角形的拼图

3. 运用所学平行四边形内容，设计应用性问题

问题 3-1：在平面直角坐标系中，已知点 $A(2, 1)$，$B(5, 1)$，$C(3, 3)$。若以 A、B、C、D 四点为顶点的四边形是平行四边形，求点 D 的坐标。

分析：本题是在具体的情境中初步应用所学知识解决问题，实现"形"与"数"的转化。由于已知三个定点，借鉴问题 2 的分析可知，解题策略一是每两点之间的线段（即 $\triangle ABC$ 的三条边 AB、BC、AC）都分别作为平行四边形的一条对角线构造平行四边形，通过分三种情况讨论解决问题；解题策略二是任选一条线段（比如 AB），通过这条线段既可以是平行四边形的边，也可以是对角线来分析讨论（其他解题方法不一一赘述）。此题教学目标要求高于问题 2，可得点 $D(6, 3)$、$(0, 3)$、$(4, -1)$。

依据学生能力也可将已知条件中，点的坐标变为更具一般性，体现特殊到一般的思想，进一步促进学生解决应用性问题的能力。

问题 3-2：在平面直角坐标系中，已知点 $A(2, 1)$，$B(5, 2)$，$C(3, 3)$。若以 A、B、C、D 四点为顶点的四边形是平行四边形，求点 D 的坐标。

分析：本题解题思路同问题 3-1，可得点 $D(6, 4)$、$(0, 2)$、$(4, 0)$。

4. 深化所学平行四边形内容，设计分析性问题

问题 4：在平面直角坐标系中，已知点 $A(2, 1)$，$B(5, 1)$，点 C 在直线 $y=2x-3$ 上，点 D 在直线 $y=0.5x$ 上，是否存在以 A、B、C、D 为顶点的平行四边形？若存在，求出此时点 D 的坐标；若不存在，请说明理由。

分析：本题是将题目进一步深化拓展，更多地综合了以往所学知识，进行了组合加工。先把材料分解成若干个组成部分，从而使各部分知识之间的相互关系更加清晰明朗。此题在问题 3-1 和 3-2 的基础上又高一层级，仅仅已知两个定点，可以依据问题 3-1 的策略二，通过线段 AB 既可以是平行四边形的边，也可以是对角线来分类；然后用点 C、D 所在直线的解析式表示两点的坐标；最后利用平行四边形对边平行且相等，或者对角线互相平分的性质，找到两点坐标之间的关系解决问题。可得点 $D(6,3)$、$(-2,-1)$。

5. 拓展所学平行四边形内容，设计综合性问题

问题 5：在平面直角坐标系中，函数 $y=3x+6$ 的图像分别交 x 轴、y 轴于 A、B 两点。过点 A 的直线交 y 轴正半轴于点 M，且点 M 为线段 OB 的中点。

(1) 在坐标平面内有一点 N，且四边形 $ABNM$ 为平行四边形，求点 N 的坐标；

(2) 在坐标平面内有一点 Q，且以 A、B、M、Q 为顶点的四边形是平行四边形，求点 Q 的坐标；

(3) 点 E 在 x 轴上，在坐标平面内另有一点 F，以 A、B、E、F 为顶点的四边形是菱形，求点 E、F 的坐标。

分析：较之分析性问题，综合性问题涉及的知识点更多，需要学生系统地分析和解决多个知识点之间的关联，寻找切入点。本题涉及的知识点有：一次函数的解析式、图像和性质，平行四边形、菱形的性质，平行四边形的分类讨论策略等。首先利用一次函数的解析式求出 A、B、M 三点坐标，然后灵活运用问题 3-1 的两种解题策略进行分类讨论求解。

可得 (1) $N(2,9)$；(2) $Q(2,9)$、$(-2,3)$、$(-2,-3)$；

(3) $E_1(2\sqrt{10}-2,0)$，$F_1(2\sqrt{10},6)$；$E_2(-2\sqrt{10}-2,0)$，$F_2(-2\sqrt{10},6)$；

$E_3(2,0)$，$F_3(0,-6)$；$E_4(8,0)$，$F_4(-10,6)$。

6. 总结所学平行四边形内容，设计评价性问题

问题 6：通过本节课的学习，确定平行四边形未知顶点的坐标，会遇到什么样的类型题目？针对不同的类型题目，有哪些解决问题的策略？在问题解决中，你对自己最满意的表现是什么？出现的误区或常态错误是什么？如何克服？

在初始进行目标分层导引学习中，教师还可以提问：你认为怎样分组能更好地促进你的学习？对小组合作你有哪些更好的建议？什么样的题目设置更能激发你的学

习兴趣？相对于常规课堂教学和目标分层导引教学，哪种教学方法对你学习的促进更大？

分析：评价性问题属于高级认知问题，通常没有唯一的正确答案，从不同的角度有不同的回答。

值得注意的是，按照不同的教学目标，设置不同梯度的题目，要尽量采用变式训练，体现题目之间的相关度，让学生知道问题的设置可以从哪些角度展开，依据题目的变化如何思考问题。本节课将题目分为不同层级的题组，由简单到复杂设置题组为 A 组（问题 1—3），B 组（问题 2—4），C 组（问题 3—5），D 组（问题 3—6），然后下发相应的学案。

四、温馨提示

① 在使用目标分层导引微技术的时候，对班级学生进行合理分组很重要。既要保证学生大体层次相当，让同组学生人人都有思考、交流、展示的空间，避免学习能力特别好的学生在小组合作中占主导，能力差的学生跟不上学习进程，从而被边缘化。还要保证每个小组有一个能力略强的学生，能够及时帮助或在教师指导后能够帮助本组组员的学习，确保目标分层导引教学顺利进行。

② 目标分层导引取得成功的关键是教学内容的设计。教学内容既要贴近学生认知水平，让学生敢于尝试；又要高于学生现有的学习水平，能够激发学生学习进取的动力。如果教学内容、题组设计脱离学情，过易或过难，那么目标分层导引教学的效果就没有凸显。

③ 目标分层合作学习后，要及时交流和总结。教师要组织各组学生进行展示交流，然后教师再总结。让学生明了各小组题组知识的相关度、所学内容的进阶层级，并对各小组学习表现进行及时评价。

（撰稿者：陈旭丽）

目标问题化：实现教、学、评一致性

2019学年第一学期开始，上海市全面推行部编版初中历史教材，同时上海市又保留了对部编版初中历史地图册和练习册的编撰权。由此上海的初中历史教学就出现了教材与地图册、教材与练习册编撰不匹配的情况。上海市新中考改革方案中，历史学科首次被列入中考科目，其中笔试部分以开卷三道大题的形式考查学生两年所学的内容。在新教材、新中考、旧资源的前提下，如何实现教、学、评的一致性，保障学生取得优异的学习成绩呢？笔者通过目标问题化微技术，力图实现教、学、评的一致性。

一、理念与意义

所谓目标问题化微技术，就是通过一定的问题设置，把教学目标以问题的形式呈现给学生，通过学生解决一个一个的问题来实现教学目标的教学微技术。这一微技术所依据的理论是目标设置理论。

1967年，美国马里兰大学管理学兼心理学教授洛克（E. A. Locke）最先提出"目标设置理论"（Goal-setting Theory），认为目标本身具有激励作用，使人朝着需要的方向努力，并可以随时将自己的行为结果与目标进行比较，通过及时调整，最终实现目标。目标设置理论强调了目标的引领作用，使教学活动更具针对性。在日常教学活动中，所指的目标就是教学目标，它在教学中发挥着极其重要的作用。教学目标有三种功能：指导教学的过程与方法；指导教学结果的测量与评价；指导学生的学习。[1]

目标问题化微技术的意义有两方面：

---

[1] 吴红耘,皮连生.学与教的心理学（第六版）[M].华东师范大学出版社,2020：184-185.

第一，目标问题化微技术让学生更清楚学习目标，易于激发学生学习的主动性和积极性，使学生的学习更具针对性。通过问题的设置和引领，以问题模式呈现的教学目标相比通用的教学目标更易于激发学生课堂学习的积极性和主动性。学生根据问题的指引，更有利于发挥学习的主体作用，在学习过程中进行有针对性、选择性的学习和训练，提高学习的效率，解决教与学的一致性。

第二，目标问题化微技术需要教师深入研读教材与了解学生，易于提升教师对教材和学情的把握能力，使教师的教学更具针对性。在把教学目标转化为问题前，教师除了需要认真研读课程标准和教材外，还需了解不同班级学生实际情况。这就需要教师在课前花大量时间去了解和学习课程标准的内在要求、教材的编写体例、教材章节之间的内在联系、学生的兴趣爱好与关注点等。这一过程有利于提升教师对教材和学情的把握能力，使得问题的设置更精准，教师的教学与中考要求相匹配，提升了教师教学的针对性，实现教与评的一致性。

二、操作方法

鉴于教学目标的重要性，将教学目标转化成问题的具体操作如下：

(一) 将知识与技能目标转化为疑问式问题

教学目标中的知识与技能目标的表述通常以陈述句形式呈现，这样的表述能够清晰完整地呈现知识与技能目标的要求，但对于激发学生的学习兴趣和主动性还不够。我们可以把"谁""是什么""什么时候"和"什么地点"等疑问词运用到知识与技能目标的表述中，将陈述式知识与技能目标转化为学生更容易接受的疑问式问题。一方面容易激发学生的学习兴趣，提升其主动性；另一方面通过疑问式问题的示范，能够帮助学生找到发现问题的途径与方法，提升学生的问题意识。

(二) 将过程与方法目标转化为方法式问题

上海市历史课程改革的重要特征就是以唯物史观为核心的史学思想方法的培养，因此，在过程与方法教学目标设计中，都会渗透史学思想方法。这些史学思想方法在教学过程中可以通过"怎么证明""需要哪些证据"和"如何去认识"等引导词，将过程与方法目标转化为方法式问题。通过教师引导，学生在解决问题中，逐步学会运用这些思想方法去解决学习过程中遇到的相关问题以及现实生活中的问题，从而解决教与学不一致的问题。

(三) 将情感态度与价值观目标转化为反思式问题

"对学习新知识、掌握新方法、解决新问题等过程进行反思可促使学生的认识从懵懂走向清晰,从接受走向内化,从模仿走向自觉。其间,既可以提炼思想、总结方法,也可以警示注意点等,从而可提升学生的数学素养。"[①]反思性问题除对数学学科素养的培养十分重要以外,对其他学科的学科素养培养同样重要。历史学科核心素养与历史学科的情感态度与价值观目标密不可分,可以通过"如何看待""怎样理解""有何意义""有何启示"等反思性语句的引导,让学生回顾反思历史,并从中有所收获。历史学科的重要功能就是让学生在对历史的反思中遇见未来。学生通过对一节课、一个阶段历史学习过程的反思,在反思中提出新的问题,逐步形成对历史的整体认知,学会运用所学知识对历史现象进行解释和评价。这些反思式问题的设置,一方面很好地渗透了历史学科的情感态度与价值观,另一方面也有利于提升学生历史学科的核心素养,实现教与评的一致性。

三、案例与分析

好方法还要在实践中去检验。接下来,以部编版初中历史(五四学制)《中国历史》第一册第 2 课《原始农耕生活》的教学目标为例,做具体的实践案例分析。笔者原有的教学目标设置如表 2-1:

表 2-1　第 2 课《原始农耕生活》教学目标

第 2 课　原始农耕生活
教学目标 　　对原始农业的兴起及其重要的意义略有印象,大致了解河姆渡居民、半坡居民的生活特点,初步学会通过概括、比较,了解半坡居民和河姆渡居民不同生活特点形成的原因。 　　初步学会运用具体历史资料进行归纳、概括、分析、比较后得出历史结论的思维方法。 　　感悟我们的祖先在生产劳动中表现出来的智慧与成就,逐步达成对祖国悠久历史的认同和尊重。

现分三个环节将目标问题化。

(一) 用疑问式问题,引导学生思考

笔者通过运用"什么时候""是什么""有什么不同""原因是什么"等疑问词,将具体的知识与技能目标转换为疑问式问题,具体见表 2-2。

---

① 刘飚,王克亮.高中数学素养型教学目标转化为课堂问题的策略初探[J].中学数学月刊,2018(01):17.

表 2-2 疑问式问题

第 2 课　原始农耕生活

教学目标
　　知识与技能目标：对原始农业的兴起及其重要的意义略有印象，大致了解河姆渡居民、半坡居民的生活特点，初步学会通过概括、比较，了解半坡居民和河姆渡居民不同生活特点形成的原因。
疑问式问题
　　中国境内的原始农耕是在什么时候兴起的？在中国境内原始农耕生活的典型遗址是什么？在这些遗址中，原始人类的生活各自有什么特点？形成各自不同特点的原因是什么？

　　发现问题是孩子的天性。为什么越到高年级，孩子越不喜欢提问呢？除了孩子自身的原因外，我们可以反思一下，我们教学中的知识与技能目标的设定，是否能激起学生的学习兴趣。同样的目标，在实践中将陈述式目标变为疑问式问题，学生的学习兴趣大大提高。同时，教师通过疑问式问题的设置，能很好地引导学生去发现教材中的问题，让学生重新找到发现问题的乐趣，同时也掌握发现问题的途径和方法。

（二）用方法式问题，提高学生分析问题和解决问题能力

　　上海市历史课程改革形成了独具特色的海派历史教学风格，其重要的特征就是以唯物史观为核心的史学思想方法的培养。笔者通过渗透史学思想方法，变过程与方法目标为方法式问题，指导学生解决问题，具体见表 2-3。

表 2-3　方法式问题

第 2 课　原始农耕生活

教学目标
　　方法与过程目标：初步学会运用具体的历史资料进行归纳、概括、分析、比较后得出历史结论的思维方法。
方法式问题
　　我们是怎么去认识、了解原始农耕生活的？历史学家又是怎样去认识、了解原始农耕生活的？我们能够像历史学家一样去认识、了解这段历史吗？如果能，我们需要从哪些方面去寻找证据？有了这些证据我们能得出什么样的结论？

　　通过这些问题的解决，一方面很好地渗透了史学思想方法，形成具有指导意义的方法性问题，另一方面也为学生在解答练习册（上海编订的初中历史练习册非常注重对学生史学思想方法的训练）中遇到的问题提供了方法的指导，实现了教与学的一致性。

（三）用反思式问题，提升学生的核心素养

将情感态度与价值观目标用"如何看待""怎样理解""有何意义"和"有何启示"等反思性语句进行引导，转化为反思式问题，具体如表 2-4。

表 2-4　反思性问题（1）

第 2 课　原始农耕生活
教学目标 　　情感态度与价值观目标：感悟我们的祖先在生产劳动中表现出来的智慧与成就，逐步达成对祖国悠久历史的认同和尊重。 反思性问题 　　如何看待我国境内的先民为我国农耕文明所做出的贡献？作为中华民族的一分子，你是怎么理解中华文明为世界文明所做的这些贡献的？

将情感态度与价值观目标转化为反思式问题，除在教材具体的章节中运用外，它更适合在复习类课程中使用。历史复习课往往是对某一主题单元或者某一阶段历史学习的巩固提高。如在部编版初中历史（五四学制）《中国历史》第三册中国近代史的复习过程中，教学目标往往会围绕中国近代的屈辱、中国近代的抗争和中国近代的探索三条主线展开，通过问题设置，把这三条主线变成反思式问题链，具体如表 2-5 所示。

表 2-5　反思式问题（2）

中国近代史复习
教学目标 　　知道中国近代史列强发动的对中国的侵略战争，强迫中国签订的不平等条约，以及这些战争和条约带来的影响。知道为反抗外来侵略，中国各个阶层都做出了英勇的抗争。通过对各个阶层抗争的分析，懂得在面对外来侵略，中国也主动开始近代化的探索，而这些探索大多失败，唯有中国共产党领导的新民主主义革命取得成功。 反思式问题 　　为什么中国在近代会遭到列强的侵略？为什么大多数探索都失败了？为什么中国共产党领导的新民主主义革命能够成功？中国近代历史、中国近代化的探索给了我们什么样的启示？

通过反思式问题的设置，学生能够站在历史整体的大局观上看待具体历史，以此帮助学生掌握历史发展的时代特征，渗透历史学科的核心素养，培养学生整体认知，把握历史的能力，从而实现教与学的一致性。

四、温馨提示

仅仅将教学目标转化为问题是不够的,目标的转化只是起到一个引领作用,要保障目标的实现,还需要注意以下两点:

1. 以多样化的课堂活动,落实问题的解决

课堂的主体是学生。在将教学目标转化为问题目标后,如何去解决这些问题,需要教师通过设计多样化的课堂活动去实现。传统的历史课堂教学以教师的讲述、分析、引导为主,学生大多是被动接受。将教学目标转化为问题目标后,这一个一个的问题能够激发学生的学习兴趣和学习主动性,让学生变被动接受为主动参与。但教师需要通过设计丰富多样的课堂活动,来避免学生在课堂学习中出现倦怠。具体操作上,教师可以设计诸如自主学习、历史知识竞赛、小组讨论、课堂辩论、历史剧表演等多种形式的课堂活动,以丰富的课堂活动,激发学生的主动性和积极性,在学生参与课堂活动中落实各项教学目标。

2. 以充分的多样的课堂检测,落实教学目标,提升课堂教学效率

课堂检测是落实教学目标的最好方式之一。因此课堂检测应该贯穿整个教学的始终。"当堂检测的充分,正是对学生自主学习的有利补充和必要检阅,也是学习效果的保障。"[①]此外,在课堂检测的设计过程中,还需要注重课堂检测形式的多样性,用多样性来提高课堂教学的时效性。总之,充分的多样的课堂检测能激发学生的学习兴趣,检测的时效性也会在学生积极主动地应用知识解决问题的过程中得以体现。

(撰稿者:傅仕禄)

[①] 孔燕.课堂检测的多样性与有效性[J].新课程(综合版),2015(4):72-73.

问题链导学：平面几何基本图形的活学活用

教师在几何教学过程中很容易忽略展现解题思路的寻找过程,有的教师凭着经验指导学生如何解题,但对于为什么这样做无法显性化地展示给学生;也有的教师从基本图形出发引导学生,但学生依旧在做题时无法构造和识别这些基本图形。为了解决这些问题,我们尝试在原题的基础上缩小思维跨度,将题目中学生普遍存在的认知难点和思维障碍分解开来,以书面问题链"任务单"的形式呈现,促进学生领悟。通过问题链引导后再思考,学生会自然地对比之前的解题思维,进行深刻反思,进而更容易获得思维方法层面的体悟。

一、理念与意义

著名数学教育家 G·波利亚曾主张"教会学生思考",将数学思想方法作为数学教学的首要目标。数学思想方法是一种隐性的知识,教师可通过教学内容的再创造,以"鲜活"的问题链形式呈现给学生,在变化的问题情境中,引导学生经历操作、探究、发现,练在讲前、讲到关键点,以学生学习为中心,使学生实现思维创新,掌握数学思想方法,提高数学素养。

通过问题链导学微技术引导学生联想与问题密切有关的条件,多角度、多层次地寻求分析问题、解决问题的方法,搭设脚手架,带领学生经历问题的探寻与解决的途径,在能力的提升中不断优化学生的创新品质。

(一) 问题链导学微技术能够促进学生建模解题

设置的问题链是依据数学学科严谨的逻辑性创设问题情境,以问题引领学习,有步骤地化解思维障碍,铺设与学生思维最近发展区相适应的学习任务,逐渐建模。教师在教授新知的过程中,不是简单地告知和灌输,而是让学生积极主动地参与其中,经历、体会、感悟,主动参与建模的过程,深入理解用模的本源,积极思考拓模的构造,使知识螺旋式上升,深度学习自然发生,提升学生的核心素养。

(二) 问题链导学微技术教会学生如何解题

问题链一般设置在教师让学生回答问题之后,为学生解决问题搭建螺旋上升式台阶,教会学生如何思考问题和解决问题。特别是教师在关键点上设置的问题,更是起到了画龙点睛的作用,突显问题探究的价值。适度的归纳也让隐藏在问题背后的目的显露出来,促使学生对问题的思考不停留在表面,习惯于深究问题的内涵。

(三) 问题链导学微技术激活学生思维

在原题的基础上铺设一些开放性的问题,进行原题的"一题多解"和"多解归一",然后在原题的基础上进行适当的横向和纵向的拓展,能够让学生由低阶思维向高阶思维迁移,由发散型思维向聚合型思维转变。教学过程中不能满足于多种解法的展示,要通过问题引导学生思考不同的方法是怎样想到的、每种方法的优缺点、不同方法的区别与联系。

总之,通过问题链导学微技术来解决较为复杂的几何问题,实际上是一个思维不断提升的过程。学生在几何证明中,思维能力弱的一个重要原因是几何直观能力不足,对图形的观感、解构、重构的能力较差,对常见的基本图形认知储备不充足,没有真正理解知识的本质,导致学生遇到新情境、新问题无法通过联想、类比、迁移分离出基本图形。因此通过问题链的形式帮助学生获得建模、解模的能力,以学生的数学理解为基础,以数学问题解决为中心,促进核心素养的落实。

二、操作方法

设置问题链是在教学诊断的基础之上,将题目中学生普遍存在的认知难点和思维障碍分解开来,以书面的"任务单"形式呈现给学生。

① 从典型例题出发,将典型例题中的核心知识点分成几个思维层次。

② 基于分解的思维层次,启发学生共同提出与之对应的一个个小问题,然后通过内在的"一条线",把它们作为一个问题链集中在一起。教师在学生的每个思维障碍处,适当地设计问题,引导学生充分地探究。

③ 解决问题后,教师引领学生总结解题方法,并形成解决此类问题的一般策略。

三、案例分析

问题链导学微技术是按照由易到难、由浅入深循序渐进的原则搭建一个个小问题,将它们串联起来,形成了一组问题链,启发学生在探索中发现基本模型,从而渗透数学思想方法,带领学生在感悟中提炼总结,引导学生将遇到的难题分解。

(一) 案例 1

已知:如图 2-2,在平面直角坐标系中,A,B,C 三点的坐标分别为 $(4,0)$,$(4,4)$,$(0,4)$,点 P 在 x 轴上,点 D 在直线 AB 上,若 $DA=1$,$CP \perp DP$,垂足为 P,则点 P 的坐标为_____。

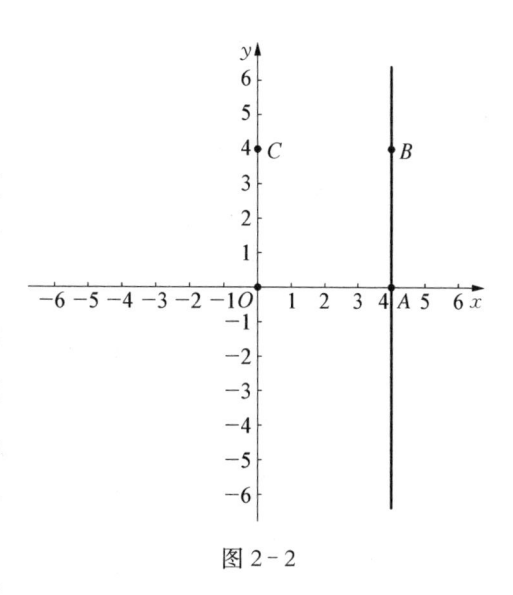

九年级的部分学生对于这类图形不完整的题目遇到的难题首先是如何精准地将文字语言转化为图形语言,其次是缺乏分类讨论的思想,以及分类之后如何根据每一种具体情况去解决问题的能力。所以教师需要增设一系列小问题,帮助学生缩小思维跨度,让学生在思维进阶过程中举一反三、自发领悟。

图 2-2

① 运用问题链导学微技术把问题分解为三个思维层次。

思维层次 1:根据 $DA=1$ 这个已知条件可以把 D 点确定下来;

思维层次 2:根据 $CP \perp DP$,垂足为 P,在 x 轴上把 P 点确定下来;

思维层次 3:根据画出的图形写出 P 点的坐标。

② 基于分解的思维层次启发学生共同提出与之对应的一个个小问题。

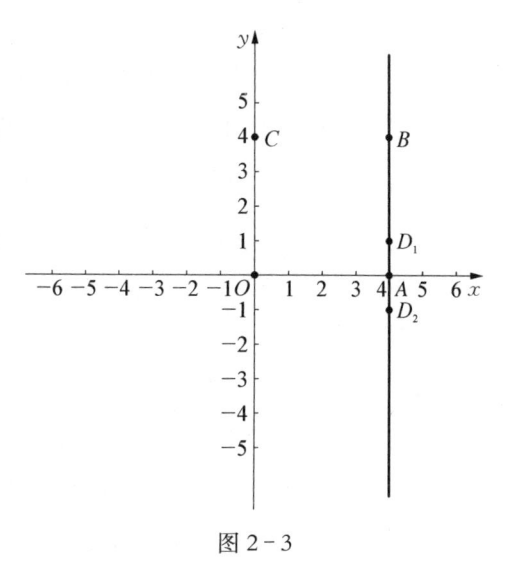

问题 1:当 $DA=1$ 时,D 点的坐标是多少?

学生思考到有两种情况即 $D_1(4,1)$,$D_2(4,-1)$。

问题 2:当 $\angle CPD_1=90°$ 时,且 P 点位于 x 轴上,在图 2-3 中 P 点如何找到?

问题 3:根据"定弦定角"模型可知,

图 2-3

某个动点到两个定点的张角一定时,这个点应该在圆上运动,那么这道题 P 点应该落在哪个圆上?

引导学生画出以 CD 为直径的圆,与 x 轴交点即为 P_1(如图 2-4)。引导学生用上面的方法继续探索 P_2、P_3 两点(图 2-5)。

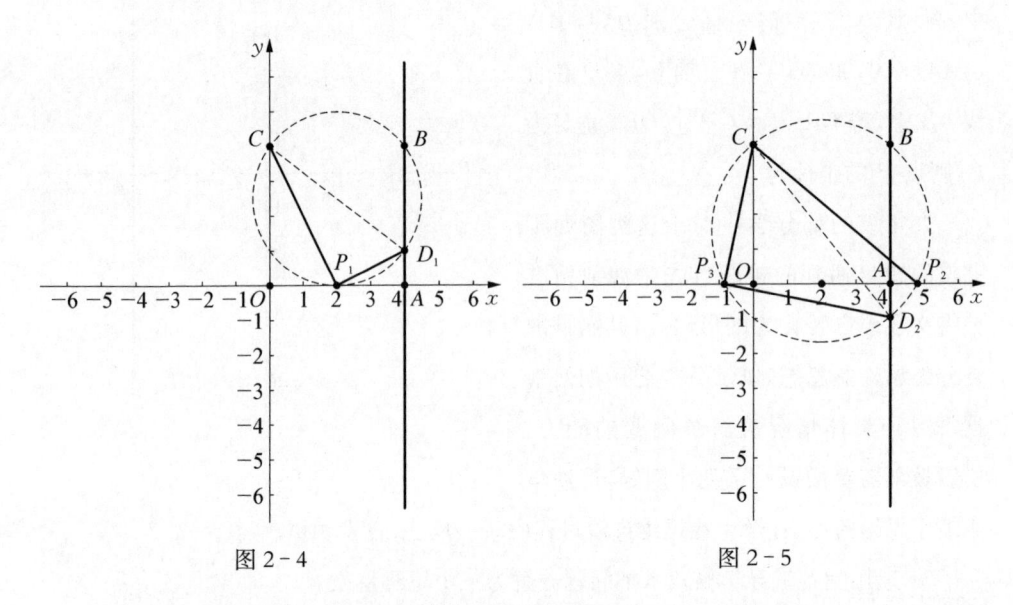

图 2-4

图 2-5

问题 4:根据"一线三直角"模型,寻找其中的相似三角形,求出各个 P 点的坐标。

③ 通过解决这道题目获得了怎样的解题方法。

从这个案例可以看到,问题链中共构建了两个基本几何模型,这些小模型往往是解决复杂几何问题的小助手,在复杂图形中抽离出关键的基本图形,有利于问题的解决。而借助这些基本图形来解决问题时可以概括为"找""造""用"这三个字。首先根据已知条件得知两个定点 C 和 D,并且 $CP \perp DP$,这时候要想求得 P 点坐标,便要精准地找到 P 点并画出来,于是就要构造"以 CD 为直径的圆"这一基本图形,而在最后求坐标的过程中,只需要找到"一线三直角"这个基本图形就可以用了。

(二) 案例 2

已知,点 A、B、C 在格点图中的位置如图 2-6 所示,格点小正方形的边长为 1,则点 C 到线段 AB 所在的直线距离是多少?

① 运用问题链导学微技术把问题分解为三个思维层次。

思维层次 1:从问题出发,要求点 C 到线段 AB 所在的直线距

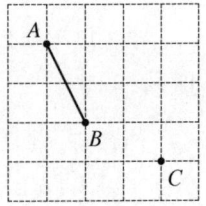

图 2-6

离,可以想到有哪些方法来解决这个问题;

思维层次 2:这道题目除了我们常规的解题方法还能想到哪些方法;

思维层次 3:从这道题目的解题过程中你体会到了什么。

② 基于分解的思维层次启发学生共同提出与之对应的一个个小问题。

问题 1:根据已知条件你如何求 C 到 AB 的距离?

很多同学能够想到尝试通过面积法求得 C 到 AB 的距离。

本题考查了勾股定理、点到直线的距离概念及其计算。源于所具备的知识与经验,学生能快速提取三角形的高与点、线之间的距离的联系。基于 A、B、C 三点构造 $\triangle ABC$,点 C 到线段 AB 所在直线的距离即为 $\triangle ABC$ 中 AB 边上的高线长,由此可以通过面积法解决问题。

大部分的同学也想到了用面积法,但是用哪一种方法求面积?因为还有很多方法。这时需要老师在旁边点拨,学生才能打开思维,一题多解。

问题 2:在求 $\triangle ABC$ 面积时,我们可以想到用什么方法来求?

很多同学想到了补形法、直接做 AC 的高,用等腰三角形三线合一来求(如图 2-7、2-8)[①],但其实还可以用三点共线转化法、平行转化法。

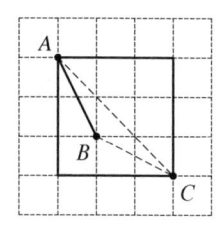

图 2-7 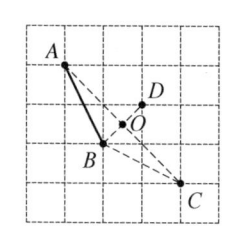　　　图 2-8 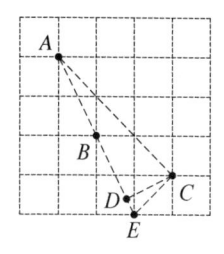　　　图 2-9

问题 3:延长 AB 至点 E,联结 CE 你们会发现什么(如图 2-9)?同学会发现 $\triangle ACE$ 是一个直角三角形。

问题 4:能否用同一个面积的方法来求出 AB 的高线?

同学应该很快就算出结果。

当然这道题目也可以从"相似法"入手获得解题方法。

问题 5:延长 AB 至点 E,过 C 点作 $CD \perp AE$,垂足为点 D,能否发现图中的相似

[①] 蔡卫兵.观网格之形觅距离之源[J].中学数学教学参考,2019(07):37-38.

三角形？

同学发现△CDG 和△AFG 相似，从而根据对应线段成比例求出结果(如图 2-10)。①

③ 总结通过解决这道题目获得的解题方法。

这道题目的多种解法各有千秋，第一类解法是在三角形高线定义的引领下，构造包含点 C 和直线 AB 上部分线段的三角形；第二类是在点到直线距离的定义引领下，构造包含此垂线段的相似三角形。

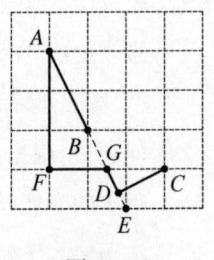

图 2-10

这个案例充分体现了几何解题的无穷魅力，本题的解法精彩纷呈、殊途同归，学生也是在原有思维的基础之上，一点点拓展和发散，老师通过问题链的设置启发了学生的思考，优化学生原有的解题模式，让学生在思维进阶过程中自发领悟思维策略与思想方法。

四、注意事项

① 问题链导学微技术可以看作是把一道综合性题目分解成一个个小问题处理的方法，适用于一些思维含量高、跨度大但考查角度新颖的题目。

② 设置的问题要基于学生原有的认知水平，不能一味地生搬硬套。

（撰稿者：叶萌）

---

① 蔡卫兵.观网格之形觅距离之源[J].中学数学教学参考，2019(07)：37-38.

串联式课堂问答：解决思维遇阻点

在我们的教学中，课堂问答常常没有从学生认知需求出发，没有展示出问题解决的过程。当学生回答问题思维受阻时，老师常常没有抓住其中的原因进行分析和引导，而直接让另一位（或几位）学生来回答，或者老师自己来解答。不同学生（或老师）的回答是相互孤立的，如果不及时指出学生的真正问题出在哪里，会导致答错的学生不知道自己的错误原因，没有真正理解知识。尽管问题得到了解决，但往往学生还是心存疑惑，这样的教学对一些学生来说实质上还是灌输式的。很多老师没有意识到当学生在解题发生错误时，他们的第一需求也许不是"正确答案是什么"，而是"我为什么错了"。

一、理念与意义

串联式课堂问答是当学生因思维遇阻而无法继续回答老师的问题时，其他同学（或老师）对这位学生的回答进行及时的评价，分析其困惑，并在其思维遇阻点开始进一步深入思考继续解决问题，直至问题被彻底地解决，这样一问一答串联成问题解决的过程。

（一）串联式课堂问答构建起学生进行积极思考和探查问题的反应模式

课堂上，一问一答模式对部分学生不起作用，而串联式课堂问答，将问答形成了"提出问题——思维遇阻——介入评价——纠正改进——继续跟进"的新模式。在前一位同学回答过程的思维遇阻点，邀请另一位同学对回答介入评价及纠正改进，这能够成为促进班级大部分同学思考的催化剂。在整个问答的过程中，同学们的注意力放在了对前面一位同学回答的探查与判断中；探查可以用在不正确或是不完整的回答之后，是为了完整地理解学生的思维过程。

（二）串联式课堂问答将师生问答用一条主线串联起来，展现出问题解决的思维过程

传统的课堂问答同学之间的回答很容易被一个个地孤立起来，当同学思维遇阻时，老师或者其他同学也没有给出相应的清晰的反馈，使得回答者并不知道怎样才能够朝着正确的方向去思考，并由此感到困惑。串联式课堂问答通过同学之间的互相评价、纠正、跟进，一点一点地朝着目标方向靠近，一个个问题呈现递进型模式，直至找到最终的正确结论，整个探索的过程将知识点串联起来，帮助学生找到新旧知识的联系，培养他们的探究性思维。

（三）串联式课堂问答能够培养学生成为更有效的倾听者和探究者

串联式课堂问答需要对同学思维遇阻的地方进行剖析，并指出错误原因，这首先要求学生认真仔细地倾听回答者的阐述。而问题的解决，可以提升学生的元认知技能，扩展学生的思维，有条理地表达自己的想法和观点。

总之，串联式课堂问答是将学生（或老师）的问答串联起来，教师（或同学）及时对前一位学生的回答进行评价，使问答呈现思维深入和问题解决的过程。同学（或老师）要及时抓住有利于问题解决的课堂生成性资源，尽可能解决前一位回答问题的学生出现的疑惑，课堂上师生之间互相启发，闪现出思维的火花，这样的课堂无疑是高效的。

二、操作方法

第一步：老师提出问题请一位同学 A 回答。

第二步：同学 A 思维遇阻，同学 B 介入思维遇阻点，启发并帮助同学 A 进一步分析问题。

第三步：同学 A 在同学 B 的启发下回答正确；或者同学 B 进一步分析后遇到新的遇阻点。

第四步：同学 C 介入同学 B 思维遇阻点，启发并帮助同学 B 进一步分析问题。

如此反复，直至将问题解决。

三、案例与分析

（一）典型案例 1

在沪教版六年级第一学期《圆的周长》一课引入部分中的问题：如图 2-11，两辆遥控模型赛车分别

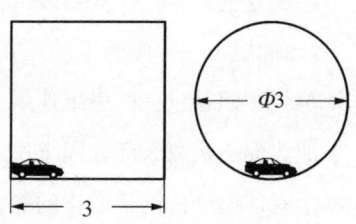

图 2-11

沿边长为3米的正方形和直径为3米的圆形赛道进行比赛,如果它们同时、同速分别从一点出发,那么谁先回到出发点呢?

改进前师生问答是这样的:

生A:圆的直径和正方形的边长相等,如果把圆移到正方形里面,就可以看出圆形赛道更短。

师:其他同学还有没有别的方法?

生B:可以测量圆的周长,再计算正方形的周长,就能比较了。

师:今天我们就来讲圆的周长。(引出本节课的课题)

改进后师生问答是这样的:

生A:圆的直径和正方形的边长相等,如果把圆移到正方形里面,就可以看出圆形赛道更短。

师:对于他的回答其他同学是怎么想的?

生B:为什么圆在正方形的里面就可以说明它的周长短呢?

师:对,生A的方法很直观,但是缺乏数据难以说明它的合理性,怎样才能更精准地比较说明呢?

生B:可以测量圆的周长,再计算正方形的周长,两者一比较就可以了。

师:很好,那么如何去测量圆的周长?(引出本节课的课题)

教师用串联式提问技术,将学生直观但不科学的回答进行了扩展,目的是运用初始答案作为问题的生长点,使学生们都积极地参与进来,在同伴问题解决的过程中,提出澄清性问题来领会相关的含义。"那些有可能即时即地产生而转瞬即逝的想法"就这样被抓住了。

(二) 典型案例 2

如图 2-12,在△ABC 中,AB=CB,∠ABC=90°,CD 为 AB 边上的中线,BE⊥CD,垂足为 E,连接 AE 并延长交 BC 于点 F,求证:AE:EF=3:2。

师:由点 D 为△ABE 边 AB 的中点想到什么?

生A:我由中点想到了添加三角形的中位线,过点 D 作 DG∥BF,交 AF 于点 G。(如图 2-13)

师:为什么要这样添加辅助线呢?

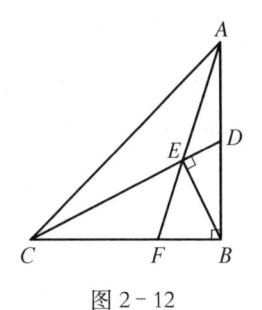

图 2-12

生 A：因为这样我就可以利用平行线分线段成比例定理，易得 G 为 AF 的中点，从而得到 $AG=FG$。

师：那么接下去我们怎么去求 $AE：EF$ 呢？

生 A 找不到思考的方向了。

生 B 启发生 A：你添加了辅助线之后形成了基本图形"X"型，这时你联想到了什么？

生 A：由 $GD // CB$ 知 $GE：EF=DE：CE=DG：CF$。

生 B：那么再根据已知 $AB=CB$，CD 为 AB 边上的中线，你可以得到什么结论？

生 A：可以得到 $DB：CB=1：2$。

生 B：根据 $\angle ABC=90°$，$BE \perp CD$，$DB：CB=1：2$ 这三个条件还可以得到什么结论？

生 A：可以得到 $DB：CB=BE：CE=1：2$，从而得到 $DE：CE=1：4$，$GE：EF=1：4$。

师：接下去我们如何找到 $AE：EF$ 与 $GE：EF$ 之间的关系？

生 A：因为 $AG=GF=GE+EF$，$GE：EF=1：4$，可以推得 $EG：AE=1：6$，所以 $AE：EF=3：2$。

图 2-13

串联式课堂问答在前面一位同学的思维遇阻点适时介入，通过"授人以渔"式的追问引导学生找准切入的角度，通过驱动问题"根据题目的条件或结论"采用适当的策略去处理。因此课堂上要放手让学生大胆地探索，调控受阻思维的突破方向，完善分析问题的思维方式，在潜移默化中掌握"渔"的技能，进而学会思考。

四、注意事项

① 有效的串联式课堂问答，要从有效的提问开始，教师要明确本节课的核心问题，提出的问题既要具有一定的开放性，又要能聚焦教学目标。

② 在上课期间，学生随时都会出现面对问题时的困惑，老师（或同学）必须认真观察，及时捕捉思维遇阻点，聚焦学生的思维遇阻点，以免让这些地方在教学过程中轻易划过，失去一次教育的极好机会。

（撰稿者：叶萌）

游戏导入：激兴趣提效率

初中生活泼好动、对新鲜事物充满兴趣，很难一节课长时间集中注意力。有的英语教师又常常遵循"语言第一、成绩第一"的"黄金教学法则"，形成机械式重复的教学流程，哪怕是在初中低年级（六、七年级）课堂上，教师匆匆过文本、着重讲语言点的现象普遍存在。这导致了许多初中生使用语言的兴趣遭到扼杀，在起始年级就丧失了学习英语的兴趣、丧失了对语言学习的兴趣，违背了英语教学的本质。游戏导入微技术是激发学生学习兴趣、提高课堂学习效率的方式，也是学生乐于接受的一种教学方式。

一、理念与意义

游戏导入微技术主要是指从学生自身兴趣作为切入点，将所要学习的知识和内容转换为游戏的教学方式，其借助游戏的感性活动引导学生从游戏中揭开英语的神秘面纱，让学生在富有趣味性的活动中完成学习任务。游戏导入主要是由教师自行编制游戏进行教学，并同传统教学进行对比，寻找优势，弥补不足，由此来实现学习的内在转化。

玩游戏是孩子的天性，将游戏运用于课堂教学，有利于激发学生的学习兴趣，化难为易，减轻学生的学习负担。按照认知学习理论的观点，人的认识不是外部刺激直接给予的，而是外界刺激与人的内部心理相互作用而产生的。如果可以找到一种方法促使学生的内心深处产生共鸣，将学生的学习从原来的"老师要我做"，变成"我要做"，教学困难就能迎刃而解。

游戏导入微技术的意义有三点：

(一) 游戏导入有助于激发学生的兴趣

在英语教学中导入适当的游戏有利于培养学生的兴趣,符合"乐学"原则。初中低年级学生好动爱玩,乐于接受新奇、趣味性强的事物,教师的教法可以直接影响学生对学习的兴趣。游戏会使单调又紧张的英语学习变得轻松有趣,缓解学生焦虑情绪,减轻学习压力。

(二) 游戏导入有助于促进学生的互动合作

教学不应该只是知识的传授,更应该是师生、生生之间信息的交流和情感的互动。游戏中包括教师和学生,每个参与者都在互动完成任务,在这个过程中汲取经验,互帮互助、团结合作、促进友谊,增强集体荣辱感和协作精神。

(三) 游戏导入有助于提高学生的学习力

在游戏中学生为了获胜,会不断努力提升自己,这一过程激发了他们勇于追求、奋发向上的精神。游戏与教学相结合,既新颖又高效,可以培养学生的自主学习能力;合理的游戏还能达到锻炼学生思维能力的作用。学生参与其中,围绕课堂主题一边游戏一边思考问题,优化了思维方式,有助于智力发展。总之,游戏导入微技术用于初中英语低年级课堂教学中,能激发学生的学习兴趣,消除学习疲劳,提高学生对语言的运用能力,在英语教学中起着积极的作用,既活跃了课堂气氛,也使学生在玩中学到知识,促进学习效率的提高。

二、操作方法

教师将游戏导入微技术应用于课堂教学,操作流程如下:

(一) 拟定游戏导入活动目标

1. 游戏导入活动目标与单元教学目标保持一致

教师首先要针对所学的单元教学目标制定游戏导入活动目标。活动目标要紧扣所要学习的内容,将活动和单元内容结合起来。确定活动目标,增强游戏活动的明确性,有助于使教学活动更有指向性。

2. 游戏导入活动目标与已学同一模块教学目标衔接整合

上海牛津英语教材的特点是按照模块(Module)单元(Unit)体系编写的。单元内容围绕模块主题教学,同一模块主题内容在不同年级呈螺旋式上升重复出现,为英语学习创造了重复、循环、发展、提高的学习条件。所以教师要将所要学习的教学目标、教学内容和以前学过的教学目标、教学内容整合起来、衔接起来,既可以巩固以前所学知识,又可以使学生对将要学习的内容不那么陌生。设计的活动可以与以前的游戏活动类似或者相关,这样有利于知识的过渡,也有利于学生快速理解。

(二) 设计游戏导入活动方案

1. 确定游戏内容

教师要根据课堂内容设计相应的游戏内容,组织学生开展游戏活动。游戏活动内容要有目的性和新鲜感。在心理学中,中学生的注意力一般只能维持 25—30 分钟,有趣的活动使课堂更有吸引力(attractive)、更加轻松愉快(enjoyable)。设计的精彩游戏让学生产生新鲜感,使他们精力更加集中,主动积极地加入到课堂活动中。

2. 设计游戏流程、制定游戏规则

设计游戏流程能让教师更有目的、有计划地组织引导学生进行游戏。通过游戏流程图,教师还能观察整个游戏导入过程、内容以及结构,达到两全其美的作用。

教师在设计活动时,要注意给予游戏明确易懂的规则。规则不明确的游戏会使学生困惑,游戏也会失去乐趣。规则应该简单清晰(clear and concise),具有可行性和实践性(practical),教师要讲清楚游戏规则并且可以亲身示范让学生理解要义,这样游戏活动才会开展顺利。学生感觉到活动有趣(interesting)才会更加容易接受(acceptable),有助于将游戏进行下去。

3. 准备游戏所需材料

在游戏活动中,学生需要做一些准备,教师也要准备游戏所需教学资料以及给获胜小组的奖励或奖品。给予小组奖励,可以增强小组合作意识,培养团队荣誉感,并且提升全体学生的积极性。

总之,在整个教学活动中,教师要以科学严谨的态度对待课堂,要用高效的方法抓住学生的注意力,将游戏作为一种教学工具,在游戏和学习中搭建一座桥梁,使教学效果更明显。

三、案例与分析

案例:6AM2U7 Rules around us VS 7AM2U7 Signs round us

(一) 根据单元教学目标拟定游戏导入活动目标

上海牛津英语六、七年级教材中都有关于规则(rules)和标志(signs)的文本内容,

六年级的主题是"Rules around us",本单元的教学目标是①:

① 了解情态动词 must/mustn't 的形式和用法,理解它们的意义。

② 理解 Don't 开头的祈使句所表达指令的含义、形式和用法。

③ 理解句中介词短语、代词短语的意思和用法,如:on the road, the one in the middle。

④ 通过阅读和听力的输入,准确把握规章制度和标志的具体含义。

⑤ 根据所给范例和句型,就身边的规则,口头表达和书写班级或学校的规章制度。

⑥ 遵守身边公共场所的规章制度,培养公民责任感。

在本单元的最后一课时,为了使学生口头表达周围各种简单标志的含义以及其出现的地方,在课堂中我导入了"我们都是设计师"的游戏。学生复习14种标志并能够通过情态动词和祈使句表达出来,加深对标志含义的理解,同时能够以写作的方式表达身边熟悉的场所的常见简单规则。本游戏的导入目标对应单元教学目标第1、2、3、5、6条。

基于上海牛津英语的文本内容和语言结构是呈螺旋上升的模式,在 7AM2U7 "Signs round us"一单元中,又出现了标志和规则的内容。

本单元的单元教学目标是②:

① 理解情态动词表达标志的意思。

② 理解用特殊疑问句询问标志的意思和标志的出现地点。

③ 通过阅读的输入,准确理解标志的意思,判断不同类型的标志。

④ 根据不同的标志,表述标志的种类和出现地点。

⑤ 根据所给句型,就身边的标志,书写标志的种类、意思和出现地点的报告。

⑥ 判断标志的类型,培养辨别、归类的能力。

在本单元第二课时,我首先带着学生回顾了在六年级完成的"我们都是设计师"的游戏,当时他们为学校新街区所选择或者设计的标志被我以 PPT(海报图片的汇总)的形式进行了展示。接着进入本节课的游戏环节,为了使学生分辨方向标志(direction signs)、信息标志(information signs)、警告标志(warning signs)以及指示标志(instruction

---

①② 赵尚华.初中英语课堂教学关键问题研究[M].上海:上海教育出版社,2020:67.

signs)这四种类型的标志,我在原有标志的基础上又新添了部分标志,在课堂中导入"小蝌蚪找妈妈"的游戏。

六年级学生仅需知道标志的含义,到了七年级,学生需要在此基础上判断标志的类别。分类辨别是能级要求里在理解基础上的更高要求,也就是学习水平上的C层要求——运用。在制定游戏导入目标时,也要将此类要求列入其中。七年级要求学生看懂标志并运用本课时讲授的方法来判断类别,这与六年级的游戏导入目标是不一样的,这其中有一个思维过程,需要有更强的逻辑判断能力。因此,本游戏的导入目标对应单元教学目标1、2、3、4、6,目的是使所有学生都可以了解这四种标志的意义并且能够分辨,在游戏中可以灵活运用,也可以运用于现实生活中。

(二) 基于游戏导入活动目标,设计游戏活动方案

1. 确定游戏内容

基于游戏导入目标,六年级时我设计的游戏内容如下:学校即将开一个新街区,在新街区中有马路、商店、公园、图书馆等地方。教师将全班学生分为8个小组(每四人一组),给每个小组一个信封(内含若干标志图片),让学生讨论标志贴在哪里最合适。学生除了可以选择教师提供的标志,还可以发挥创意自己设计标志(学生在游戏活动中的创意设计见图2-14)。同时,每个小组根据新街区平面图一起制定出在不同的地方必须遵守的规则。比如:在马路上要遵守交通规则,不能擅闯红灯;在图书馆必须要保持安静等。学生再将这些规则以海报的形式展示在教室内。最终学生投票选择最有创意,想法最合适的小组,并颁发"最佳设计师奖章"。

到了七年级,教学增加了对于标志种类辨别的要求,我设计的游戏内容则是:教师首先邀请四位学生做小组长,在他们身上分别贴上四种类型的标志名称(direction signs, information signs, warning signs, instruction signs)。接着,每位组长手中拿着若干标志图片,其余学生上台选择任意的组长,在他们手中抽取标志。组长按照PPT里的句型"What does this sign mean?""What kind of sign is it?""Where can we find it?"和组员进行模拟对话(PPT内容见图2-15)。在游戏中,对于组员来说,辨认出正确的组长(标志类型)就能暂时安全,而对于组长来说,自己不仅要能够分辨标志种类,还要判断组员的回答是否正确。这种双向的设计,有助于所有学生的学习。

图 2-14 学生设计的标志

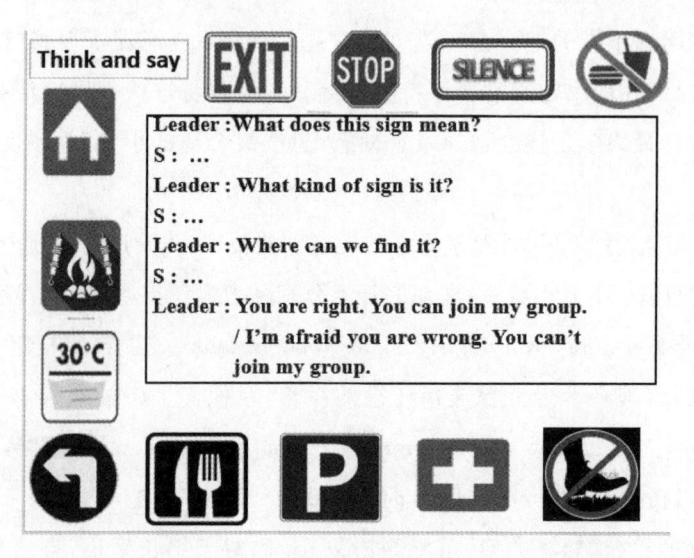

图 2-15 模拟对话 PPT

2. 设计游戏流程、制定游戏规则

六年级"我们都是设计师"游戏流程和规则如下所示。

游戏流程：

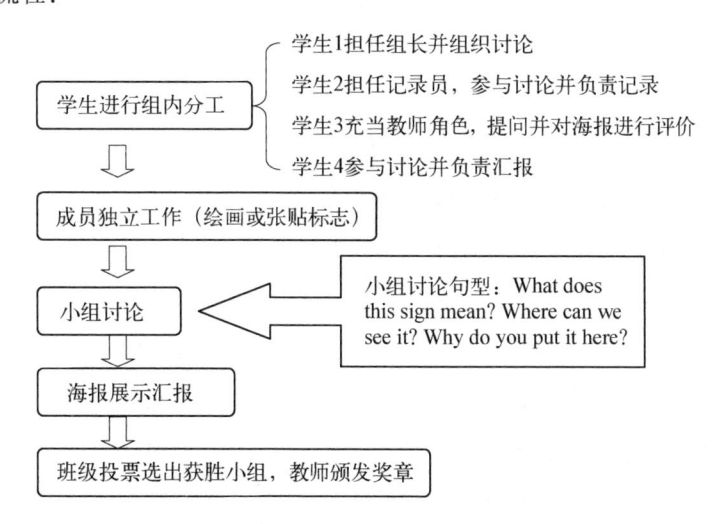

```
学生进行组内分工 ──┬── 学生1担任组长并组织讨论
                  ├── 学生2担任记录员，参与讨论并负责记录
                  ├── 学生3充当教师角色，提问并对海报进行评价
                  └── 学生4参与讨论并负责汇报
       ↓
成员独立工作（绘画或张贴标志）
       ↓
小组讨论 ← 小组讨论句型：What does this sign mean? Where can we see it? Why do you put it here?
       ↓
海报展示汇报
       ↓
班级投票选出获胜小组，教师颁发奖章
```

游戏规则：每个小组经过分工、绘画、张贴、讨论后，向全班展示海报，以情态动词 must、mustn't 和以 Don't 为开头的祈使句作为重点句型，描述海报中某个场景必须遵守的规则，八个小组依次发言。最后，每个小组推选两张"最佳海报"并陈述理由。票数最多的小组荣获"最佳设计师奖章"。

七年级"小蝌蚪找妈妈"游戏流程和规则如下所示。

游戏流程：

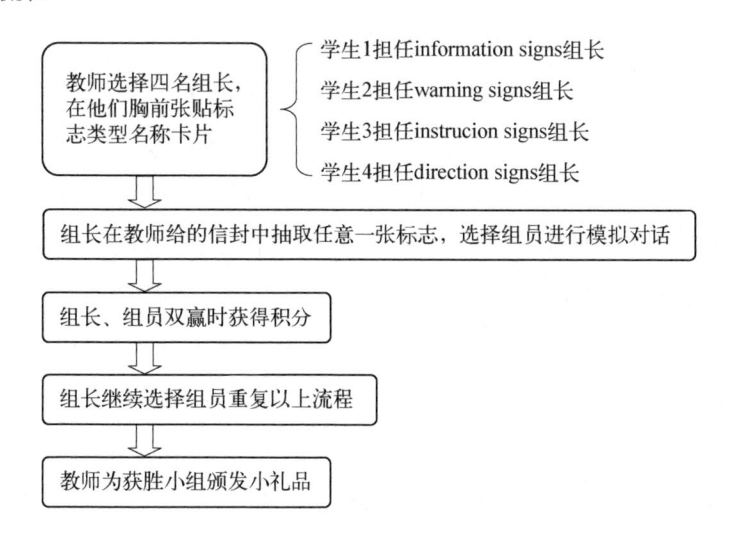

```
教师选择四名组长，在他们胸前张贴标志类型名称卡片 ──┬── 学生1担任information signs组长
                                                  ├── 学生2担任warning signs组长
                                                  ├── 学生3担任instrucion signs组长
                                                  └── 学生4担任direction signs组长
       ↓
组长在教师给的信封中抽取任意一张标志，选择组员进行模拟对话
       ↓
组长、组员双赢时获得积分
       ↓
组长继续选择组员重复以上流程
       ↓
教师为获胜小组颁发小礼品
```

游戏规则：回答者必须用英语回答出标志的意义和种类，最后说出在生活中哪里可见。如果回答正确，那么该生就可以加入该小组，不正确则无法加入。只有当组员回答正确（小蝌蚪认出了青蛙妈妈），组长判断正确（青蛙妈妈亦识出蝌蚪宝宝）的时候，整个小组才能获得1积分。最终积分累计最多的小组获胜并获得小礼品。

3. 准备游戏活动材料

六年级：装有标志图片的8个信封、海报和奖章。

七年级：装有标志图片的4个信封、积分牌和小礼品。

六年级"我们都是设计师"的这个游戏导入活动首先拟定了明确的导入目标，然后确定了活动的方案并将其细致化。活动充分发挥了学生的想象力，也提升了学生的思辨能力。学生通过讨论标志贴在哪里，既提高了口语表达能力，又促进了全面思考。学生在活动中不知不觉就可以认识这些标志。活动也为今后的教学奠定基础。

七年级"小蝌蚪找妈妈"这个活动首先在六年级同话题的基础上导入游戏目标，与课堂内容很好地融合。教师设计了具体的活动方案，学生在这一活动中要听和说，还要辨认图片，活动全员都要参与，可操作性强，考验了学生的反应能力和思维能力。此外，本单元的知识在现实生活中也可以运用，符合实际需求。

四、温馨提示

游戏导入能吸引学生的注意力、激发学生对学习的兴趣、提高学生的学习效率，达到寓教于乐的目的。教师在实施游戏导入微技术辅助教学的时候应注意以下几点：

1. 游戏内容科学合理，游戏规则简单明了

选择的游戏要规范合理，规则要简单明了，操作性强，便于学生掌握游戏要求。游戏要与教学主题契合，不同类型的游戏适用不同的教学内容。此外，游戏开始前，教师要向学生明确游戏规则，让学生明白游戏的目的，从而确保游戏活动得以顺利开展。同时，教师要能够适时地对学生进行提醒，纠正其不正确的行为，避免学生将心思放在游戏上，而不是真正的英语学习上。

2. 游戏覆盖面广，确保每位学生参与其中

课堂游戏开展环节，由于学生感兴趣的事物存在差异，也导致一些学生无法提起参与游戏的兴致。遇到此类问题教师应该坚持差异性原则，安排此类学生充当游戏裁判，引导其通过评价同伴表现等方式参与到课堂游戏中，在实际观察、聆听、思考和评

判同学表现过程中,发表自己的意见并有所收获。这类学生尽管并未亲身参与,但由于仔细聆听且积极记录游戏过程问题及答案,也能达到异曲同工的作用。

3. 游戏教学时间要规范

游戏教学只是教学的辅助手段之一,不能占用过多的课堂教学时间。游戏在规定的时间内就要结束,既让学生感到有乐趣又不会疲惫。

(撰稿者:张毓皎)

第三章

内容丰富：
课堂教学微技术的
课程处理

随着课程改革的不断深入，基于课堂生成性资源的发掘和利用，教师对于教学内容有了新的认识与理解。教学内容演绎为教学过程中同师生发生交互作用、服务于教学目的达成的、动态生成的素材及信息。也就是说，教学内容是指教与学相互作用过程中各因素的总和，其内涵更加丰富、饱满，它不仅仅局限于课程标准和教材，而且涵盖了教学方法、教学情境和课堂生成等。通过在课堂教学中运用微技术，从多维视角探索教学内容，使其变得更加丰富、多彩、博大、深邃。它可以是对教学内容的变式处理，也可以是教学情境的创意设计；它可以是教学方法的灵活多样，也可以是对课堂生成的敏锐捕捉。

内容丰富的课堂教学微技术有：问题链条、内容重组、"链式"设问、图式板书、递进式问题链等。

问题链条微技术的运用是为学生搭建"脚手架"，分层次地、逐步地解决问题，最终突破难点、解决难题，实现超越其最近发展区而达到下一个发展阶段的水平。

内容重组微技术旨在帮助学生构建实际生活和真实情感的关联，从而帮助学者寻找基于实际、有感而发、有话可写的写作内容。在学生的认知结构与教材的知识结构融合之后，提高学生的写话能力。

"链式"设问微技术是在正确解读文本的基础上，关注学生的学习经历，充分考虑学生的学习需求，引导学生进行深度的思维训练，聚焦问题的解决。

图式板书是将学科思维导图运用到板书设计中，它能使教材的内容、教师的分析以简明和形象的书面形式表达出来，实现了点明知识点、点亮思维的功能，从而切实有效地增强教学效果。

递进式问题链微技术是增强课堂提问效果的重要手段和方法，对教学具有重要的作用。递进式问题链微技术可以起到承上启下、调节进度的作用，可以激发学生深入学习、主动思考，把知识结构化和系统化，让学生的知识结构和思维品质得到有效提升。

以上教学微技术的运用,只是课堂教学改进中的点滴内容,还有更多的微技术等待我们去探索、实践、创新。正是因为教材的处理方式是多样的、教学情境的创设是真实的、教学方法的选择是多元的、课堂生成性资源的利用是灵活的,才使得教学内容更加"丰富",学生与教师的收获更加"丰厚"!

问题链条：引导学生突破难点解决难题

在传统的课堂教学过程中，当学生遇到难点或难题时，可能会出现以下情形：教师把问题的答案和自己的答题经验感受毫无保留地讲给学生，让聆听代替了学生自身的思考。老师们会认为每一个细节、步骤都很详细，学生应该"懂了"。其实不然，在上述情形中，学生只是被动地接受式学习，可能并不真正地理解和弄懂。那么，如何帮助学生解决这个难点或难题呢？在课堂教学改进中，笔者不断运用问题链条微技术进行实践探索，改进课堂教学，帮助学生突破难点、解决难题，让学生真正地理解、弄懂。

一、理念与意义

学生是学习的主体，教师是学生学习的组织者和引导者。维果茨基的"最近发展区"理论认为，学生发展有两种水平：一种是学生的现有水平，指独立活动时所能达到的解决问题的水平；另一种是学生可能的发展水平，也就是通过课堂教学所获得的潜力。这两个水平之间的差距，即"最近发展区"。[1]

问题链条微技术就是受"最近发展区"理论启发形成的。它是指课堂教学中，在学生自己不能学会的地方、学生遇到的难点或难题，将其分解为一系列相互联系、具有一定层次结构的、由浅入深、循序渐进的递进式问题，由此引导学生一步一步深入思考，形成问题解决的思路，实现突破难点或解决难题，从而跨越其最近发展区。问题链条

---

[1] 王海珊.教与学的有效互动——简析支架式教学[J].福建师范大学学报(哲学社会科学版),2005(1):141.

微技术的运用,其意义主要表现在以下三个方面:

(一) 以问激趣,问题链条有利于激发学生的学习兴趣

教师在确定了学生学习的难点或难题后,通过设置情境问题,将要解决的难点或难题放入一个贴近学生生活的情境中,让学生有体验真实情境的感觉,激发学生的学习兴趣,增强学生的学习动机。

(二) 以问激能,问题链条有利于提升问题解决能力

问题链条微技术是将难点或难题进行分解,形成递进式的多个问题,为学生学习搭建了"脚手架",问题链条一线贯穿后就形成了解决问题的思路,有利于学生训练和提升问题解决的思维和能力。

(三) 以问激思,问题链条有利于提升学生思维品质

问题链条由三部分构成:情境问题、知识问题和能力问题。这三类问题是教师创设的一系列相互联系、循序渐进的问题。在这些问题的引导下,学生的思维步步深入、层层递进、螺旋上升,思维的品质逐步提升。

总之,问题链条微技术的运用是让学生分层次地、逐步地解决问题,最终突破难点、解决难题,实现超越其最近发展区而达到下一个发展阶段的水平。

二、操作方法

在持续推进课堂教学改进的过程中,以学生为主体,从学生学习的认知规律出发,运用问题链条教学微技术,为学生学习设置层次递进的问题,其操作方法如下:

(一) 掌握学习基础

学生已有的学习基础主要是指学生的学科知识基础和认知基础。教师从学生的作业反馈、课前检测结果、上课表现等分析学生的已有学习基础,从而充分地掌握学生学情。

(二) 找准学习难点

教师要找准一节课中难点是什么,学生思维的受阻点可能在哪里。这就要求教师对教材内容充分把握和基于"课程标准"[1]和"学科教学基本要求"[2]的思考,从学生的认知结构来预设学生学习的难点或思维受阻点。教师可以通过前测和以往的教学经

---

[1] 上海市教育委员会.上海市初中科学课程标准(试行稿)[M].上海:上海教育出版社,2004:72-75.
[2] 上海市教育委员会教学研究室.上海市初中科学学科教学基本要求(试验本)[M].上海:上海科学技术出版社,2018:9-10.

验预设学生学习的难点,还可以在课堂教学过程中及时把握学生出现的问题。总之,教师要找准学生在学习过程中的难点或思维受阻点。

(三) 设置问题链条

在明确了学生已有的学习基础和难点后,教师要思考如何将难点问题进行分解,创设一系列相互联系、具有一定层次结构的、由浅入深、循序渐进的递进式问题,由这些问题构成问题链条(如图3-1),贯穿形成解决问题的思路,为学生学习搭建"脚手架",构筑学生的最近发展区。问题链条由情境问题、知识问题和能力问题构成。其中,情境问题为创设情境、激发学生学习兴趣,知识问题为知识基础、建立知识点间的逻辑关系,能力问题为培养学生问题解决思维和能力。

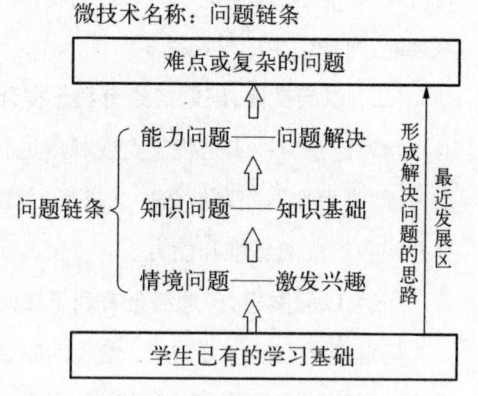

图3-1 "问题链条"的设置

(四) 实施课堂教学

在课堂教学中,教师以设计好的问题链条引导学生自己思考,配合以小组合作学习、串联式问答等学习方式,让学生在质疑和解惑中,层层深入思考,逐渐认识、理解和解决难点。同时教师要根据现场教学情况及时根据学生思维受阻点调整教学,帮助学生打通思维通道,最终形成解决问题的思路,实现超越其最近发展区而达到下一发展阶段的水平。

三、案例与分析

以上海市初中《科学》(牛津上海版)六年级第一册中的《比较同种生物间的异同》一课为例,运用问题链条教学微技术,引导学生突破难点,在渐进式的认识过程中,"读懂直方图""绘制直方图"和"解释直方图"。

(一) 掌握学生学习"直方图"的基础

学生在学习直方图之前,教师要先掌握学生的学情,学生之前已经学习过柱状图、饼状图和折线图等图表形式,尤其是对于柱状图,学生的认识会更多一些。同种生物之间的差异中有些差异是能够明确区分的,例如"单双眼皮""有无耳垂"等可以用非此即彼的特征来表示；有些差异是不能明确区分的，例如"身高""体重"等，对于这些差异我们可以通过直方图来表示。这些就形成了学生在学习直方图之前的知识基础和认知基础。

（二）找准学生学习"直方图"的难点

在以往的教学中，教师发现学生对于"直方图"的理解存在以下4个难点问题：

① 直方图中的横坐标、纵坐标问题

② 组距和组数问题

③ 临界数据的分组问题

④ 绘制出来的直方图有没有间隔的问题

针对以上难点问题的出现，教师审视课堂教学过程，发现学生对直方图的学习未能真正地"理解"。在仔细研读"课程标准"和"学科教学基本要求"后，教师从学生的认知结构出发，设计问题链条三个层次的目标，分别是：读懂直方图、绘制直方图和解释直方图。在目标导向教学中，教师将"目标"转化为"问题"，在问题解决的过程中达成教学目标。

（三）根据学习直方图的难点设置问题链条

基于"课程标准""学科教学基本要求"和学生现有的学习基础，从学生的认知结构出发，对比直方图的学习要求，构建学生学习的最近发展区，在这个最近发展区内搭建学生学习的问题链条。其中情境问题是"如何读懂直方图"、知识问题是"怎样绘制直方图"、能力问题是"如何解释直方图"，如图3-2所示。通过设置问题链条，引导学生一步一步深入思考，一点一点解决问题，最终贯穿一线形成解决问题的思路。

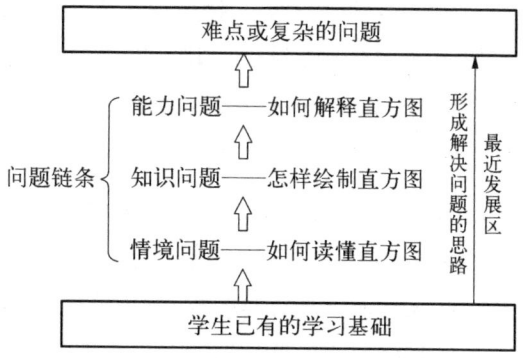

图3-2 直方图"问题链条"的设置

（四）"直方图"课堂教学实施

以上设置好的问题链条，在课堂教学中的实际操作将通过下面的教学片段来呈现。

1. 教学片段1：情境问题——如何读懂直方图

请学生观察教材第50页直方图，图为某班级不同身高的人数分布，并回答以下4个问题：

① 最矮一组的身高范围是多少？有多少人？

② 最高一组的身高范围是多少？有多少人？

③ 人数最多的是哪一组？有多少人？

④ 这个班级一共有多少人？

学生通过"先学"后，对这4个问题回答得很好。教师提出第二组问题，问题的难度有所提高。问题如下：

① 横、纵坐标的起点在哪里？

② 怎样来确定"组距"和"组数"？

③ 组距之间相同吗？

④ "临界数据"（如140 cm）的应该放在哪个组？

学生再次观察直方图，尝试回答。此时，学生的回答中出现了一些不同观点和看法。如：问题1中横坐标起始于0与起始于135 cm的争论；问题4中有的学生说放在"135—140 cm"组中，有的学生说放在"140—145 cm"组中。学生们各执己见、争论不休。

此时，教师与学生一起第三次"阅读直方图"，教师引导学生对这些问题进行逐一分析，梳通思维的受阻点，共同解决问题。

第二组问题的解决实际上也为接下来的第二环节"绘制直方图"奠定了学习基础。

2. 教学片段2：知识问题——怎样绘制直方图

随着学生学习热情逐渐高涨，教学过程悄然进入第二环节"绘制直方图"。

教师展示出某班同学身高的原始数据，请学生以小组为单位整理、分析数据，并通过小组内的对话，生生分享交流，列出了频数分布表，并请学生按此频数分布表，绘制简单的直方图。

在巡视过程中，教师发现即便是相同的原始数据和相同的频数分布表，学生绘制的直方图仍然存在一些差异。

以其中之一为例，如图3-3所示，有的学生绘制的直方图中直方柱之间是有间隔的，有的学生的直方图中直方柱之间是没有间隔的。

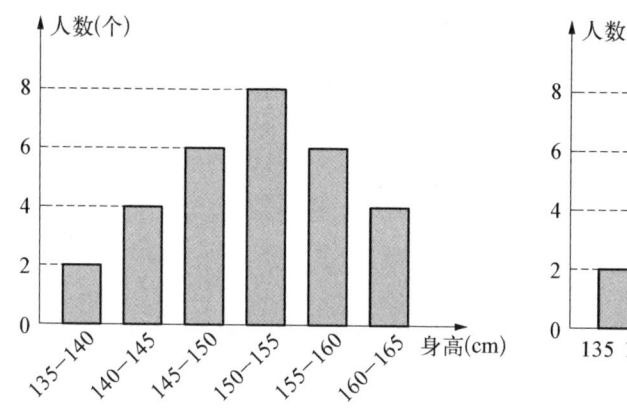

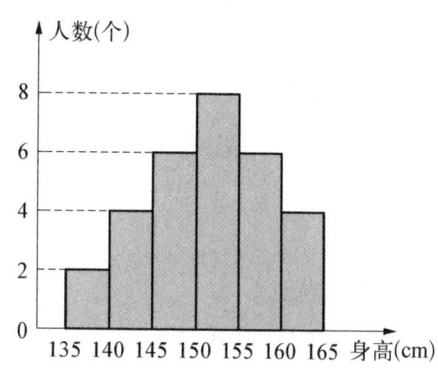

图3-3 某班级身高的直方图中直方柱之间有无间隔示例

3. 教学片段3：能力问题——如何解释直方图

在"解释直方图"环节中，教师分别请绘制以上两种直方图的学生代表向大家阐述自己作图的理由。一方，同学甲："直方柱分隔开来看起来美观。"同学乙："那样看起来一目了然。"同学丙："以往的学习经验如此。"……另一方，同学A："书本上直方图的直方柱就是不分离的。"同学B："直方柱分离的图中临界数据重复出现，不合理。"同学C："身高数据是连续的，不可间断。"……

这时，教师并不急于直接"抛出"答案，而是在前几位同学发言的基础上，继续请其他同学针对两种形式的直方图发表自己的见解，在不断的"质疑——回答，追问——解释"的过程中，大家逐渐达成了共识："身高"这种差异连续的差异，没有明确的区分，不可分隔，因此，直方柱之间也不能分隔开来。

在"解释直方图"这个教学环节中，学生与学生、学生与教师进行着对话，思维撞击迸发出智慧的火花，随着"质疑与解惑"的进行，产生了问题，暴露了"相异构想"，也通过"质疑与解惑"，实现了学生与学生、学生与教师之间的交流，最终共同解决问题，超越其最近发展区而达到下一发展阶段的水平。

综上所述，在认识直方图的过程中，大多数学生只能学会初步地从直方图中读出基本的信息，很难真正地认识到直方图中的隐含信息，如横坐标、纵坐标、组距和组数的问题，特别是临界数据的分组问题，而这些信息对于学生接下来要学习如何绘制简单的直方图，却有着十分重要的作用。通过设置问题链条形成解决问题的思路，学生对直方图产生渐进式的认识。从"读懂直方图"到"绘制直方图"，再到"解释直方图"，学生在教师的引导下,不断深入思考,思维不断被激活,思考的问题不断深入,思维的层次和深度也越来越明显。学生在学习的过程中,已经开始了自主思考,发散思维,并且产生了"相异构想",通过生生之间、师生之间"共同释疑",不断解决出现的问题,学生实现了超越其最近发展区而达到下一发展阶段的水平。

四、温馨提示

① 教师对于学生已有的学习基础的了解要准确,要综合学生的认知、课前检测、上课表现和作业反馈等方面,了解学生的学习基础。

② 教师要充分把握教材内容和学生的学情,明确哪些问题或者哪些环节对于学生来说难以掌握的。

③ 将难点问题进行分解,设置成问题链条,问题链条的逻辑性要统一、思维上呈现螺旋式上升。

④ 课堂教学实施是最为关键的一环,教师要适时把握学生的学情,引导学生质疑,暴露学生的"相异构想",在学生思维的受阻点适时通过问题链条引导学生思考,在"质疑与解惑"中解决问题。

(撰稿者:周永国)

内容重组：提升学生的英语写作能力

在日常英语教学中，教师要基于教材，重视教材；但又不能拘泥于教材，要以学生为主体，有效地开展教学活动。于是，教师需要根据班情和学情来调整教学线索，重置教学目标、教学重点和教学难点。大部分学生现有的写作水平是：写作内容空洞，文中口号泛滥，却没有真情实感的流露，高大上词汇叠加，过分追求辞藻的华丽，但又忽略了语言表达的流畅和逻辑。于是，基于以上两点，产生了对教材的二次开发，以单元主题以及学生的认知、学习规律为出发点，对初中高年级阅读教材进行内容重组。以学生写作能力提升为目的，对上海牛津英语教材进行章节顺序调整，通过内容删减、替代、补充等手段进行教学线索的重置，以此来提高学生的写作能力。

一、理念与意义

基于内容重组的英语写作课，是基于对牛津英语教材现有的教学内容，通过章节、话题以及各年级教材之间交错的教学内容进行教学目标、教学难点、教学重点重构的英语写作课，最终的目标是在学生的认知结构与教材的知识结构融合之后，提高学生的写话能力。瑞士的认知心理学家皮亚杰认为外来信息本无意义，其意义是在一定情境中由新旧知识之间的相互作用构建起来的。他强调以学习者为核心的学习方法以及他们作为认知的主体本身具有的主观能动性。学习者作为认知的主体对外来的信息是进行选择性的接收以及对意义进行主动性的建构，而并非被动地接受灌注。教师在此过程中是指导和帮助学生进行认知建构而并非只是简单传授知识。

因此，内容重组就是把原本教材体系中的章节知识线索转变为顺应学生认知规律的知识线索，对教材文本知识体系进行开发和重组，有效设计教学活动，将教学难点化难为简,使教学内容更贴近学情、班情,通过改变课堂教学设计的逻辑结构,最终落实"学生写话能力提高"的教学目标。同时,基于内容重组的写作教学课是通过教师的精心设计,提供给学者一个更开放,更贴近生活实际的教学真实情境,在充分挖掘课程资源的过程中,帮助学生构建实际生活和真实情感的关联,从而帮助学生建构起基于实际、有感而发、有话可写的写作内容。

(一) 基于内容重组的英语写作课改善了学生的写话内容质量

利用对现有教材的开发,通过知识体系调整,文本内容的删减、替代、添加等策略,组织针对学生写话能力提高的教学有效课堂环节设计和教学活动设计,并且布置针对写话的作业要求,现有教材的重组不仅使学生对于写话内容不陌生,而且也减少学生无话可写,写作没有内容,或内容空洞无实际情感的尴尬局面。

(二) 基于内容重组的英语写作课提升了学生的思维品质

基于内容重组的英语写作课对教师的备课提出了更高的要求,需要执教者基于学生认知能力和规律,巧妙设计有效的课堂教学环节,精心准备课堂提问。在高质量的提问下,学生的思维得到了充分的激发。英语写作其实就是语言表达,思维的活跃既促进了表达的深度,也提升了学生的思维品质。因此,基于内容重组的英语写作课能提升学生的高阶思维品质。

(三) 基于内容重组的英语写作课培养了学生的深度学习习惯

由于内容重组的英语写作课是基于教师已有的上海英语牛津教材,因此重组也就意味着对教师的教材理解提出了更高的要求。除此以外,此种教学模式也让学生的学习更加贴近教材,更加重视教材,对于教材的学习并不只是停留在表层。通过教师的教学重组之后,呈现给学生的是打破年级框架、知识架构的纵横交错的牛津教材知识体系和章节话题。基于此,学生对教材的熟悉度和亲近度也会更高,从而培养学生深度学习的良好学习习惯。

总之,与其大海捞针,在外面的教辅书中苦苦寻觅适合学生的写话练习题材,不如就地取材,在提升学生写话能力的同时,既控制学生的作业量,又提升学生的作业完成质量和教师作业布置的针对性,这是符合学业绿色指标体系下的对学生"减负增效"的要求。

二、操作方法

基于内容重组的英语写作课,是将以教材知识体系为教学线索变为以学生的认知结构为教学线索。教学不单只是对知识进行简单的传递,更注重发展以学生思维能力为核心的认知能力,并且启发和引导学生进行推理、证明和探索,培养学生学会学习的能力,分析问题和解决问题的能力。具体的操作流程如下：

(一) 打破固有的教学模块,以学生认知体系重组教学内容

在常规的上海初中高年级牛津教材的教学章节中,通常包含 pre-reading, reading, listening, grammar, speak out, writing, more practice 等几个部分。而基于内容重组的写作课可以将基于文本的逻辑思维线索调整为符合学生认知结构的教学线索,并以此来设计和实施教学活动,即将原本教材中的知识模块调整为以 pre-reading, reading, more practice 为核心的主题内容,并以此作为写作的基础教学内容。除此以外,还可以针对教材不同年级、不同话题进行迁移式重组,即通过已学过的知识,提炼新话题,进行知识前移式的话题引入,引发学生思考后展开系列教学活动。

(二) 以教学标准为基,重构教学重难点和教学目标

英语学科的核心素养包含了学生的语言能力、思维品质、文化品质和学习能力,而写话能力正是涵盖了语言的组织、运用能力,有益于高阶思维的培养。[①] 由于写作在英语学习中对学生来说是有一定挑战性的,因此,重组后的教学重难点和教学目标既要符合当下的班情和学情,也必须遵循一定的教学准则,有效地将教与学更好地联系起来。

(三) 借助重组内容,为学生搭建学习"脚手架"

由于重组过后的英语教学已打破了教材本身提供的教学模块,甚至已不能使用教材本身提供的课后练习,因此在内容重组后的英语写作课上,教师不仅要备教材,还要备学生,充分考虑到教学难点,为学生写作前期搭建好足够的学习"脚手架"。

首先,老师应该以问题启发式方法,带领学生对写作内容进行基于逻辑和内容重组的前期准备。其次,带领学生一起分析文本的 beginning-body-ending(conclusion)三部分的核心观点和中心句。同时,可以配合使用 answer sheet 的形式,结合小组合作的策略,提升学生核心句型的提炼能力、基于写作内容连贯性的连词使用能力、写作框架的运用能力和写作主题的理解能力。通过"脚手架"的搭建,降低了学生写作的难度,促进了学生写作内容的有效构建。

[①] 赵尚华.初中英语教学关键问题指导[M].上海：高等教育出版社,2015：126.

（四）通过有效评价来检测重组内容后的教学效果

写作课的导出环节一定是基于学生实践所展开的教学活动，即让学生进行课堂写作。学生在教师前期的有效课堂组织学习和 answer sheet 的帮助下，以 beginning-body-ending(conclusion)三部分开始写作。其间要求学生形容词、副词不能重复使用，文章开头结尾、展开部分的内容需要由适当的连词和过渡句引出，文章中必须包含两句从句，要求作文长短句结合等。最后根据写作内容要求进行评价。

以上，就是基于内容重组提升学生写作能力的微技术的具体操作说明，在教师智慧地处理教材，巧妙地调整教学线索，合理搭建教学"脚手架"的前提下，学生构建了恰当的写作内容，从而达到帮助提升学生写作能力的教学目的。

三、案例与分析

学生写话能力的培养不应该机械性地通过一篇篇的命题作文的操练来提高，而应注重从词句的正确书写，到段落的连贯表达，继而形成内容夯实、词句优美、紧扣主题的文章。上海市牛津英语教材以单元主题形式进行编排，每个单元都有一个话题，这些话题贴合学生的实际生活情况，题材广泛，能给学生发挥的空间。如果能以这些话题为切入点进行相关的写话训练，不但能激发起学生写话的欲望，更能使学生亲近教材，走进教材，真正学好教材。

笔者就以2015年上海英语中考写话试题"I want to invent _____"（"我想发明_____"）为例来说明如何打破教材固有模块来实现教学内容重组、重构教学目标、搭建教学"脚手架"、有效进行重组后的教学评价。

（一）打破固有的教学模块，以学生认知体系重组教学内容

首先，通过教材解读，发现牛津教材 9B Unit 1 "The green consumer"是一篇科普类说明文，以绿色消费者为题，本单元讲述了地球如今面临着温室效应，全球变暖，臭氧层遭破坏，森林遭人为砍伐等诸多威胁，更糟糕的是人们的一些不良习惯同样威胁着环境，因此提倡争做绿色消费者。9B Unit 2 "The life in the future"通过2040年花园城市的市民通过网页购买和预定很多产品的描述来展现未来的生活形态，其中有建于水下的度假酒店，环保又智能的房子和智能环保车 CJ3。这也是一篇说明文，围绕着三项未来的产物进行描写。

其次，通过审题发现2015年的上海英语中考写作题就是一篇说明文，对一件物体

进行描写。可以说,其题材和体裁等方面和牛津 9B Unit 1、Unit 2 的教学内容有交集(如图 3-4 所示)。因为,两篇文章都属于说明文,都是第三人称描写,以一般将来时、一般现在时为主。内容中的"What is it?"和"What does it look like?"正是第 2 单元的教学内容,"Why do you want to invent it?"正是第一单元的核心价值观。"In order to protect the environment on the earth. How does it work?"在第二单元中也有很详细的描述供学生仿写和学习。

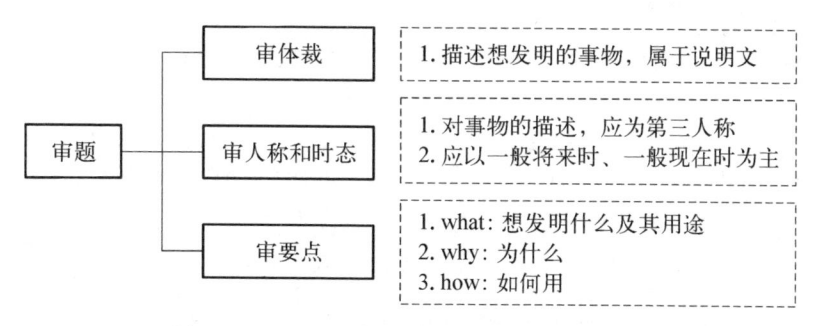

```
          ┌─ 审体裁 ──── 1. 描述想发明的事物,属于说明文
          │
  审题 ───┼─ 审人称和时态 ── 1. 对事物的描述,应为第三人称
          │                  2. 应以一般将来时、一般现在时为主
          │
          └─ 审要点 ──── 1. what: 想发明什么及其用途
                         2. why: 为什么
                         3. how: 如何用
```

图 3-4　2015 年英语中考写话试题的审题内容

因此,基于以上教材解读和试题审题,可以在后续的英语写作教学中,充分开发和利用 9B Unit 1 和 Unit 2 两单元,打破原有的教材固定教学模块,重组教学内容。Unit 1、Unit 2 中分别有围绕各自主题的 Reading、grammar、listening、speaking、writing、more practice 的教学内容。其中基于写作的 writing 部分是各自独立的。调整后,教学顺序为 Unit 1 reading 为第一课时、Unit 2 reading 为第二课时、Writing 第三课时则是以写作"I want to invent _____"作为新教学内容,并围绕写作教学目标开展教学设计和活动,以此调整了原有的教学线索,整合了两单元的文本信息,提炼新写作话题,替代原有教材中的写话教学内容。基于学生的认知习惯,为学生写话内容提供了足够的写作素材。

(二) 以教学标准为基,重构教学重难点和教学目标

由于原有教材提供的教学内容助力于提升学生阅读能力,在重组之后,基于内容重组的写作课追求的是提升学生写话能力。因此,阅读教材已不再简单地为阅读服务,而是作为帮助构建学生话题写作内容的学习基础。因此,教学目标和难点、重点也发生了变化。

表 3-1 基于内容重组后的写作课在教学目标设定上的差异性

	调 整 前	调 整 后
教学目标 （知识与技能）	1. 学习新词汇以及句型 2. 学习定语从句知识点 3. 提升查找信息、概括、总结、推断等阅读能力	1. 学习并模仿写定语从句 2. 了解说明文的写作基本方法 3. 掌握介绍一件物品的写作方法
教学目标 （过程与方法）	1. 问题引导 2. 任务驱动	1. 阶梯式问题串 2. 以"议"为核心的小组讨论
教学目标 （情感与价值）	1. 培育良好的环保和创新意识 2. 提升阅读技巧	提升学生说明文的写作能力
教学重点	阅读技巧和定语从句	基于教材内容,让学生仿写定语从句,并且掌握介绍一件物体的说明文写作方法
教学检测	背诵、配套练习	教学评价表 作文：I want to invent _____
师生关系	（图示1、2）	（图示1、2、3、4）

（三）借助重组内容,为学生搭建学习"脚手架"

在重新设计教学目标之后,教学"脚手架"的搭建主要服务于学生写作能力的提升。因此,在第一和第二课时中,笔者将 Unit 1 "The green consumer"中的一些相关内容以表格的形式罗列,更直观地呈现给学生,易于学生理解,然后通过所学的知识将信息串联,组成新的句子。

表 3-2 文本信息的提炼重组

Bad habit	Serious effect
driving cars more often than we realize	cause too much CO_2 CO_2 is produced by burning fuels such as petrol.

（续表）

Bad habit	Serious effect
depending more electrical appliances like fridges	lead to more use of CFCs CFCs will make holes in ozone layer.
using plastic items	make white pollution White pollution will not disappear from the earth easily. We will lose land.

- The bad habit of driving cars more often than we realize causes too much CO_2 which is produced by burning fuels such as petrol.
- The bad habit of depending on more electrical appliances like fridges leads to more use of CFCs which will make holes in the ozone layer.
- The bad habit of using plastic items makes the white pollution which won't disappear from the earth easily. As a result, human beings will lose land to live on.

再将 Unit 2 "The life in the future" 中描写过的三种未来物品以图片的形式呈现，通过第一单元呈现出的诸多问题，抛出 "What kind of invention will probably solve the problems?"，让学生根据表 3-2 生成的语句表达与第二单元中所提供的图片进行配对，从而通过学生的认知，自然地过渡到第二单元。

图 a　CJ3 car　　　　图 b　underwater hotel　　　　图 c　green house

教学线索调整之后，更易于学生将表 3-2 中的一些信息与图 a、图 b、图 c 联系起来，让学生更能理解这些发明的作用和意义。例如：如今的车辆尾气排放会产生二氧化碳，从而污染了空气，因此可以发明环保的 CJ3 车辆；许多电器设备如电冰箱使用氟利昂会对臭氧层造成危害，因此我们可以在将来发明一些由电脑控制的电器设备；也可以发明一些环保概念的房子，房子内的一些家用电器都是利用太阳能和热能来驱动的。又如人们现在知道了很多白色污染，由于白色垃圾很难从地球消失，很有可能我们将来没有足够的土地供人们生存,我们可以发明水下的度假酒店。这样很自然地从 Unit 1 过渡到了 Unit 2,此种调整正是顺应学生的学习和认知规律。

接着,以表格的形式呈现三种描写物的核心内容。同时,学生在理解的过程中学习并仿写一些定语从句。

表 3-3　文本核心词汇的重组

A completely underwater hotel	
Fun places in the hotel	50 underwater rooms 1 computer games hall 1 shopping mall with designer clothes 1 dinosaur animation centre
A popular activity in the hotel	watching fish swim outside the room window

表 3-4　文本核心词汇的重组

A green and smart house	
green	It has a layer of glass around it. It saves heat which is used as energy to run machines.
smart	The medicine cabinet has a computer which is linked to the doctor's computer. The fridge also has a computer which is linked to the doctor's computer.

表 3-5　文本核心词汇的重组

green and smart cars	
cause less air pollution	Because they are driven by mixing H_2 with O_2 to make electricity instead of petrol which will lead to greenhouse effect.
have satellite navigation	With them, people will never lose their way and see the traffic ahead of them clearly.
have Internet link	It helps people get the information about weather and even book a restaurant.

然后,呈现写作模版,让学生更加清晰此类说明文的写作内容并让一些后进生得到更多的帮助,使其清晰地了解写作任务和写作内容。

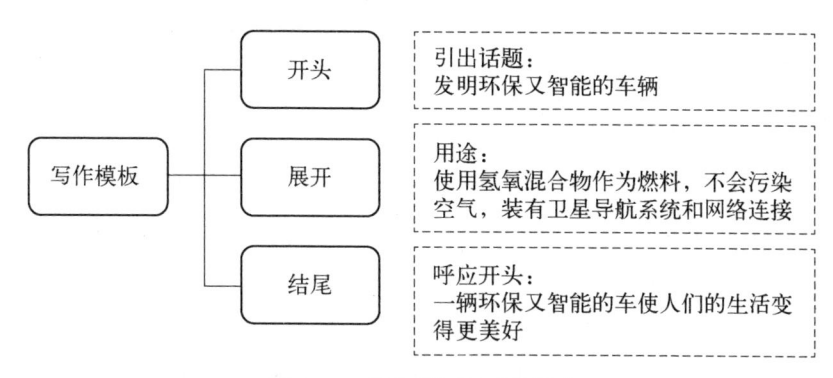

```
写作模板 ─┬─ 开头 ┄┄ 引出话题：
         │        发明环保又智能的车辆
         │
         ├─ 展开 ┄┄ 用途：
         │        使用氢氧混合物作为燃料，不会污染
         │        空气，装有卫星导航系统和网络连接
         │
         └─ 结尾 ┄┄ 呼应开头：
                  一辆环保又智能的车使人们的生活变
                  得更美好
```

图 3-5 写作"脚手架"的搭建

最后，呈现写话题目，并以问题串联以上教学内容，帮助学生明确写作内容。同时，给出评价标准，让学生明白写作方向：

Q1：What do you want to invent?

Q2：What characteristics does your invention have?

Q3：Why do you want to invent it?

（四）通过有效评价来检测重组内容后的教学效果

写作之后，及时开展学生的评价工作，更好地引导学生认识写作的评价标准。其中，评价方式有：自评——再次研读自己的文章，进行修改，针对写作要求5环节进行自评；结对评价——两两交换进行评价，在评价后进行修改；整班性评价——教师在课堂上展示三类作文，并且在时间允许的情况下，帮助学生修改作文。具体如表3-6所示。

表 3-6 初三学生写作评价表

指标	采 分 点	采分点满分情况描述	满分分值	给分情况
内容 C	切题(C1)	无偏题句，无废话	4	0—4
	完整、充实(C2)	60—120词；有开头、结尾，段落完整，内容充实	4	0—4
语言 L	语言正确，无中文式表达(L1)	语法、句式、用词正确，错误不超过2处；无中文式表达	4	0、0.5、1…4
	语法现象丰富、使用恰当(L2)	动词形态正确、多样；句式富有变化	4	0、0.5、1…4
连贯 S	表达通顺、流畅；句际逻辑关系清晰(S)	思维连贯；无逻辑错误，连接词使用恰当、正确	4	0—4

综上所述，写话能力正是体现学生高阶思维沉淀的有力证明，写话成品也是体现学生英语综合语用能力运用的评价之一。英语中小学生课程标准中明确指出，英语学科的核心素养包含了学生的语言能力、思维品质、文化品质和学习能力，而写话能力正是涵盖了语言的组织、运用能力，有益于高阶思维的形成[1]。因此，对学生写话能力提升的教学研究是非常值得的。设计顺应学生需求的教学活动，更贴近学生的实际学习要求，教学难点和重点更符合学情，这样就解决了教与学的矛盾。教与学的统一不但减轻了学生的学业负担，更是通过适切的教学目标的设定，使学生最终收获成功、体验成就感、获得学习的信心，从而激发了学生的学习兴趣，将学生的被动学习转化成主动学习。

四、温馨提示

① 内容重组时需遵循学生的认知规律，由易到难，循序渐进。
② 内容重组时要将教材文本化繁为简，为学生搭建知识"脚手架"。
③ 内容重组时所补充的教学内容，要贴合学生生活和学习的实际。

（撰稿者：孙丽凤）

---

[1] 赵尚华.初中英语教学关键问题指导[M].上海：高等教育出版社，2015：126.

"链式"设问：聚焦问题解决

近年来，新中考改革、新教材使用，给语文老师带来了前所未有的挑战。而无论是"新中考"还是"新教材"都要求学生具有自主思考来解决问题的能力。而在实际教学中，学生的思维往往是"点式"的，即仅仅针对一个问题思考，不能认识到问题与问题之间的关联，更无法形成自我解读文本、解决问题的能力。因此我们必须进行更有效的教学改革才能应对变革，促使学生的思维变"点式"为"链式"。

我校成长课堂的构建不断深化，它的要素有三个：激发认知冲突、引导问题解决、形成知识表征。一直以来，紧扣"引导问题解决"来改进课堂的教学是语文学科的主要研究课题。而在研究与实践中，"链式"设问（问题链）在教学中的有效作用日渐彰显，有效保证学生思考的统一性与连续性。

一、理念与意义

"问题链"是以"核心问题"为统领，由一个个下位问题组成的，具有明确指向性，相互之间具有一定逻辑性与梯度性，问题环环相扣、链式相接的问题合集。

上海市语文学科教研员、特级教师曹刚老师在我校的一次现场教学指导——《富贵不能淫》教学——中向全体教师示范了问题链的教学实践。曹刚老师的课堂充满激情，激发学生的认知冲突，引导学生碰撞出智慧的火花，更善于鼓励学生。但最让人佩服的是曹老师对文本的逻辑分析能力，他庖丁解牛式的解读把文章一层一层地剖开，最终显露出的是文本最核心的价值。"核心问题"与"问题链"的设计引导学生聚焦问题的解决，紧凑、高效，能让学生主动融入、主动思考。

(一) 有效提问,激发学生不断探索

"关注学生学习的经历"是近几年来上海市初中语文教学研究的主题。"就局部的一堂课而言,教师的有效引导主要体现在提问的质量,比如问题的思考方向、思维容量、问题与问题之间是否能构成一条逻辑链等。问题之间的逻辑链恰是学习一篇课文的思维路径的外显,是进行学习策略指导的依托。学生攀援这条逻辑链的过程,就是一个思考不断走向纵深的过程,就是一个体验思维路径的过程,就是一个有效的语言学习过程。"[1]这条"问题之间的逻辑链"也就是前文所述的"链式"设问。这串问题链不能仅仅是一种形式,而是必须挖掘出教材的文本价值,建立在深入解读文本的基础上。

问题链的形式,能始终确保学生处在教学的主体地位,具有逻辑性和梯度性的问题与学生既有的知识结构相吻合,促使学生不断探索,最终达成思维的大跨越。

(二) 以一带类,构建解读文本的思考路径

教师借助一条问题链组织教学,构建起解读文本的思考路径,指导学生在分析问题、解决问题的过程中学习必要的思考方法,如提炼、重组、推断、转换、评价、赏析、反思等。[2] 同时,还有利于学生建立问题意识,尝试类化一类文本的阅读路径,真正成为一个"会读书"的人。

问题链不仅适用于课堂教学,在整个单元中的每个部分,即单篇与单篇之间,阅读和写作之间,甚至作业设计都可以用统一的问题链来贯穿。阅读课"教学法",写作课"用学法",综合运用课"迁移学法",作业设计"巩固学法",整个单元融会贯通,做到真正的"贯通学法"。

(三) 学会质疑,引导深度思维训练

课堂教学不仅要传授学生知识,更要培养学生的思维能力。中学生读文本,有一个从理解到反思的过程。理解文本内容是最浅层次的。从语文教学的角度来思考,主要目的不是读懂文本内容,而是要理解表现内容的语言形式,进而理解语言形式所蕴含的思想情感,以及背后的文化内涵。[3] 从这个意义上来说,问题链正是将文本阅读引向深入的有效途径。

---

[1] 曹刚.阅读教学中的学习策略指导[J].现代教学,2019(Z1):18.
[2] 曹刚,范飚.培养学生的问题意识,凸显文本的核心价值——中学语文学科 2016 年度上海市中小学中青年教师教学评选活动总结[J].上海课程教学研究,2016(12):61-62.
[3] 步根海.中学语文:关注学习经历,凸显文本核心价值[J].上海课程教学研究,2016(06):7.

教师在自身设计问题的同时,也能激发学生的质疑意识,促使其能区分有效提问和无效提问;将零散的问题整体化;将大而宽泛的问题细化分解;质疑角度由疏通性向延伸深化性,甚至鉴赏评价性转变。

总之,问题链的教学设计是在正确解读文本的基础上,充分考虑学生的学习需求,引导学生进行深度的思维训练,聚焦问题的解决,关注学生的学习经历。

二、操作方法

在教学中,要做到教学内容与教学形式统一,实现师生互动、良性交流,不仅要考虑教学设计的创造性,还要兼顾学生的学情,做到真正的适切。

(一)明确文本要解决的核心问题,统领问题链

核心问题也可以称作是核心任务,是一节课中"牵一发而动全身"的中心问题或中心任务,这个问题、任务是课堂教学的一条主线,课堂中"派生"出其他问题、任务都与之存在相关的逻辑关系。教师的教、学生的学都应该围绕着它展开,它贯穿了整个课堂教学。

有专家这样界定:"'核心问题',指能够激发和推进学生主动活动、能整合现行教材中应该学习的重点内容、能与学生生活实际和思维水平密切相关联的、能贯穿整节课的问题或者任务。"[①]

核心问题指向文本的核心内容和核心价值。基于此,我们教师在设计问题链之前,首先,必须认真学习并牢牢把握学科课程标准对学生所处的学段提出的阶段目标,认真领会课程标准所要达到的目标要求。其次,核心问题要指向不同文体的文本的特性,寻找文本的核心价值。最后,正确解读文本,深入挖掘文本价值,把握文本的核心内容是明确文本核心问题的关键。

(二)关注文本在单元中的独特价值,设计问题链

曹刚老师在一次关于"单元教学设计"的讲座中指出了目前老师对当前教学内容的误解——"较少开展以单元、主题、模块为单位的结构化研究和实践,常常将单课教学的简单叠加等同于单元教学;较少思考单元各篇课文之间的联系,教材处理、教学实施'碎片化'。"

将文本放在特定的单元环境中来解读,才能有效关联各篇章的关系。可以按自然

---

① 周光岑.核心问题教学研究[M].成都:电子科技大学出版社,2009:前言 1.

单元来分,如沪教版七下"风情世俗"单元的四篇文章《老北京的小胡同》《上海的弄堂》《水乡茶居》《安塞腰鼓》虽然风格迥异,但是都有散文的基本特征,"问题链"可以遵循阅读散文的一般规律来设计。也可以教材重组,根据教材中同一作者相同风格的作品进行归类,如沪教版初中语文教材中《孟子》选文(包括《天时不如地利》(六下)、《王顾左右而言他》(七下)、《孔孟论学》(八上)、《生于忧患死于安乐》(八上))。这四篇文章在体裁上都是孟子的论辩文。虽然论辩的内容和目的不同,但是在论辩风格上确是异曲同工,相同类型的文章,"问题链"的设计可以相近。

(三)正确预测学情,增加问题链的适切性

课堂学习的主人是学生,"提问"作为教学活动系统规划的过程之一,自然也应围绕学生。核心问题、问题链一头连接着文本的核心内容、核心价值,另一头则连接着学生,在设计上必须基于学生所处年龄段的发展水平和兴趣,所以正确地预测学生的知识水平和最近发展区是设计核心问题的基础。

问题链的设计也应与学生的认知水平相适切。问题难度适中,且需要与特定的教学环境相吻合,问题链转换成具体教学环节,各环节由若干具体问题组成,通过不同形式来增添课堂趣味,激发学生的学习兴趣。

三、案例与分析

下面以部编版语文教材八年级上学期的课文《白杨礼赞》的教学实践为例。

(一)正确解读文本,明确核心问题

《白杨礼赞》是一篇因物抒情的经典散文。"非取材于一地或一时",是茅盾西北漫游时感慨而得,也是他在途中见闻的形象总结。全文从赞美白杨树的"不平凡"起笔,到"我要高声赞美白杨树"结束,文中多处直抒胸臆的赞美,看似赞美白杨树,实则要借白杨树的形象来象征北方军民和整个中华民族紧密团结、力求上进、坚强不屈的革命精神和斗争意志。作者情感激昂,直抒胸臆,赞扬、说人、议政,将情、景、理有机结合。"因物抒情",对于"物"和"情"的解读,以及如何将两者联系起来(象征手法)必定是本课的重点,核心问题的设计就是要指向这个文本重点——作者借白杨树,要抒发什么情感?

(二)聚焦单元整体,设计问题链

结合本文所在单元的目标进行思考,制定本文的教学目标。《白杨礼赞》是部编教材八上第四单元的第二篇课文,本单元的四篇课文都是散文,《背影》是叙事散文;《散文二篇》是哲理散文;《昆明的雨》和《白杨礼赞》是抒情散文,但二者抒情的方法不同,《昆明的雨》是借景抒情,《白杨礼赞》是因物抒情,而且是着重使用象征手法的因物抒情。四篇文章虽是不同类型的散文,但是重点都在于对情感的抒发,仅表现手法略有差异,在阅读路径上必然有共同之处。我在设计本堂课时的整体思路就是通过读一篇课文带着学生读一种类型的散文。

在反复研读文本之后,我将本课的教学目标定为:

① 借助朗读,结合对重点词句的品味,体会作者对北方军民、民族精神的赞美和对中国共产党的热爱,以及对国民党反动派的斥责。

② 学习象征的写作手法,了解因物抒情类散文的文体特点。

核心问题:作者借白杨树,要抒发什么情感?

指向核心问题的"问题链"设计如下:

问题1:本文在什么**背景**下创作? 　　　　　　　写作背景
问题2:本文的**核心物象**是什么?有什么特点? 　核心物象
问题3:物象与人物之间有何**联系**? 　　　　　　由物及人
问题4:作者在文中要抒发什么**情感**? 　　　　　主旨、情感

基于象征式因物抒情散文的阅读方法(物的特征——由物及人——抒发情感),问题链的设计也水到渠成,即"核心物象特征——物与人(精神)的联系——主旨情感"。因为本文写于特定的时代背景之下,因此,我在三个环节之前还加入了对于写作背景的介绍,更好地引导学生读懂文字背后的深意。

(三)问题链合理转化,切合学生学情

由于文章写作背景与现在的学生生活联系不紧密,学生很难与作者产生共情,因此,整堂课我着重加强了朗读的训练,采用个人读、小组读、师生共读、叠读等多种形式。朗读不仅作为过渡,串联起前后环节的逻辑关系,结尾的引读更是引导学生逐步深入到作者澎湃的情感中去,真正走入了作者的内心,起到了很好的教学效果。

有了问题链,还要注意提问的方式,将枯燥的问题转化成符合学生认知的生动环节,各环节中精心设计若干具体问题,以丰富多样的形式来增加学生的参与,激发学生的认知冲突。

问题1:本文在什么背景下创作?

转化环节一:分析故事讲述的形式,了解写作背景,为深入研读铺垫情感。

问题2：本文的核心物象是什么？有什么特点？

转化环节二：把握核心物象特征，重点体会白杨树的"不平凡"。

具体问题1：读标题，从标题看，本文写了什么？

具体问题2：白杨是西北极普通的树，随处可见，可在作者眼里它却是"不平凡"的。散读课文，结合具体描写白杨树的语句，读一读，说一说它的"不平凡"。

具体问题3：文章第二段写了什么，与"不平凡"的白杨树有什么关系？

练习：用"虽然……但是……然而……(我)……"三个关联词梳理第二、三段的内容。

问题3：物象与人物之间有何联系？

转化环节三：由物及人，学习象征手法，引导学生建立"白杨树"和"北方军民""民族精神"之间的联系。

具体问题1：再读标题，为什么不用"白杨赞"而要用"白杨礼赞"？包含了作者什么样的情感？

具体问题2：作者是如何将"白杨树"与"北方农民""哨兵"和"民族精神"联系起来的呢？

问题4：作者在文中要抒发什么情感？

转化环节四：明确意图，体会作者由浅入深的丰富情感。

具体问题1：第七、八段已经充分表达赞美之情了，为何要写第九段？

课堂总结：对因物抒情散文的阅读路径做总结，形成知识表征。

回顾阅读象征式因物抒情散文的方法：背景→核心物象→由物及人→主旨和情感。

可以说，这堂课中的"问题链"设计较之前的尝试探索更为成熟，设计思路始终贯穿曹老师"聚焦单元目标，贯通学法指导"的教学思想，"以一带类"，教一篇学一类。

四、温馨提示

① 课堂教学中，在总结环节建议还原本堂课的问题链，加深学生的印象，有利于学生建构文本解读的基本方法。

② 问题链转化成教学环节中的具体问题时，要注意设问的针对性，问题表述简洁准确，并且问题不宜过多。

（撰稿者：黄慧）

图式板书：思维训练的"脚手架"

当前，在信息技术发展的浪潮中，黑板板书渐有被打入"冷宫"之势，很多课堂用幻灯片代替了黑板板书；即便有板书，往往也缺乏精心设计，大多数的板书也只是以条目式、表格式等形式呈现。历史学科知识点多，内在逻辑联系强，传统的条目式、表格式板书对于学生思维能力培养作用是有限的。我们在教学实践中发现，图式板书可以有效发挥其组织性、可视性、发散性的特点，将抽象内容形象化，更易于架构跨单元的知识结构体系。图式板书可以提高学习能力，提升思维品质，有效培育学生的学科核心素养。

一、理念与意义

博赞思维导图自二十世纪九十年代传入中国，在教学领域也有不少应用实践及研究，思维导图在中国越来越热。但博赞思维导图所倡导的"自由发散式"思考[1]并不适合具体的历史学科教学，历史学科有自己严格的知识结构及规律，教学需要尊重学科本身的特点。由此，华东师范大学现代教育技术研究所刘濯源主任带领的"思维可视化教学体系"研究团队对思维导图如何在教学领域有效应用，开展了深入的系统研究，并提出了"学科思维导图"的概念[2]。学科思维导图是以思维导图技术为表现形式，融入逻辑思维理念的内涵，结合思维规律、学科规律，以实现提升教学效能，提高学生学习能力的有效工具。图式板书是将学科思维导图运用到板书设计中，通过简要的连接符把重点内容联结在逻辑框架内，最终以图式形式呈现的板书。初中历史学科课程标准要求，历

---

[1] （英）博赞.大脑使用说明书[M].张鼎昆,徐克茹,译.北京：外语教学与研究出版社,2005：3.
[2] 刘濯源.基于思维可视化的优质课程资源开发策略[J].基础教育参考,2016(23)：3-6.

史教师应教会学生描述重大的历史事件和现象,并能用联系的观点考察历史事件发生的综合条件,关注事物之间由此及彼的普遍联系。图式板书能使教材的内容、教师的分析以简明和形象的书面形式表达出来,给学生留下一目了然的视觉印象,其意义有:

(一)"明"知识线索,"亮"逻辑结构

板书设计是课堂上最直观地体现教师教学逻辑和思路的一个教学媒体和工具。板书的主要作用是要在一节课内长时间地向学生传递教学信息。板书的优点是灵活性强,教师可以根据课堂实际情况灵活发挥。另外教师语言讲解与板书文字的紧密结合也让学生可以直观地理解教学内容。因此板书设计的好坏直接影响到学生的学习效果。优秀的板书设计应该具备美观简洁、布局合理、思路清晰等特点。

(二)"明"知识网络,"亮"综合思维

历史教师一直感到教学内容多、任务紧、课时量不足。在这种时候,运用图式板书就能对相关内容进行整合,建立时空坐标,构建知识逻辑框架,形成一个较为完整的历史知识构架体系;以主题单元或者专题的形式组织教学内容,层层构建出一个单元、一个模块的知识网络,可以更好地培养学生的综合思维、逻辑思维能力。

总之,图式板书是反映课文内容的镜子,是展示作品的屏幕,是教师在课堂教学中引人入胜的导游图,是开启学生思路进入知识宝库大门的钥匙,是每堂课的眼睛……历史教师需要正确认识板书的价值和作用,利用图式板书的优势设计适合学生发展特点、能着力提高学生思维能力和创新能力的板书;体现教学意图,概括教学内容,弥补语言表达的不足;实现点明知识点、点亮思维的功能,从而切实有效地提高教学效果。

二、操作方法

(一)将抽象内容形象化

教师将课文(单元)教学内容理清组织架构,找出那些学生难以理解的点,以图式的形式配合教学进度逐步呈现,这样可以有效地帮助学生理解一些晦涩难懂的概念,如根本原因与直接原因的差别。难以用十二、三岁孩子能理解的语言体系说明的内容,用可视化的方式展现,促进学生对抽象内容的理解。

(二)梳理史实间逻辑关系

教师罗列出基本史实,梳理史实间的逻辑关系,重新整合教学内容,用图式构架,一点点呈现事件间的逻辑关系。这其中可以用主脉和支脉来区分历史事件分类的不

同层级的维度。

（三）将零散知识结构化

复习课时，教师将具体细节上的知识点，以电子版表格提供给学生，并构建好主脉。指导学生将主脉的关键词再做延伸，构建次脉路径。这样的处理，大大提高了学生复习课的参与度，帮助学生建立了历史事件整理的基本方法，明晰了事件间的相互逻辑关系。

（四）教师示范，学生模仿

平常教师以不同类型的图式板书为示范，经常性激发学生思考：老师的板书为什么这样画，主脉与支脉是如何思考设计的？逐渐放手让学生自主设计图式板书，从而培养他们的学习自主性。

总之，在初中历史学科教学中运用图式板书设计，优化板书，在让课堂教学实现知识与技能目标的同时，提高过程方法及情感态度价值观目标的达成度。

三、案例与分析

经过一段时期图式板书的实践，笔者发现学生逐渐由"我学会"转向"我会学"，从"我听见"转到"我看见"直至"我思考"，他们不仅学会构建历史学科的知识图式，还将此能力迁移到其他学科的学习当中。

（一）将抽象内容形象化功能的图式板书设计

以华师大版初中历史七年级上册《两次鸦片战争》为例，本课内容包括"虎门销烟""《南京条约》""火烧圆明园"。对此节内容，传统的板书设计如图3-6所示。

```
鸦片战争
1. 原因
   （1）根本原因
   （2）直接原因
2. 概况
3. 结果与影响
```

图3-6 传统板书设计

七年级学生的历史认知能力还在逐步形成与提升中，厘清鸦片战争爆发的根源与直接原因对于他们而言是比较困难的，尤其在尚未学习世界史的情况下，学生很难理解这一部分内容。虽然教师就此做了重点分析讲解，条目式板书也呈现了根本原因和直接原因两个要素，但通过练习发现学生掌握情况较差：有60%学生混淆两者，表面上能辨别两者的学生也有近一半是靠死记硬背的。图3-6所示的传统板书无法解决这个问题，但是，如图3-7所示的图式板书，不仅将"虎门销烟""《南京条约》"两目内容有机整合到"鸦片战争"这一个板块当中，更重要的是将抽象的内容形象化显现，有效地帮助学生理解了根本原因与直接原因的差别，本课的难点得到有效突破。

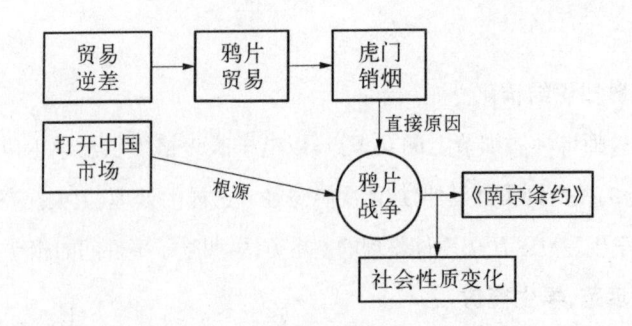

图3-7　形象化图式板书

(二) 梳理逻辑类图式板书设计

以华师大版初中历史七年级上册《汉朝的兴盛》为例，传统板书设计如图3-8所示：传统条目式板书是按课本的内容逻辑顺序或者内容发展序列构设板书内容的板书。这种板书，能比较清晰地显示整节课教学内容的轮廓，使学生对教学内容有完整的印象，并领会其脉络，但缺陷也十分明显。缺陷在于：方式呆板且体系不清，由大量的文字组成直线式的序列方式平铺直叙，单调枯燥，关键信息和重难点无法凸显，思维局限，难以生成直线式的逻辑体系，内容和顺序已经形成定式，教师与学生的思维都被局限在框架里，难以激发创新性思维和发散性思维，无法在此基础上再生或者补充更新。

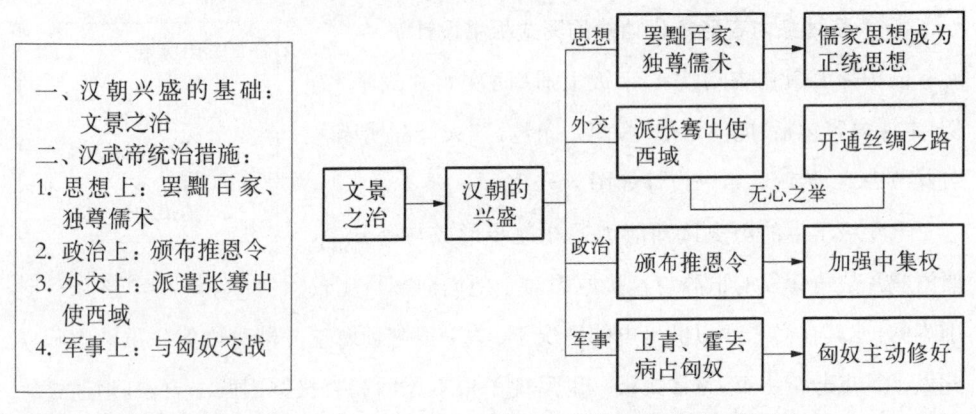

图3-8　传统板书设计　　图3-9　条理清晰类板书设计

历史课应有灵魂人物，一节课能立起一个鲜活的历史人物形象就已经很不容易。在《汉朝的兴盛》这节课中，笔者将汉武大帝作为本节课的核心人物，第一目"文景之治"作为汉武帝统治时期汉朝兴盛的基础处理，后两目的内容则作为汉武帝统治时期主要措施、汉朝兴盛主要原因及表现处理。改进后的条理清晰类图式板书的关键词是

"汉朝的兴盛",主脉左边设计汉朝兴盛出现的基础——"文景之治",右边则设计了思想、外交、军事、政治几个重点项来体现教材中汉武帝加强中央集权主要涉及的点,支脉上主要呈现具体举措和产生的影响,逻辑清晰。这其中,还包含了"张骞出使西域"这一历史事件的"动机与效果不一致"这一思维上的突破点。可见,条理清晰类的图式板书随着课堂教学的进行而自然呈现教学内容知识线索与逻辑结构,能调动学生多种感官参与,促进学生对教学内容的深度感知。

(三) 复习类图式板书设计

初中历史教师在教学中一直感到内容多、任务紧、课时量不足。在以往的考前复习中,笔者一般重视基本史实的梳理和史学方法论的渗透,但比较忽视史学思维的培养。但是,近几年学业考中,每年都有以世界近代化为线索的试题,且分值较高;2015年、2016年又连续两年有关于"社会革命"与"思想革命"辩证关系的试题。这是一种既考察基础知识,又考察思维能力的题目。以复习新航路开辟后世界近代化的内容为例,传统的板书设计如表3-7所示,传统板书设计,表格梳理知识点清晰,同类事件呈现直观。但是板书量太大,学生无法兼顾听课与笔记,若只是以电子版呈现,课堂效率又会大打折扣。更重要的是,这样的知识点梳理只能解决三维目标的第一维目标知识与技能的落实,过程与方法、情感态度与价值观的目标无法达成。

表3-7 传统复习课的板书

		发源地	作品、代表、主张
思想革命	文艺复兴(14—16世纪)	意大利	文坛三杰:但丁、彼特拉克、薄伽丘 美术三杰:达·芬奇、米开朗基罗和拉斐尔 人文主义:人性的觉醒,个性自我的觉醒
	启蒙运动(17—18世纪)	法国	伏尔泰:开明君主制 卢梭:天赋人权,主权在民 狄德罗:《百科全书》
	科学社会主义(19世纪)	德国	马克思、恩格斯——《共产党宣言》——无产者
	时　期	时　代	发　明　及　人　物
科技革命	18世纪60年代—19世纪30、40年代	蒸汽	蒸汽机——瓦特 蒸汽机车——斯蒂芬孙
	19世纪70年代—19世纪末20世纪初	电气	白炽灯泡——爱迪生(美) 内燃机——(德)用于飞机、汽车 黄色炸药——诺贝尔(瑞典)
	20世纪中期	信息	DNA双螺旋结构 核能(苏联)

(续表)

社会革命	时间	领导人	事件
英	1640—1688	克伦威尔《权利法案》	处死查理一世、光荣革命、新模范军
法	1789—1804	罗伯斯·比尔《人权宣言》人生而平等	攻占巴士底狱 1790.7.14(法国国庆)处死路易十六、法兰西第一共和国
……			

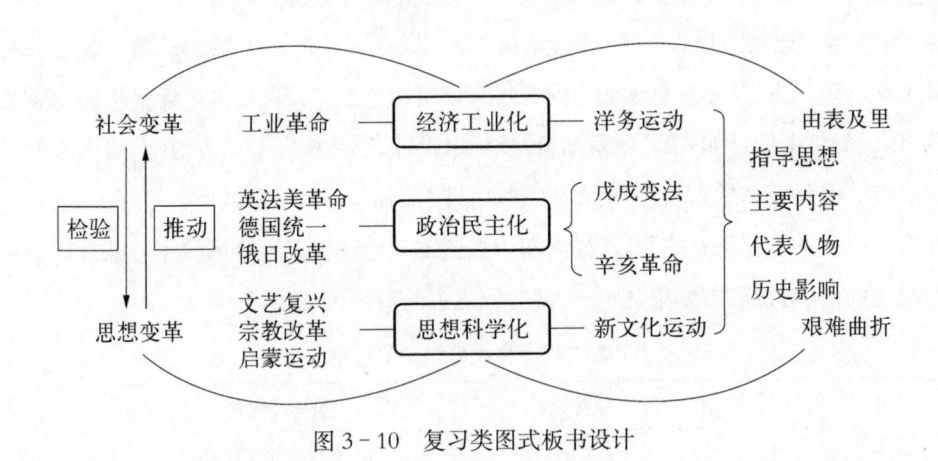

图 3-10 复习类图式板书设计

由图 3-10 可见，改为图式板书后，学生对于近代化趋势下中国及世界的大事件有了更宏观的把握，同时，对于"社会革命"与"思想革命"之间的辩证关系也可以一目了然，学生从这样的一种构建方式中学会思考，这样的板书显然更有利于三维目标的实现。

(四) 学生自主设计图式板书

培养学生的学习自主性是教师的责任，但是比较难以做到。利用图式板书设计，可以培养学生的自主学习能力。以拓展课《中体西用》《自强新政》《西学东渐》为例，关于洋务运动的内容分散在《中体西用》《自强新政》《西学东渐》三课的内容上，如果以传统板书形式分开呈现三课知识点，那么洋务运动的知识点必然比较分散，既不利于学生对于基础知识的记忆,也不利于学生整体把握洋务运动这一事件的线索脉络,所以,实际教学中笔者将三课内容整合,和学生一起探讨了洋务运动主要举措,共同分析了其破产的必然性。课上,要求学生自主设计板书,看谁设计的好。如图 3-11 所示,是学生的作品。

案例中,学生设计的图式板书是树形思维导图的变形。从图面来看,该生不仅掌握了洋务运动的基本史实,而且对洋务运动对中国近代化的作用与破产的原因理解到位。

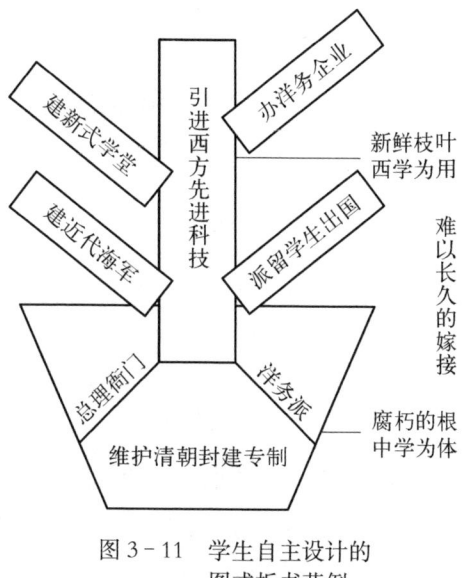

图 3-11 学生自主设计的图式板书范例

四、温馨提示

① 图式板书展现知识间逻辑关系,帮助学生更好地理解或记忆知识,从而为学生提供学习支架。因而,在构架图式板书时,教师对于知识间的逻辑关系必须要进行深入思考,切不可仅仅是用线条将零散的知识点随意连接。

② 好的图式板书是,上课结束时学生浏览黑板上的板书,会产生窥斑见豹的感觉,对整个知识框架一目了然。教师在课前要先做好图面的布局设计,力求让图式展现出知识间逻辑关系的同时,达到图文并茂、吸人眼球的效果。

(撰稿者:赵茜)

递进式问题链：让课堂提问更精彩

课堂是教学主阵地，课堂提问是教师课堂教学的重要手段和方法，问题质量的高低很大程度决定了课堂的精彩程度。笔者观察，有些教师的课堂提问质量不高，集中表现在问题的层次性、逻辑性和关联性不够，这导致课堂教学效益不高。那么，如何设计化学课堂提问，进而提高提问质量呢？笔者在教学实践中发现，基于学生"最近发展区"设计递进式问题链往往是比较高效的，能显著提高课堂提问效果，让课堂提问更精彩。

一、理念与意义

本案例中的递进式问题链是指教学中为了有效地完成教学目标，提高提问质量，在提问中基于学生"最近发展区"设计相互联系且层层递进的问题串。递进式问题链是适合于学生已有的知识水平，但需要经过一定的努力才能够解决的问题串，且后面的问题应该是前面问题的深入和延伸。一个问题链能够让学生巩固某一知识，解疑释惑某一个疑难问题，且触发新的思考。

著名心理学家维果茨基认为，在儿童智力活动中，对于所要解决的问题和原有能力之间可能存在差异，通过教学，儿童在教师帮助下可以消除这种差异，这个差异就是"最近发展区"。该理论应用在教学中，则指学生独立解决问题时的实际发展水平和教师指导下解决问题时的潜在发展水平之间的距离。学生的实际发展水平与潜在水平之间的状态是由教学决定的，即教学可以创造最近发展区。因此，教学绝不应消极地适应学生智力发展的已有水平，而应当走在发展的前面，不停顿地把学生的智力从一个水平引导到另一个新的更高的水平。递进式问题链的设计则是基于该理论且实践于该理论的一个重要方法。

设计递进式问题链来提问是提高课堂提问效果的重要手段和方法,对教学具有重要的作用。递进式问题链对学生个体而言,可以激发其深入、主动思考;对于教学而言,可以起到承上启下、调节进度的作用;对于课堂而言,能够起到吸引注意、活跃气氛的效果。由此可见,在学生"最近发展区"设计递进式问题链往往既能提高学生的学习主动性,又能提高知识的发展水平。

(一)递进式问题链能显著提高学生的学习主动性

在学生"最近发展区"设计递进式问题链,问题本身的挑战性促使学生积极主动去回顾已有的知识,积极主动去思考,积极主动去和老师、同伴交流,又由于经过自身的努力最终能解决问题,获得新的知识和新的认识,这种经过努力获得的成功感是持久而强烈的。学习过程本身引发的成就感和顿悟产生的愉悦感,能显著提升学生的学习主动性。

(二)递进式问题链能有效提高知识的发展水平

在学生"最近发展区"设计递进式问题链,需要学生回顾和运用已有的知识来学习新的学习内容,而这个学习过程需要学生通过比较、辨析、联结、类比、迁移、联想等方法,把新、旧内容有机衔接,把知识结构化和系统化,让知识结构和思维品质得到有效提升,提高知识的发展水平。

二、操作方法

如何基于"最近发展区"设计化学中的递进式问题链呢?具体操作说明如下:

(一)教师事先要制定合理的教学目标

递进式问题链是课堂提问的重要类型,是教师课堂教学内容的重要组成部分,要遵循课程标准,要服务教学目标。递进式问题链既有课中由生成性资源产生的问题链,也有课前根据教学目标而预设的问题链,以后者为主。教师事先制定的合理教学目标是设计递进式问题链的前提。教学目标设计不合理,学生要么能轻易达成,要么经过努力也达成不了,都不利于递进式问题链的设计。

(二)教师事先要诊断和明确学生的"最近发展区"

"最近发展区"理论告诉我们,学生所要解决的问题所需的知识和能力与原有的知识和能力之间存在的差异是学生的"最近发展区"。学生要解决的问题是教师基于课程标准和教学目标而设计的,但是设计时也必须考虑班级学生的原有能力水平。班级学生整体能力水平比较高,学生所要解决的问题就可以有更高的挑战性;反之,学生所要解决的问题难度就可以适当降低,或者把综合性问题分解,逐级完成。不仅如此,同一个班级学生的知识水平和能力水平有时也存在显著差异,教师可以把设计的递进式问题链中不同难度的问题问给对应水平的学生,让每个学生在自己原有的水平上有进一步的发展和提高。因此,了解班级、熟悉学生,诊断和明确学生的"最近发展区"是设计递进式问题链的基础。

(三) 教师要根据教学目标和学生的"最近发展区"设计递进式问题链

提问的问题关系到本节课教学目标的落实,关系到本节课内容的推进,关系到本节课学生思维的提升,因此设计的问题往往需要具有计划性、针对性、层次性、逻辑性和启发性。递进式问题链作为一种有效的提问形式,也需要具备上述特点。因此,教师在设计递进式问题链时,应深入研究教学目标,明确为了达成教学目标需要提出哪几个关键性问题,这几个关键性问题如何前后联系,如何建立逻辑顺序,如何设置才具有启发性,如何用学科语言精练地表达出来……不仅如此,教师还应考虑班级学生的知识水平和能力水平,根据教学目标所选择的问题哪些需要删除,哪些需要补充,哪些需要再次分解为更小的问题,让问题链也符合学生的发展水平。

三、案例与分析

物质的检验和除杂是化学学习的重点内容和高频考点,由于该内容涉及的知识点多、物质转换复杂、考虑要素多,因此该内容一直是学生学习的难点和受阻点。在"最近发展区"处设置递进式问题链并进行提问,则可以引导学生逐层深入地进行学习,显著地分解了学习的难度,提高了学生学习的主动性,提升了学生的思维品质。本文以专题复习课《溶液成分探寻记》中问题设计为例来进行具体论述。

(一) 根据教与学两方面制定《溶液成分探寻记》的教学目标

根据《上海市中学化学课程标准》(试行稿)、《上海市初级中学化学学科教学基本要求》(2014版)和复习阶段学生在学习中出现的知识和能力漏洞,设计了《溶液成分探寻记》这节课,并制定了下列教学目标:

① 巩固 Na_2CO_3、$NaOH$ 的常见化学性质,理解 $NaOH$ 在空气中的变质原理。

② 通过对常见含钠化合物的成分探析,学会除杂和检验的一般方法和要求。

③ 通过对物质除杂和检验的分析，感受物质能进行转化，转化需一定条件的思想。

(二) 从作业反馈和课堂观察等途径诊断和明确学生的"最近发展区"

在上这节课之前，笔者从作业反馈和课堂观察中发现班级大部分学生能掌握初中化学重要的物质 Na_2CO_3 和 NaOH 的化学性质，也知道根据物质的有关性质对单一物质进行检验，还知道对混合物的检验是先除杂再检验，这些都是学生原有的水平；但是班级大部分学生容易忽视 NaOH 在空气中和 CO_2 反应而变质，对检验 Na_2CO_3 和 NaOH 混合物中的 NaOH 存在困难（Na_2CO_3 对 NaOH 的检验会造成干扰），对根据物质性质之间的差异来选择合适的试剂、合适的用量和合适的顺序先除杂后检验缺乏方法和思路，这些都是学生学习的"最近发展区"。

(三) 通过设计递进式问题链来落实教学目标

基于对本节课教学目标的制定和学生"最近发展区"的诊断，设计递进式问题链就有了方向和依据，也就可通过问题链来落实教学目标。

问题引入：小明同学发现实验室的桌子上有一瓶敞口的、标签部分破损的溶液（如图 3－12）。爱动脑筋的小明在思考：该瓶溶液的溶质成分是什么呢？他查阅了有关物质的溶解度数据（如表 3－8）并设计了检验的思路。你知道小明同学是怎样探寻该溶液成分的吗？

图 3－12

表 3－8　常温下一些物质的溶解度数据

物质种类	Na_2CO_3	$NaHCO_3$	NaOH
溶解度（克/100 克水）	15.9	8.4	109.0

由于该问题切入口的简单性和开放性，班级里学生都能想出几种可能物质，最后归纳出共有六种可能性，分别是：① $NaHCO_3$；② NaOH；③ Na_2CO_3；④ NaCl；⑤ $NaNO_3$；⑥ Na_2SO_4。猜想中的物质既可以逐一检验，也可以分组检验，从实验效率来讲，分组检验比逐一检验更高效，因此老师需要引导学生优先考虑分组检验。逐一进行检验是学生的原有水平，而选择合适的试剂来分组检验则是学生的潜在发展水平，因此教师可以设计如下问题进行提问：

问题一：对上述六种猜想物质进行检验，选择怎样的试剂可以分组检验呢？

由于学生在前面学习过溶液的酸碱性只有三种，所以在问题一"分组检验"的引导下他们能比较容易地想到用酸碱指示剂来检验。学生通过实验测得该溶液是碱性,排除了 NaCl、NaNO₃、Na₂SO₄ 三种物质的可能(它们的溶液是中性的),完成了分组检验。

对于剩下的三种碱性物质,如何再检验呢?根据浓度和溶解度数据,学生只要根据溶解度计算出此时最大浓度就把 NaHCO₃ 排除掉(它此时最大浓度是 8.4/(100＋8.4)×100% ≈ 7.75%,小于 10%),此时剩下的只有 NaOH 和 Na₂CO₃ 两种物质了。区别它们的难度不大,因为学生比较容易想到 Na₂CO₃ 能用酸溶液、氢氧化钙溶液、氯化钙溶液等检验出来。学生经过实验(加入足量的稀盐酸产生了气泡)得出溶液是碳酸钠溶液。问题似乎要解决了,事实果真如此吗?再仔细审题发现图中的试剂瓶居然是敞口的!有没有什么物质敞口放置在空气中而变质为碳酸钠呢?选择合适的试剂检验碳酸钠是学生的已有水平,可发现试剂瓶是敞口而联想到瓶中碳酸钠的多种来源则是学生的潜在发展水平,这时老师可以再次通过在"最近发展区"设计问题进行提问把思考引向深入。

问题二:图 3-12 该溶液是敞口的,瓶中碳酸钠的来源可能有哪些呢?

学生的积极性再次被调动起来:瓶内碳酸钠可能是原有的碳酸钠,也可能是其他药品变质而来的。什么药品暴露在空气中会变质为碳酸钠呢?很快,学生的思维之光再次闪耀:是氢氧化钠!因为大部分学生能回忆起来教材中曾学习过氢氧化钠能和二氧化碳反应生成碳酸钠。此时,想到瓶中碳酸钠可能是由氢氧化钠变质产生的是学生的已有水平,可证明瓶中是否还有未变质的氢氧化钠则是学生的潜在水平,这个时候老师可以继续追问:

问题三:如何证明瓶中溶液含有氢氧化钠呢?

该问题看起来不难,其实暗藏"杀机":检验氢氧化钠单一成分并不难(大部分学生能想到用酸碱指示剂或硫酸铜溶液来检验),可瓶中碳酸钠的存在对氢氧化钠的检验会造成干扰,这一点是很多学生所忽视的地方。能检验氢氧化钠是学生的已有水平,发现碳酸钠的存在对氢氧化钠的检验会造成干扰则是学生的潜在水平,这时可提出下列两个问题:

问题四:① 氢氧化钠溶液是碱性,碳酸钠溶液是否也是碱性?

② 氢氧化钠能和硫酸铜反应,碳酸钠是否也和硫酸铜反应?

等学生弄清楚了碳酸钠溶液也是碱性的、也和硫酸铜反应的时候,也就弄明白了碳酸钠的存在对氢氧化钠的检验的确会造成干扰,因此,直接加酸碱指示剂或硫酸铜溶液不能检验溶液中是否有氢氧化钠。知道碳酸钠的存在对氢氧化钠的检验造成了干扰是学生的已有水平,可寻找什么物质先除碳酸钠再检验氢氧化钠又成为了学生的潜在水平,这时老师可以设计下列问题进行提问破解:

问题五:为了检验瓶中氢氧化钠需要先除去碳酸钠,下列除去碳酸钠的物质是否都适合?对的打"√",错的打"×",并说明理由。

A. 过量的稀盐酸　　　　　　(　　)_____
B. 适量的氢氧化钙溶液　　　(　　)_____
C. 少量的氯化钙溶液　　　　(　　)_____
D. 过量的氯化钙溶液　　　　(　　)_____

学生可以通过独立思考或小组合作来辨析:A中的酸溶液虽然能检验碳酸钠,但它也把氢氧化钠除去了(除杂的同时不能除去被检验的物质),所以不对;B中氢氧化钙溶液虽然可以除去碳酸钠,但是又生成了氢氧化钠(除杂不能生成继续干扰的物质),所以不对;C中除杂的试剂用量不足,碳酸钠除杂不彻底,对后面氢氧化钠的检验依然造成了干扰,所以不对;D中过量氯化钙溶液可以把碳酸钠反应完而且生成物对被检验的氢氧化钠没有干扰,所以正确。

根据上面的分析,最后和学生一起总结归纳出先除杂再检验时所选择的除杂试剂的几条基本要求:① 不能除掉被检验的物质;② 产生的物质不能干扰被检验的物质;③ 药品足量。按照上面的要求,学生再次实验(先加过量的氯化钙溶液,过滤,滤液再加酚酞溶液,酚酞溶液变红),发现该瓶溶液中的确含有氢氧化钠。到此为止,该瓶溶液的成分之谜揭晓了,原来是氢氧化钠和碳酸钠的混合溶液,是氢氧化钠在空气中部分变质的结果。

检验与除杂好似一对孪生兄弟,既然检验出来该溶液是氢氧化钠部分变质的结果,那能否让变质生成的碳酸钠"死而复生"变回去呢?其实这是除杂的问题。这个时候老师可以继续引导学生去思考:化学除杂首先要找能与杂质反应的物质。这时学生很快想起了前面的除杂试剂:酸溶液、氢氧化钙溶液、氯化钙溶液。可前面的除杂是为了后面的检验,这里的除杂是为了提纯物质,两次的除杂试剂能否完全一样吗?答案是否定的,它们虽然有相同的地方,但是也有不同,是"同中有异,异中有同"。具体见表3-9:

表 3-9

除杂类型	相同点	不同点	
		除杂试剂用量	生成物要求
为了后续检验的除杂	① 都与杂质反应且把杂质除尽 ② 不能把原物质除去	适量或过量	生成物不能干扰后续检验，更不能是原物质
为了提纯的除杂		适量	生成物可以是原物质或易于和原物质分离的物质

检验混有碳酸钠杂质的氢氧化钠溶液是学生的已有水平，可如何除去碳酸钠得到纯净的氢氧化钠则是学生的潜在水平和新的思考问题：

问题六：选择下列合适的试剂除去氢氧化钠溶液中的碳酸钠，并说明理由。

A. 适量的稀盐酸　　　　　　　B. 过量的氢氧化钙溶液

C. 适量的氯化钙溶液　　　　　D. 适量的氢氧化钡溶液

明白了这两种除杂的区别，学生很容易做出了正确选择并说明了理由：稀盐酸把氢氧化钠也除去了，所以 A 不对；过量的氢氧化钙本身是杂质，B 不对；氯化钙与碳酸钠反应生成了新杂质氯化钠，C 不对；适量的氢氧化钡既能把碳酸钠刚好除去，又生成了氢氧化钠，所以 D 正确。

综上所述，上面的六个提问是一个大的递进式问题链，环环相扣，层层深入，构成了本节课的提问框架，该问题链激发了学生学习的兴趣，点燃了思维火花，引发了思维碰撞，推动了课的进程，提升了学生的核心素养。

四、温馨提示

① 递进式问题链有时是一个大的问题链，有时是一个小的问题链，要根据课的特点和教学内容灵活选择。

② 通过递进式问题链对学生提问时，教师除了关注对学生的提问，还要关注学生之间的互问以及多个被提问学生之间问答的有机衔接。

③ 教师设计递进式问题链提问的根本目的是引导学生自主学习，学生能讲的，教师不讲。

（撰稿者：王必成）

第四章

过程立体：
课堂教学微技术的
实践智慧

世界是立体的,大自然是立体的。在丰富的教学资源、可转换的教学时空、多样化的教学手段、现代化的教学环境基础之上,我们的教学过程也呈现出立体而灵动的形态。

立体的教学过程不再仅仅是教师向学生单向传授知识的过程,而是教师借助一定的教学时空与教学条件,在引导学生学习、掌握知识技能的同时,思考如何根据学生身心发展规律合理设计教学环节与学习内容的过程;是在教学中培养学生积极向学、主动探究的优秀学习品质的过程;是提升学生发现问题、分析问题、解决问题的综合能力,培养学生质疑、思辨、合作、创新等综合素养的过程。

为达成以上目标,学校以教学微技术为抓手,鼓励广大教师根据自己的学科特点在教学过程中针对某个教学环节或者特定教学内容设计具有可操作性、可测量的小方法。以学定教,确立"调结构、转方式、变关系"的教学改进策略,促进教与学方式的转变。教学过程立体化,一场静悄悄的革命正在实验西校的课堂上发生,一批融入教师实践智慧的教学微技术应运而生。

课堂教学中经常会遇到知识难点的教学,当学生在学习中遇到困难时,教师总是急于把问题的答案、自身的经验感受毫无保留地抛给学生,让被动式接受代替了学生的自身思考。化整为零教学微技术改变学生的学习方式,培养良好的学习习惯,实现由"被动接受式"学习到"主动探索式"学习的转变。

在学生自主学习过程中,常常出现由于缺乏合理引导与有效支撑而导致学生学习兴趣不浓,碰到困难时无所适从,看似学会了实则并没有真正理解新知识的问题。如何促进高效的自主学习?学习支架微技术的设计及应用显得极为必要。

学生在对新的知识进行获取之前,大脑已经建立了各种各样的已有的认知结构。面对实际教学中学生学习积极性与主动性不高、学习效率较低下的问题,教师可以设置认知冲突作为促进学生学习的契机和动力。认知冲突微技术可以有效地建构学生良好的认知结构,激发学生思考的内驱力,促进学生主动学习。

信息科技教学中目前还存在着只强调知识技能的简单记忆和反复训练，忽视综合能力培养的现象。角色体验微技术运用于课堂教学中，能充分发挥学生的主观能动性，通过对角色的体验、感受、想象和运用，强调学生学习的真实性、应用性、逻辑性，让信息科技教学发挥有效价值。

如何促进英语写作教学中的知识理解、显性表达、及时共享？应用"小白板"分享微技术使课堂交流更加全面、评价更加及时、分层指导更加便捷。"小白板"分享成为课堂转型、教学改进的抓手，激活了学生的自主思考，把学习的主动权还给学生，让学生真正成为英语写作的主人。

立体的课堂呈现出生机勃勃的气象。我们从教师基于具体教学环节、教学内容的微小而有效的设计中看到教师教学智慧的落地生根，以及学生学科核心素养与综合能力的不断提升。

化整为零：主动学习的推动力

课堂教学中经常会遇到知识难点的教学，当学生的学习遇到困难时，教师总是急于把问题的答案、自身的经验和感受毫无保留地抛给学生，让被动式接受代替了自身思考。而化整为零教学微技术则能够改变学生的学习方式，培养学生良好的学习习惯，实现由"被动接受式"学习到"主动探索式"学习的转变。

一、理念与意义

化整为零是受到维果茨基的"最近发展区"理论启发而形成的，"最近发展区"理论认为学生的发展有两种水平：一种是学生的现有水平，指独立活动时所能达到的解决问题的水平；另一种是学生可能的发展水平，也就是通过教学所获得的潜力。两者之间的差异就是最近发展区。[1] 由于学生在难点问题的理解和分析上有所欠缺，如果教师创设问题的难度过高，就会偏离学生的"最近发展区"，导致学生产生费力爬坡的问题。为了避免这样的问题出现，教师在创设问题时，应该注重问题选择的层次性，设计由浅入深、由简到繁、由表及里的递进式问题，使学生掌握物理概念的本质，领悟研究物理问题的方法。

化整为零微技术以学习者当前的发展水平为基础，教师将整个复杂的物理问题分解为一系列相互联系，具有一定层次结构的小问题，分层次、分步骤，启发和引导学习者一步一步深入思考，一点一点解决问题，最终通过学习者自身的努力获得成功。[2] 通过

---

[1] 王海珊.教与学的有效互动——简析支架式教学[J].福建师范大学学报(哲学社会科学版),2005(01):141.

[2] 葛亮."阶梯式教学评价"在初中物理教学中的尝试[J].中学物理,2016(09):12.

搭建台阶，降低学生思考问题的难度，使得学习过程顺利推进。同时也注重对学生思维方式的培养，引导学生从"碎片型"的抓局部细节的思考方式，慢慢地向"链条型"的抓整体逻辑、重因果关系的思考方式进行转变。

（一）化整为零微技术有利于形成民主平等的师生关系

教师不再以讲师的角色出现，而变为"引导者"，学生在教师的引导下自主建构知识结构，这样更有利于促进知识的内化。这种关系中，师生之间更多的是一种合作互助的关系。教师凭借着经验把握着课堂的整体方向，但并不控制，而是以一种"前有引导，后有扶持"的方式来促进学生的学习。在学生遇到困难时，教师根据学生的实际学情，通过搭建台阶来促进师生之间沟通、协商，共同解决问题。

（二）化整为零微技术有利于学生获得成功的体验

化整为零需要教师对复杂的学习任务进行分解，根据学生的实际情况，逐步深入。教师通过设置问题，唤醒学生原有的相关知识经验，并使学生意识到这些知识经验与即将学习的新知识有着重要的联系。台阶的搭建是为了促进学生"现有水平"向"潜在发展水平"转化，并在原有知识基础上对新知识进行自主建构。在教师的引导下，通过学生自己的思考，新知识真正内化成为自己的新经验，学生获得突破已有水平的成功体验。

波利亚曾说过："学习任何知识的最佳途径都是自己去发现，因为这种发现，理解最深刻，也最容易掌握其中的内在规律、性质和联系。"因此将化整为零运用于教学实践中，以学生的困惑和疑问为出发点，关注学生的体验，使学生在学习中感受到快乐，可以更好地促进学生主动学习，培养师生探究、创新的能力。

二、操作方法

化整为零要求教师熟知教材知识体系，准确把握教学重难点，了解学生的实际情况，特别是学生目前的知识能力水平，这样才能做到心中有数、有的放矢，才能使设置的问题既包含了学生熟知的某些物理现象、概念、知识和技能，但使学生不能单凭现有的知识水平和能力简单解决，从而形成一种欲罢不愿、欲行不能的心理状态，促进认知结构从平衡到不平衡的转换。

（一）了解学情

学生通过自主阅读完成学案，教师通过分析学案的完成情况，可以了解学生的认知发展水平,知道当下学生的理解程度和认知能力,哪些问题可以通过自习后解决,哪些问题对于学生是有难度,需要在教师的引导下才能完成的。教师根据学生实际情况来搭建合适台阶以帮助学生从一个水平进阶到一个更高的水平。

(二) 任务分解

教师应事先将复杂的教学任务进行分解。将一个复杂问题分解成若干个由浅入深、由简到繁、由表及里的递进式问题,从而搭建合适的台阶引导学生对于若干个小问题进行有序且有层次的突破。

(三) 台阶搭建

① 在学习新知识之前,在学生已有的知识储备基础上,搭建第一层台阶,为学生提供一个熟悉的情景,让学生受到启发,以顺利地完成学习任务。我们称之为"范例台阶",其实质就是提供某种意义的参考和借鉴。

② 为了一步步达到学习目标,教师还需要设置一系列相互关联,具有一定层次结构的小问题,随着这些问题的不断解决,学生的学习就逐渐深入。此类问题链我们称为"问题台阶"。当学生在独立探究或合作学习中陷入困境时,教师提供恰当的建议,以帮助学生走出困境,此类建议称为"建议台阶"。与"问题台阶"相比,"建议台阶"的建议可能少了一些系统性和整体性,但它更直白,往往能直截了当地指出问题的关键所在。

学生的思维根据教师搭建的台阶层层递进,而学生的思维过程正是学生理解知识点的必要途径。当一个个小问题被逐个突破后,大而复杂的问题就迎刃而解。当台阶撤去后,思维形成的知识框架仍旧屹立在学生的记忆中。

三、案例与分析

以初中物理《大气压的测定》一课为例,运用化整为零教学微技术,引导学生分析实验装置存在的不足并不断地进行改进,最后得出与托里拆利实验相似的甚至相同的实验装置和实验方法。这样不仅使学生对托里拆利实验的装置、结构、原理和应用认识深刻,而且教师可以通过循序渐进的问题来启发学生对物理问题的思考。

(一) 课前检测,确定思维障碍点

学生自主完成学案,阅读课本,尝试回答以下问题:① 托里拆利实验需要哪些器材?② 请简单描述托里拆利实验的操作步骤。③ 托里拆利实验测量大气压的原理是什么？④ 最终平衡时玻璃管内外液面高度差是多少？⑤ 如何根据玻璃管内外液面高度差来计算大气压强值？⑥ 为什么不用水来代替水银完成实验？教师对学生的学案完成情况进行分析，发现学生在实验操作步骤的描述上不够准确，在测定大气压原理上模糊不清，以及不清楚为什么不能用水来替代水银做实验。在这些学生的薄弱环节，教师需要搭建台阶，设计一系列相互关联的问题，由浅入深，引导学生进行深入思考。

（二）设置问题链，化繁为简

学生在八年级已经学习了二力平衡的知识并且能够应用大气压的知识解释"覆杯实验"的现象，通过设置合理的问题启学生是不是可以通过该装置来进行大气压强的测定。学生之前有推导液体压强公式的经验，通过类比学生很容易推导出大气压强的值就等于所能够支撑的液柱所产生的压强值，从而理解运用液体压力和大气压力相互平衡原理来找到测定大气压的方法。通过搭建台阶引导学生发现用"覆杯实验"测定大气压的不合理之处，并不断改进，最终测出大气压的值，从而加深学生对于托里拆利实验的理解。

（三）铺设台阶，逐步引导

1. "范例台阶"的搭建

根据学习主题，按"最近发展区"的要求建立"范例台阶"，对学生进行启发。教师演示学生熟悉的"覆杯实验"，并让学生思考可否用覆杯实验来测定大气压强。

设计意图：铺设"范例台阶"，利用学生已经学过的"覆杯实验"，设置合理的问题启发学生是不是可以通过该装置来进行大气压强的测定。

2. "问题台阶"的搭建

教师用不同层次、不同角度的问题搭建台阶，引导学生不断地深入学习和思考。以下为课堂部分教学片断：

师：换更高更大的容器进行演示，让学生思考瓶中出现大量气泡的原因。

生：是因为纸片封住水时漏气了，气密性不佳。

师：换玻璃片、薄木板、橡胶板代替纸片，让学生继续进行观察杯中有无气泡。

设计意图：通过搭建"问题台阶"，引发学生思考漏气的原因，并不断地换材料进行"覆杯实验"，学生发现无论是用哪种材料去密封水，气密性都不够好，从而为之后的实验改进埋下伏笔。

师：如果容器再高再大点，操作起来不方便，可以换成怎么样的容器？

生：可以换成细长型的试管。

师：当管子里面的液柱不断变高，总有一刻大气压是支撑不住的，此时水柱所受的大气压力就应该等于管内液体的重力。

师：之前我们已经学会用压强的定义式推导液体压强公式，类似的，是否可以用定义式推导大气压强的公式？

设计意图：通过搭建"问题台阶"引导学生自主地推导出测定大气压的公式，从而理解用液体压强来等量替换大气压强，循序渐进，突破难点。

3."建议台阶"的搭建

当学生在独立探究或合作学习中陷入困境时，教师搭建"建议台阶"引导学生逐步走出困境。以下为课堂部分教学片断：

师：同学们已经发现在用"覆杯实验"测定大气压的过程中容易漏气，用什么材料去密封水才是最好的呢？

引发设计：教师将装满水的试管倒立于水槽中，发现水柱未下落，引发学生思考。

生：观察现象，思考水柱未下落的原因。

设计意图：此处教师搭建"建议台阶"，将"覆杯实验"和"试管提水"实验进行对比，加上之前埋下的伏笔，教师再加以点拨，学生马上就明白了原来用"水槽内的水"来密封"管中的水"效果是最好的，从而完成了对覆杯实验稳定性差的改进。

师：观察用"试管提水"装置测定大气压的视频，继续引导学生思考实验过程中的不足，并对该实验装置做出进一步的改进。

生：用这种方法要足够长的管子和足够高的空间，不现实。

师：能不能降低液柱的高度呢？（同学们可以从影响液体内部的因素来考虑）

生：液体的压强与液体的深度和液体的密度有关。在大气压强不变的情况下，如果换用密度较大的液体，液体的高度将会降低。

设计意图：此处教师继续搭建"问题台阶"，让学生观看用水来测定大气压的视频，引导学生继续寻找不足，学生发现试管太长不利于操作，于是想到了利用水银来做实验有利于减少液柱的高度，最终过渡到托里拆利实验其实已经是"水到渠成"，此时再讲解托里拆利实验，学生就很容易理解。

从教学案例中可以发现，化整为零教学微技术就是将复杂的物理问题进行拆分，设置具有梯度的问题链来引导学生进行自主学习。通过小组讨论、互相提问、当堂释疑等方式,不断提高学生发现问题、分析问题和解决问题的能力,是符合教学需要、社会需要和学生发展需要的教学方法。

四、温馨提示

① 在应用化整为零微技术时,教师应根据学生的心理发展规律及特点,首先注意"度"的把握。台阶的搭建以置于学生"最近发展区"为佳,不要过于好高骛远,也不能对于某些重要知识只是"蜻蜓点水"。

② 课堂中应重视师生之间的互动对话,从而搭建适合学生现有学习水平的台阶。同时通过设置一些阶段性反馈练习,能及时对学生的学习效果进行反馈和评价,以便于调整后续的教学策略。

(撰稿者:葛亮)

学习支架：自主学习的助推器

初中信息科技学科重在培养学生的自主探究精神、提升解决问题的能力；从课程内容来看，多为动手实践的操作型知识技能，十分适合开展自主学习。六年级学生好奇心重、对新事物充满热情、乐于探索，这种特点也为开展自主学习提供了良好的基础。但在学生自主学习过程中，常常出现由于缺乏合理引导与有效支撑而导致学生学习兴趣不浓、碰到困难时无所适从、看似学会了实则并没有真正理解新知识等问题。如何促进高效的自主学习？学习支架的设计及应用显得极为必要。

一、理念与意义

学习支架是指在学生自主学习过程中，教师设计的一些具有引导、辅助作用的教学资源。其主要目的在于帮助学生顺利完成自主学习任务、达成学习目标，并在此过程中逐渐提升自主学习的能力。

"学习支架"一词的出现源自心理学家维果茨基的"最近发展区"理论。他认为，学生的发展有两种水平：一种水平是学生自身进行活动很容易就能达到的原始水平；另一种是学生通过学习可以达到的潜在高层次水平。两者之间的差异就是最近发展区。教师必须关注学生的最近发展区，为他们提供具备一定难度的学习内容，调动学生的学习热情，激发学生的学习潜能，使他们成功穿越最近发展区达到潜在的高层次水平，之后在此基础上继续推动下一发展区的发展。

（一）学习支架有利于调动学生的学习积极性

学生的学习积极性是激发学生学习内动力、提高学习效率的主要因素之一。在信息科技学科传统课堂中还存在着"教师演示——学生模仿"的教学模式,长此以往无疑会让部分学生产生依赖心理,对于学生探究精神的培养与学习积极性的调动产生阻碍。随着教育理念的不断进步,教师的身份也需从课堂的控制者变换为学生学习的启发者或引路人,应设计合理的学习任务、搭建合适的学习支架、引导学生在力所能及的范围内进行自主学习与体验,让学生不断感受到自主学习的乐趣与完成任务的成就感,在探究过程中慢慢提升了自主学习的能力,逐渐成为一个具有主动性、灵动性的自由人。

(二)学习支架有利于提升学生的自主学习能力

传统教育思想侧重知识传授,关注知识的"学会";现代教育思想侧重教会学生自主学习知识,着重培养学生的认知能力和应用知识解决问题的能力,即"会学"。由上海市教育委员会教学研究室编撰的《处时之所变 学时之所需:中小学信息科技学科育人价值研究》(2013版)一书也提出了对学生自主学习能力培养的要求。

形式丰富、作用不同的学习支架为学生在一定教学目标下进行自主学习提供了条件与支撑。在课堂中,学生围绕着自己感兴趣的学习主题或根据自身学习的需要,从教师提供的学习支持资料中获取相关的知识进行学习。通过学习支架的引导与辅助,学生完成了学习任务、达成了学习目标;在学习过程中逐步建构起自己的知识体系,提升了自主学习的能力。

总之,学习支架作为自主学习中一个强有力的辅助工具,在给学生提供帮助、引导学生不断思考的同时也让学生感受到了自主解决问题后带来的乐趣,帮助学生穿越最近发展区到达知识技能的新高度。

二、操作方法

结合初中信息科技学科的教学内容与课程特点,学习支架教学微技术的操作方法如下:

(一)搭建情境支架,激发学生兴趣

真实的情境可以将课本中的知识与现实生活连接起来、激发学生的学习兴趣。好的情境设计能让学生身临其境、轻松进入学习状态。在初中信息科技课程中、单元教学视角下,合理恰当的情境设计非常必要。教师可以在上课伊始创设情境并辅以相关问题引入主题,自然过渡到本节课的自主学习环节中。

（二）搭建向导支架，助力自主学习

向导支架包括带有提示引导功能的帮助文件、带有任务指引功能的各类任务单、一些常见问题的解决方案等。其主要作用是在学生自主探究过程中给予学生清晰的学习流程引导或任务指令，帮助学生有效探究，也可让学生在遇到困难时有章可循。向导支架既可用生动形象的微视频形式呈现，也可用便于反复查看的电子文档形式展现。向导支架中可以包含知识技能操作的全过程，也可以只列出最主要、最关键的操作要点进行引导，在此基础上其他步骤由学生自主探究完成。

（三）搭建问题支架，引发学生思考

在学生自主探究阶段可以设定一些问题作为学习的引领。合理设计问题、引发学生思考、促进相异构想的暴露，再引导学生进行分析、点拨释疑、纠正偏差，最终达成教学目标。问题支架可以是带有引导性的问题，也可以是由问题引发的讨论。

（四）搭建评价支架，检测学习效果

学生自学后的自评可以加深其对知识的理解，检测自己在该阶段的学习效果；学生间的互评有利于学生发现他人长处、弥补自身不足，向着正确的学习目标前进。评价支架可用于自学阶段后的自我评测与学生互评。

总而言之，学习支架的种类有很多，教师可根据特定的教学内容与教学情境进行设计与应用，提升学生自主学习的有效性。

三、案例与分析

为了更好地发挥自主学习中学习支架的作用，教师需要做好充分的课前准备工作。第一是自学内容的选择：教师从一节课的教学内容中选取适合学生进行自主学习的知识点，并根据其内容选择支架类型。第二是支架内容的设计：学习支架的作用主要是在学生自主学习过程中给予一定的辅助作用，帮助学生跨越最近发展区。无论哪种类型的支架内容设计，把握的原则应是激发学生的自主探究意识，引而不发，促进学生积极的思考。

（一）情境支架，引入课题

在《数据表格的创建》一课中，为了使学生理解数值加工软件在生活中的实际用途，教师先播放"2018天猫'双十一'数据分析"视频，让学生感受数据分析在我们日常

生活中的重要作用与价值,激发学习热情。继而教师创设了"我是小小数据分析师"这个情境,设立了三种不同的数据分析角色(销售额数据分析师、区域特征分析师、人群特征分析师),请学生选择一种作为本单元中想体验的工作岗位,对2019"双十一"的销售结果进行数据分析。

任务一:小组分工,选择数据

① 小组成员每人从三个职位中选择<u>一个</u>作为本次活动的体验职位。

② <u>**根据自己的职位**</u>,先选择<u>一组</u>今天你最想研究的信息,填写表4-1。

表4-1 数据分析师职位选择

我的姓名	想体验的职位	想研究的数据组(勾选)	从这组数据中,我能了解的问题
	□ 销售额数据分析师 □ 区域特征分析师 □ 人群特征分析师	□ 数据组1　□ 数据组2 □ 数据组3　□ 数据组4 □ 数据组5　□ 数据组6	

"视频导入+数据分析师职位选择"是本节课引入阶段的情境支架设计,帮助学生了解抽象与难懂的概念。教学实践后,情境支架的创设能够起到预设作用,也使得教学内容更接近现实生活、更具深度、更符合信息科技学科的育人目标。

(二)设计"图表制作"向导文件,辅助学生自主探究

在《图表的设计与制作》一课中,请学生打开上节课自己制作好的数据表格,根据教师提供的"图表制作向导",制作出一张图表。

学生:

① 两人一组讨论完成任务。

② 将制作过程中遇到的问题记录下来。

③ 图表制作做好后与向导中的范例图表对比:我的图表包含了范例中的要素吗?

教师:

① 提供学习支架——图表制作向导。

② 巡视并记录学生自主探究过程中出现的问题。

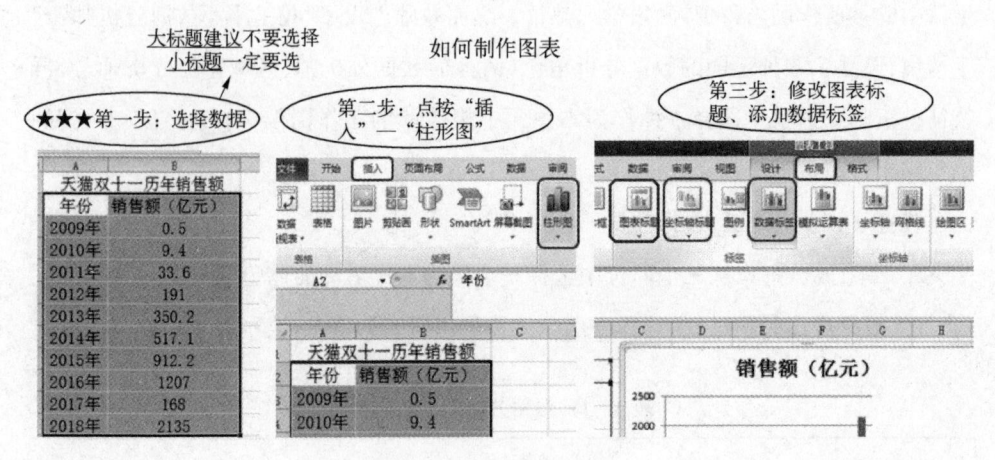

图 4-1 图表制作向导

在此案例中,向导支架有两个作用:一是给出了图表制作的基本流程;二是引导学生关注并思考图表制作过程中的细节要点。

以往学习图表制作的过程中,往往采用"教师演示——学生模仿"的教学方式。从短时效果来看,似乎更为节省时间,提高效率;但是从长期发展来看,这种教学模式限制了学生的思维空间与探究能力,不利于学生成长型思维的发展。对于此类学生可以自己尝试、自己学会的内容,本案例采用了学生自主探究学习的模式。给学生提供一份图表制作向导作为学习支架,帮助学生在遇到困难时有章可循,同时引发学生对知识、技能要点的关注。从教学实践效果来看,大部分学生都能自己完成。

(三) 问题设计,促进学生理解新知

在《图表的设计与制作》一课中,学生自主学习过程中,教师设计问题支架引导学生进行分析与思考。

1. 给出学生制作过程中几类具有代表性的图表

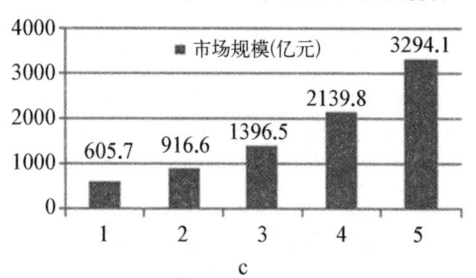

图 4-2 学生图表

抛出冲突问题，引导学生观察并进行小组讨论。

哪一张图表更能准确表达信息？

观点 A：图 4-2-a 更能准确表达信息，从图中可以看出机构预测的 2016—2020 年智能家居市场规模在逐年上升，并且在 2020 年达到最高点。

观点 B：图 4-2-c 也能准确表达信息，虽然图中的信息有所欠缺，但是结合表格信息也能大概猜测出其中的含义。

教师引导、澄清概念：图表表达信息需要准确、完整；图表信息独立呈现，只有要素齐全的图表才能准确表达信息。

全班总结一张能准确表达信息的图表需包含几个要素：图表标题、分类轴、数据标签、图例。

2. 小组讨论，对问题图表的错误原因进行分析

教师提问：图 4-2-b、图 4-2-c、图 4-2-d 存在哪些错误？你刚才制作的图表中也有这样的问题吗？

请在制作图表过程中遇到相似问题的同学组内展示其制作步骤，其他同学观察，找到问题产生的原因。

同学 A：与图 4-2-b 相似，没有选择"小标题"，造成图例错误。

同学 B：与图 4-2-c 相似，只选择一列数值型数据，造成了分类轴错误。

同学 C：与图 4-2-d 相似，忘记修改图表标题，也没有及时添加数据标签。

思考与总结：如何做到图表的要素完整？

① 选择数据时不忘记小标题。

② 明确想表达的信息，选全需要的数据。

③ 不忘修改图表标题、添加数据标签。

此案例中,教师的分析阶段共设计了两个问题,都建立在学生自主学习过程中会出现的问题之上。对于这两个不同层次问题的讨论与分析,帮助学生彻底明确了制作图表的基本流程与关注重点。

(四) 设计评价量表,以评促学

在《小报设计——计算机发展史》一课中,在学生自主学习文字信息表格化的过程中,教师设计了一张评价表(见表4-2)辅助学生自学。

① 学生完成学习任务——尝试将一段有关"计算机发展史"的文字转化为表格。

② 两人一组,借助教师提供的评价量表进行自评与互评,进一步巩固加深对本节课知识的理解。

表4-2 表格设计评价表

评 价 标 准	我 的 表 格
表格是否有标题	□ 有　□ 无
表格是否有行标题或列标题	□ 有　□ 无
表格中有数据且数据清晰完整	□ 数据清晰完整　□ 有部分数据　□ 无数据

本案例中标题、行列标题、数据是表格的三要素,也是本节课需要掌握的重点。如何帮助学生强化这些内容? 评价表成为一个支架。在信息科技教学过程中,评价是必不可少的一环。教师可以巧妙地将本节课或本单元的重点知识设计在评价要素中,通过学生自评、互评来不断地强化,帮助学生更好地掌握知识要点。

四、温馨提示

① 学习支架的作用是辅助、引导学生开展自主学习。教师设计学习支架时要适度,引而不发、适度留白,给学生留有思考与探索的空间。

② 学习支架的设计应在充分了解学情的基础上进行,支架与学生现有能力与水平不能差距过大,否则将无法起到引导、支持学生自主学习的作用。

(撰稿者:宁颖)

设置认知冲突：促进学生主动学习

学生在对新的知识进行获取之前，大脑并不是处于一张白纸的状态，而是已经建立了各种各样的已有的认知结构。认知冲突是指学生的原有认知结构与所学新知识之间出现对立性矛盾时而感到的疑惑、紧张和不适的状态。[1] 实际教学中，面对学生学习积极性与主动性不高、学习效率较低的情况时，教师可以设置认知冲突作为促进学生学习的契机和动力。就像影视作品中最吸引观众之处往往是剧情产生剧烈的矛盾冲突一样，在课堂教学中设置认知冲突，可以有效地建构良好的认知结构，激发学生思考的内驱力，促进学生主动学习。

一、理论与意义

认知冲突的主要理论依据是认知发展平衡化理论，该理论是皮亚杰提出的。他认为，认知发展过程是"平衡——不平衡——新的平衡"。其要点是：当学生已有的认知结构能同化新问题时，他在心理上处于暂时的平衡状态；但当学生已有的认知结构不能同化问题中的新信息时，他在心理上处于不平衡状态；最后，学生通过修正认知结构，同化新的信息。此时学生的心理处于较前一水平更高的平衡状态。[2]

学生的学习活动在一定程度上受学习中的情感因素的作用。奥苏伯尔认为，学习动机对学生的学习具有重要影响。他认为学习动机主要有三种成分，即认知内驱力、附属内驱力和自我提高内驱力，其中认知内驱力最为重要。所谓认知内驱力，就是学

---

[1] 赵绪昌.认知冲突的教学意义及其实践策略[J].课程教学研究,2014(10)：57.
[2] 赵成辉.认知冲突理论在"地形对聚落分布的影响"教学中的应用[J].地理教学,2015(01)：21.

生求知和理解的欲望,掌握知识、阐明和解决问题的欲望。①

设置认知冲突,是指在课堂教学中教师根据学生原有的认知结构和思维层次,适时地把新问题呈现在学生面前,打破学生暂时的认知平衡,引发认知冲突并化解认知冲突的过程。将设置认知冲突作为一种微技术应用到教学中,对教师进行有效的教学和学生学习效果的提升有着重要的意义。主要包括以下三个方面:

(一) 设置认知冲突微技术体现学生的主体性

在教学过程中,教师的教学对象是学生,同时学生的学习也离不开教师的指引。在化解认知冲突的过程中,学生学习的知识不再是由教师向学生的单向传递,而是师生之间、生生之间互动的过程。教师能够给予学生参与、交流、探索、质疑的体验,给予学生展现和表达自我的平台,让学生成为学习的主体。

(二) 设置认知冲突微技术激发学习的内驱力

课堂教学效果好坏,很大程度上取决于学生是否处于积极思维状态。② 心理学研究表明,人都有填补认知空缺、解决认知失衡和认知冲突的本能。学生一旦有了解决问题的渴望,就会去思考、去探索。当每个孩子真正的内驱力被激发,孩子的创新能力、自我发展意识等便会得到提高和发展。

(三) 设置认知冲突微技术产生学习的成就感

苏霍姆林斯基曾经说过:没有什么比成功更能增加满足感,也没有什么东西比成功更能激起一直追求成功的努力,对于儿童尤其如此。在化解认知冲突的学习过程中,学生对所学知识会有更加深刻的体验,在释疑解惑的过程中获得无限乐趣,充分体会矛盾解决所带来的胜利的感觉。

二、操作方法与流程

教师如果想提升设置认知冲突技术在教学中应用的科学性和有效性,应该充分把握好教学时机,依据认知冲突产生阶段"平衡——不平衡——新的平衡"的形成特征,在不同步骤有不同的侧重。教师可以从学生的实际认知水平出发并结合自己的教学经验,对教学中容易使学生在学习过程中形成认知冲突的知识点进行归纳和整理,以

---

① 欧阳绍绪.中学物理情境教学的理论与实践研究[M].厦门:厦门大学出版社,2012:32.
② 易桂芳.地理教学中认知冲突的创设[J].地理教学,2010(12):51.

便于进行教学设计。设置认知冲突的过程主要遵循以下的流程：

（一）出示问题情境

具有一定真实性和复杂性的情境是认知冲突的载体。在进行教学时，如果能联系生活实际，运用将书本问题迁移到现实问题时产生的认知冲突，就能让学生在真实、生动的情境中经历知识形成的过程及问题解决的过程。在这一步骤中，教师将引发认知冲突的问题情境抛给学生，学生根据自己的生活经验对情境产生一定感悟、理解、认同和疑惑。

（二）充分暴露想法

在某个情境中，学生会尝试着运用已有的认知结构来对问题进行同化与理解。因为每一个学生都有自己的生活经历和学习经历，因此每个学生对问题都有自己的看法。面对老师给出的问题，学生通过交流探讨营造学习氛围，相互启发、相互促进，培养表达、倾听的能力。在这一步骤中，学生将根据已有认知对问题进行讨论和交流，充分表达自己的想法。

（三）适时揭示矛盾

教师在了解了学生的想法后，应该及时梳理和总结出学生讨论中的要点，与新知识进行对比。这时学生会发现自己的想法和教师给出的结果产生了矛盾，进而形成认知冲突。在这一步骤中，教师应适时把控课堂讨论的节奏，直击矛盾的关键点，将其剖析展现给学生。

（四）完善认知结构

当学生相信新问题情境中的新知识的正确性时，就会顺利解决新旧知识之间的矛盾，建立新的认知结构。教师应把握最佳教学时机，使学生了解旧知识的局限性并建立与新知识的联系。在这一步骤中，教师应给予充分的释疑，使学生通过新、旧知识之间的比较建立并完善新的知识结构，进而加深对新知识的理解，使思维能力上升一个台阶。

三、案例分析

笔者作为一名地理教师，将以沪教版六年级第二学期《环境污染及其防治》一课的教学片段为例进行具体说明。

本课需要达成的目标有：了解人类活动对环境的影响，知道环境保护的重要性，认识到人与自然要和谐相处。本课涉及的知识点不难理解，在生活中都有点滴的渗透,学生能通过不同途径有所了解。有关人类活动与地理环境之间有许多正反两方面的经验教训,是对学生进行环境保护教育的生动材料。利用这些材料合理设置矛盾冲突,能够使学生形成更加深刻的认知和思考,提高教学效率。

(一)出示情境,保证学习状态

教师:"废弃物越境转移"一般是指发达国家向发展中国家输入或发达国家借助第三国向发展中国家转移固体废弃物的过程。

在众多现实生活的事例中,笔者选择了"废弃物越境转移",即发达国家将废弃物出口到部分发展中国家。这是一个值得组织学生进行探讨的问题情境。"废弃物越境转移"现象的存在和形成具有多方面的原因,可以利用学生的思维定式设置认知冲突。

(二)组织讨论,呈现认知冲突

教师:请同学们分别站在发达国家与发展中国家的角度谈一谈对废弃物越境转移的看法。

学生1:发达国家在经济发展过程中产生了太多的垃圾,处理这些垃圾需要大量的人力和财力,越境转移对他们自身来说是一个简单、快速、有效的方法。

学生2:发展中国家本身也会有大量的垃圾产生,这样一来发展中国家的环境就更糟糕了。

学生3:这种做法是损人利己的,不能提倡。

学生4:俗话说得好"己所不欲,勿施于人"。发达国家这么做是不对的。

教师(归纳学生的观点):中国是发展中国家,如果废弃物转移到我们国家,你们会允许吗?

学生(异口同声):不允许!

在学生的原有认知中"废弃物是应该被丢弃的"。所以,当问及对"废弃物越境转移"的看法时,学生不约而同表达了反对,并认为是发展中国家"被迫"或是"不得不"接收了废弃物。这与现实中发展中国家"主动"进口废弃物两者之间产生了矛盾,为下一环节做好了铺垫。

(三)继续引导,化解认知冲突

教师:连作为中学生的我们都知道拒绝废弃物,那么为什么还会有大量废弃物进口到我国呢?(出示"2015年我国各省(区、市)实际进口废物量分布图")

学生(面面相觑):……

教师：从这个表格中，你得到什么信息了？（出示"利用进口废弃物可获得大量再生资源（以 2015 年为例）"数据）

学生（恍然大悟）：原来这些废弃物能给我们带来经济利益，所以我们要进口。

教师：进口废弃物里面含有大量可回收的有色金属、黑色金属、塑料以及一些有使用价值的零部件，进行循环再生可以获取巨大的经济价值。既然如此，同学们是否认为可以接受废弃物的越境转移了呢？

学生 1：我们可以进口，毕竟发达国家的科技比较发达，我们能发现不少宝贝。

学生 2：按照我们国家的经济实力，我们根本不需要这些"垃圾"。

此时全班在"可以进口""不能进口"两种观点中争执不下。

教师：进口的废弃物中除了一部分能再利用，那么其他的呢？

学生 1：还有大量的是不能被利用的废弃物。

学生 2：还会有很多是有毒有害的物质，对环境的危害很大。

教师：广东省汕头市贵屿镇是集中处理电子废物的一个垃圾场，被称为"世界垃圾终点站"。来自美国、欧洲和日本的大量电子垃圾被运到这里，由于电子废物的拆解、燃烧、填埋等行为，那里电子污染严重，方圆百里之内已经无可饮用的地下水，地上无法生长任何植物。

教师：在这里我们看到了一场经济利益与环境利益的博弈。你认为哪个更重要？

学生 1：近几年雾霾越来越严重，我觉得环境比经济更重要。

学生 2：刚才我们看到了"世界十大污染事件"，环境污染关系到人类的生存，环境更重要。

当教师利用"2015 年我国各省（区、市）实际进口废物量分布图"揭露冲突点后，教室里出现了冷场。这是认知产生矛盾时的正常心理反应。随后，教师通过引领，带领学生将多种观点加以判断、整合，通过自我认知的肯定或否定，引起学生"经济利益"与"环境利益"博弈的深层次的思考：究竟是该选择经济利益，还是选择环境利益？此时学生认为应该选择环境利益。

(四) 适时总结，提升学习成效

教师：在经济利益与环境利益之间是否只能取其一？

学生（犹豫后回答）：不是。

教师：我们可不可以考虑平衡好两者之间的关系呢，比如废弃物的越境转移，你有什么好建议?

学生1:我们可以适当地进口。

学生2:我们可以研发垃圾的处理技术,把危害降到最低。

教师:很好。还有吗?

学生3:我们只进口一些有用的,对有害的物质一定要严格控制。

教师:如何严格控制?

学生4:制定一个标准,符合标准的就可以放行。

学生5:列出一张黑名单,含有黑名单里列出的有害物质的就不能进口。

教师:也就是说完善一些规章制度,并且严格地执行,对吗?

学生(异口同声):对!

此时,教师抛出了促进学生进一步思考的问题:经济利益和环境利益是否只能取其一?学生从中能体会到环境保护的困难性,环境保护并不只是一句句的口号,一味追求经济利益或一味追求环境利益都是不可取的。由此,培养了学生辩证看待问题的思维能力。

单纯告知学生一个做法是对抑或错,是很难取得良好的效果的。随着学生年龄的增长,长期被动接受观点甚至还会产生潜意识的抵触。通过矛盾冲突可在一定程度上加深记忆、主动接纳,促进个体道德判断力的发展。在上述认知冲突设置与化解的过程中,学生从无疑中生疑,经历了肯定、困惑、焦虑、犹豫、顿悟的不同的心理变化。这种深刻、激烈的体验,正是设置认知冲突技术带来的教学效果。

四、注意事项

1. 教师要智慧地把握课堂生成性资源

设置认知冲突技术是一种预设,而课堂是生成的,常有一些不确定性。这就需要教师随机应变、把握时机,利用生成性资源使冲突的化解显得更加自然而流畅。

2. 教师要有意识地营造民主的课堂氛围

运用认知冲突,会在一定程度上使学生产生自我否定或者自我怀疑,因此更应该注重营造宽松、和谐、民主、愉悦的课堂氛围,避免学生出现挫败感。

(撰稿者:胡燕君)

角色体验：让信息科技教学更具生命力

当前，信息科技教学中存在只强调知识的简单记忆和操作技能的反复训练，而忽视运用能力培养的教学，从实效来看，初中生的信息技术相关操作技能学得很好，而高阶思维缺失的现象有待改善。在信息科技教学中融入角色体验，能充分发挥学生的主观能动性，通过对角色的体验、感受、想象和运用，强调学生学习的真实性、应用性、逻辑性，让信息科技教学发挥真正的育人价值。

一、理论与意义

所谓角色体验教学就是教师通过一定的策略（如鼓励参与、协作交流）和方法（如质疑、换位、对比等），帮助和促使学生在教与学的过程中有所感受（受到影响），有所体验（亲身经历），有所领悟，能把自己已有的经验（直接的生活经验和间接的学习经验、知识背景）与当前的学习活动结合起来，从而使学习者转移产生对知识的深刻理解，对方法技能的切实领会，实现对知识体系的意义建构。[1]

角色体验的信息科技教学微技术是根据教学内容进行设计，让学生在活动中担任一定的角色，完成一定的任务。比如计算机安全板块中的"病毒小医生"，电子板报及演示文稿板块中的"设计师"，数据表格处理板块中的"数据分析师"以及 Scratch 编程板块中的"游戏策划师"等。学生在模拟情境中能够激发对信息科技学科的学习兴趣，提高学习的主动性和积极性，对未来的信息技术学习有帮助。角色体验有一个重要作用就是赋予了学生在情境角色中感受的机会，让他们置身于真实情境中来解决真问

---

[1] 徐之龙.实施角色体验式教学，构建高中政治高效课堂[J].祖国（教育版），2014(7)：228.

题,获得真体验,提高真能力。它的作用主要体现在以下几个方面:

(一) 角色体验能有效提高学生学习的参与度

六年级的学生求知欲日益旺盛、好奇心强烈,乐于参加各种创造性活动,对于竞争性、冒险性和趣味性的活动乐不知疲。在信息科技课堂采用角色体验的教学微技术,能够利用中学生的特点,让学生深入情境中去,发现信息技术的魅力所在,激发学生的学习兴趣,使学生积极参与到教师创设的情境中来。角色体验引导学生实践,学生能够把所学理论知识运用到实际生活中去,提高对信息知识的应用能力。

(二) 角色体验能有效促进学生的合作学习

学生的学习需要以自己已有的认知结构和认知方式为基础,自主地进行问题分析与探究。借助角色体验的方式,引导学生通过协同合作对知识进行探究,使每个学生都能够找到自己的角色定位,内化所学信息技术知识,提高实践能力,突显学习的互动性、互助性、交往性,有利于培养学生集体观念、合作精神和团队意识,且学生确定了自己在团队中的角色任务后,能进一步认识到责任感,从而保障与提高学习效率,促进学生有效合作。

让学生在角色体验和身心参与的实践中进行学习探究,通过团队合作演绎锻炼人际交往能力,充分利用自己所擅长的能力为学习任务的完成添砖加瓦,以保证他们始终充满对学习探究的兴趣,真正成为一名知识的发现者、研究的探索者、实践的参与者。

二、操作方法与流程

为了有效发挥角色体验的作用,我们在教学前期要做好准备。第一是主题选定。在选择活动主题的时候需要整合课本主要知识内容及教学目标,抓住学生的兴趣点以及与实际生活相结合,将这三者有机地联系起来,为角色体验创设良好的环境。第二是活动课时安排。我们必须客观地看到,无论以何种理念、何种目标为取向开展教学活动,在对知识进行重组与整合后,最终必须将重组的内容按照课时进行安排,也就是转化为课时设计。第三是小组设定。为了让小组合作不流于形式,教师要充分考虑学生的特点,因此,要使教学顺利开展,在活动开始前,教师需要花更多时间了解学生的优势,注重学生认知差异,营造互助氛围。

前期准备是后期教学活动具体实施的前提和保障,只有充分做好以上这些准备工作,才能高效地在课堂教学中实施角色体验微技术。

在前期准备的基础上,角色体验在具体实施过程中主要遵循以下的流程:

(一) 任务分解,明确角色需求

抛出驱动问题,激发学生参与角色体验的热情,变单调、机械的信息技术练习为生动、形象、有声有色的角色体验。一个项目活动对于学生而言,可能一下子任务过大,学生可以在教师的引导下,将一个项目的总任务拆解成一个个具体的实践小任务或问题链,明确角色需求,分解角色任务,从而更好地参与探究学习。分解任务的过程就是思维培养的过程。在分析问题、思考问题的过程中,学生将信息意识、计算思维等学科核心素养内化为自身能力。

学习活动也可以让小组在相应的范围内,通过民主讨论的方式来决定小组的工作计划、每个成员的角色分工。

(二) 技能综合,优化角色体验

传统教学中教师习惯将一个学习模块分割开,单个任务布置,导致学生了解不到它们之间原本的联系,也就不能将所学的技能综合运用起来。通过角色体验,每个角色都有相应的任务需求,明确该角色要完成的任务有哪些,完成这一系列任务需要哪些技能,从而明确所需的信息技术,感受学以致用;而不再像传统教学那样让学生觉得只是为了完成任务而学习,只在课堂上能够使用这些技能,学与用完全脱节。

(三) 自主探究,鼓励组内互助

这一阶段是信息科技教学的关键阶段,也是学生知识、技能与实践能力提升的阶段。学生的探究贯穿于整个项目活动中,大部分知识内容和技能、技巧的学习是在此过程完成的。基于前期的主题相关资料的准备与方案设计,项目实施阶段更多的是需要学生动手实践。教师作为组织者与引导者,应将学生作为课堂的主人,基于自主学习、小组合作学习模式,展开师生、生生互动实践,以此引导学生在实践过程中提升创新思维、合作能力与实践能力。

(四) 角色扮演,组织展示评价

学生作品的展示是信息科技教学中的重要一环,教师与班级的同学共享学生们的研究成果,教师应组织学生对自己和他人的作品进行鉴赏和评析。组员根据各自不同的角色任务进行分享、归纳、总结。小组需要对整个过程进行回顾、分析、处理数据、得出结论。通过报告总结的形式,帮助学生回顾学习、分析整理、巩固学习知识、发挥表达能力、展示个人魅力、构建学习体系。

不同的角色分享,有利于学生直接的感情体验,进一步激发他们的参与意识,不但给予每个同学展示的机会,更培养了小组的合作精神。

总之,角色体验能够使学生身临其境,激发其学习兴趣,更好地发挥能动性,增强小组合作意识,提高信息技术的综合应用能力。通过角色体验的方式,责任到人的分工,每个学生各司其职,共同为小组成果贡献力量。

三、案例分析

上述操作流程以华师大版《初中信息科技》教材第四单元《数据表格处理》为例,进行具体说明。本单元的学习主题为"我是小小数据分析师",借助"双十一"的各类数据,体验数据分析师的工作,每节课都以"需求分析——数据选择——数据整理——分析数据——结论及建议"的设计思路进行。通过认领分析师任务,选择需要的数据,利用Excel软件创建表格,进行数据加工与表达,最后,综合分析形成"双十一"报告。

(一) 情境导入,梳理角色任务

借由2018年"双十一"各大电商平台、各区域以及各类人群等购买情况的相关数据视频,让学生感受到数据分析在我们日常生活中的应用(图4-3)。我抛出驱动问题:谁能预测2019年"双十一"购物节又将如何?学生纷纷开始大胆猜测,我在肯定学生积极踊跃之余,引导他们用数据来证明自己的猜测,同时出示事先准备好的大量可供研究的数据(图4-4),营造开放、真实的情境。

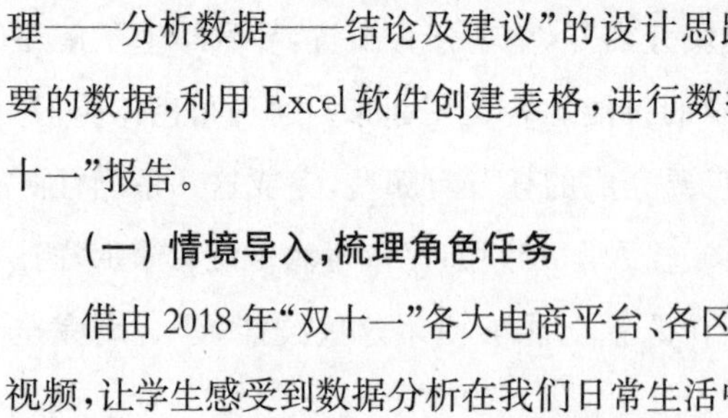

图4-3 生活中的数据分析

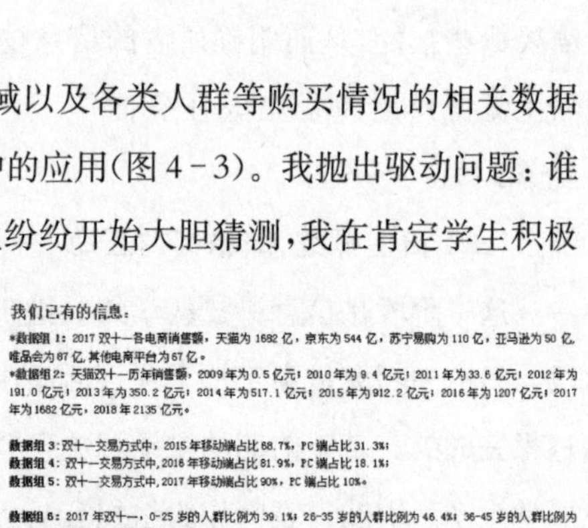

我们已有的信息:

*数据组1:2017双十一各电商销售额,天猫为1682亿,京东为544亿,苏宁易购为110亿,亚马逊为50亿,唯品会为87亿,其他电商平台为67亿。
*数据组2:天猫双十一历年销售额,2009年为0.5亿元;2010年为9.4亿元;2011年为33.6亿元;2012年为191.0亿元;2013年为350.2亿元;2014年为517.1亿元;2015年为912.2亿元;2016年为1207亿元;2017年为1682亿元,2018年2135亿元。

数据组3:双十一交易方式中,2015年移动端占比68.7%,PC端占比31.3%;
数据组4:双十一交易方式中,2016年移动端占比81.9%,PC端占比18.1%;
数据组5:双十一交易方式中,2017年移动端占比90%,PC端占比10%。

数据组6:2017年双十一,0-25岁的人群比例为39.1%;26-35岁的人群比例为46.4%;36-45岁的人群比例为11%;46岁及以上的人群比例为3.5%
数据组7:2018年双十一,0-25岁的人群比例为37.9%;26-35岁的人群比例为46.4%;36-45岁的人群比例为11.5%;46岁及以上的人群比例为4.2%

数据组8:2017年双十一中,男性用户比例为45.8%;女性用户比例为54.2%;
数据组9:2018年双十一中,男性用户比例为38.2%;女性用户比例为61.8%。

数据组10:2018年双十一,在淘宝购物的人群中,00后占8%;90后占39%;80后占28%;70后占17%;60后占8%;
数据组11:2018年双十一,在京东购物的人群中,00后占9%;90后占37%;80后占27%;70后占18%;60后占9%;
数据组12:2018年双十一,在拼多多购物的人群中,00后占11%;90后占29%;80后占28%;70后占22%;60后占10%;

数据组13:2017年双十一天猫全国各省份成交额中,广东排名第一,销售额为203亿元;浙江排名第二,销售额为167.70亿元;江苏排名第三,销售额为149.93亿元。
数据组14:2018年双十一天猫全国各省份成交额中,广东排名第一,销售额为386亿元;江苏排名第二,销售额为361亿元;浙江排名第三,销售额为260亿元。
数据组15:2017年双十一的优惠券使用方面,北京优惠券使用人数为219万人,杭州优惠券使用人数为147万人,深圳优惠券使用人数为135万人,上海优惠券使用人数为299万人,广州优惠券使用人数为134万人。

图4-4 教师提供的"双十一"相关数据

将活动任务进行分解,组内分工合作,分析数据信息,明确本活动需要四位数据分析师(图4-5),组内协商认领相关板块数据进行分析。

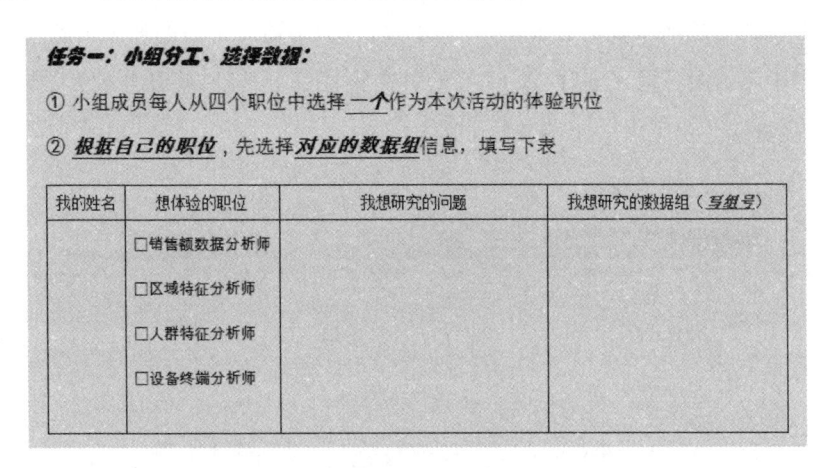

图4-5 数据分析师角色认领

我通过提问的方式帮助学生梳理研究主线(图4-6)。

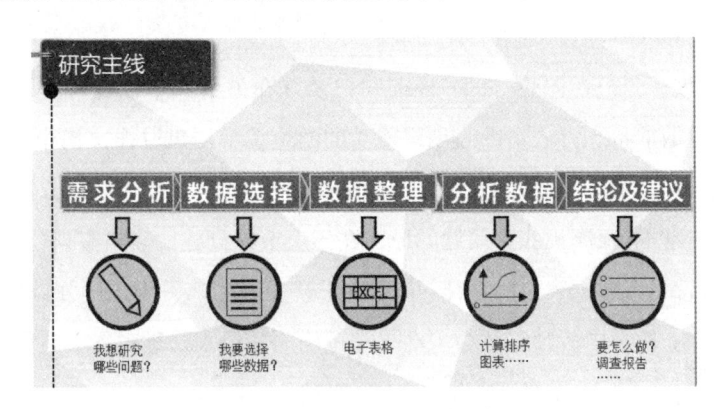

图4-6 项目研究主线梳理

师:作为销售额数据分析师,我们想研究的问题是?根据想研究的问题确定数据组。

生1:2018年各大电商平台的销售情况,选择数据组1。

生2:这些年天猫"双十一"的销售情况,选择数据组2。

师:如何整理这些数据?如何分析?分析后得出什么结论及建议呢?

小组根据问题链进行探究计划的制定,从这一系列问题中再次细化每个角色的任务,明确每个角色的工作流程。

本环节要确保每个学生都参与到小组探究的计划和分工中去,让每个学生都为小组的计划和分工提供自己的想法意见,制定小组公约,发挥能力。

(二)分析师任务驱动,相关技能综合应用

结合每个角色所认领的任务,进行需求分析,引出需要掌握的相关信息技能。教师将所需学习的内容融入到对"双十一"的各类数据进行整理,将任务扩大,既含有基本技术,更重视综合应用。(图4-7)

课时安排

教学内容	核心概念	课时
创建数据表格	数据表格的基本结构	1
数据分析初体验	图表的创建	2
数据分析进阶	数据的运算与分析——公式计算	2
销售额大比拼	数据的运算与分析——函数、排序与筛选	2
综合分析形成"双十一"报告	数值整理、加工综合应用	1

图4-7 项目活动课时调整

比如在"数据分析初体验"板块,课前我记录好在上节课中创建有问题的表格,为本节课的演示做准备。首先请图表创建成功的学生展示创建过程,归纳图表制作的一般步骤,然后展示创建失败的图表及个别问题图表,再次巩固图表创建方法的同时,引导学生发现问题,追根溯源找到问题的原因在于上节课创建的表格有误(如图4-8所示),分析原因,强调数据表格的特征,从而验证第一课时学习中老师强调数据表格特征的原因。传统教学中教师往往会主动提供正确的数据表格进行图表制作,学生根本

数据组2 天猫双十一历年销售额	
年份	销售额
2009年	0.5亿元
2010年	9.4亿元
2011年	33.6亿元
2012年	191.0亿元
2013年	350.2亿元
2014年	517.1亿元
2015年	912.2亿元
2016年	1207亿元
2017年	1682亿元
2018年	2135亿元

天猫历年销售额	
年份	销售额(亿元)
2009	0.5
2010	9.4
2011	33.6
2012	191
2013	350.2
2014	517.1
2015	912.2
2016	1207
2017	1682
2018	2135

图4-8 问题表格

意识不到错误的数据表格将直接影响后期的数据分析。改进后的课堂教学不是聚焦一个个独立的技能操作,而是整体化、系统化地把握知识之间的联系,从而帮助学生体验数据分析的真实过程。

本环节中教师需要把握课堂生成性资源,激发学生思辨,每位组员的数据分析师角色贯穿活动始终,学生借助自己生成的数据表格,而不是教师给的标准数据表格,做到真实体验数据分析的过程。

(三)分析师能力定位,自主和互助探究相结合

该活动中需要掌握的技术主要通过小组合作和自主探究的方式学习。教师考虑学生的具体学情来合理地设置学习任务。比如在教授如何创建图表时,我设计帮助文件作为学习"脚手架"让学生自主学习相对较容易的技能(图4-9),在引导学生思考数据之间更多的关系时,我会通过问题支架的形式帮助学生感受数据会说话,比如:2017与2018"双十一"中各电商的销售额有哪些变化?哪个大区的销售额最高?你是如何得出结论的?请结合数据或图表表达你的观点(图4-10)。在教授如何修改问题图表时,我鼓励小组共学相对较难的技能(图4-11),以求能够提高学生的探索能力。学生结合自己的角色任务,完成研究内容。

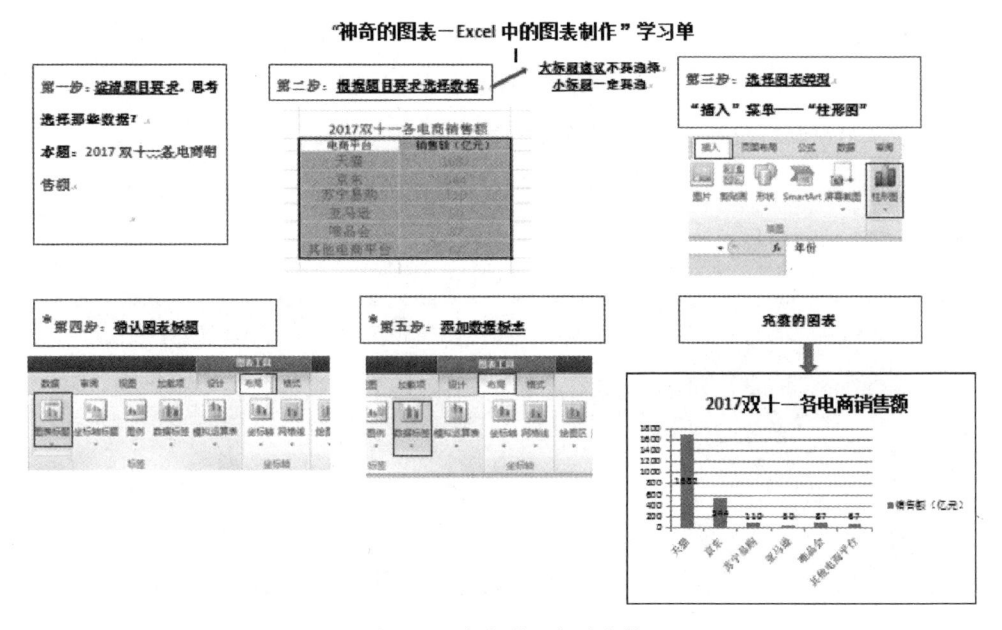

图4-9 自主学习帮助文件

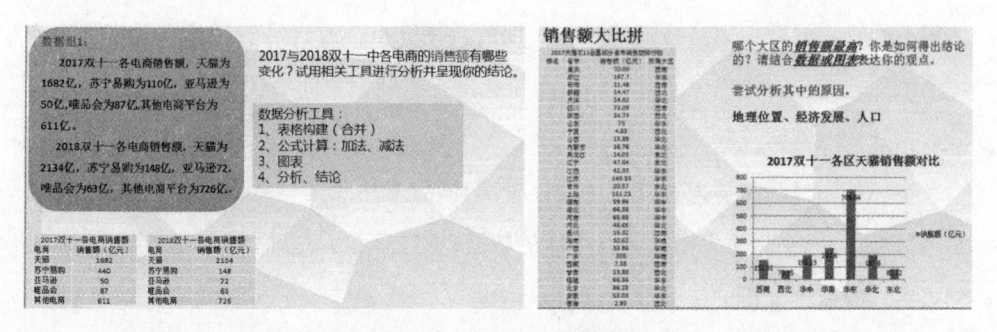

图 4-10　自主学习问题支架

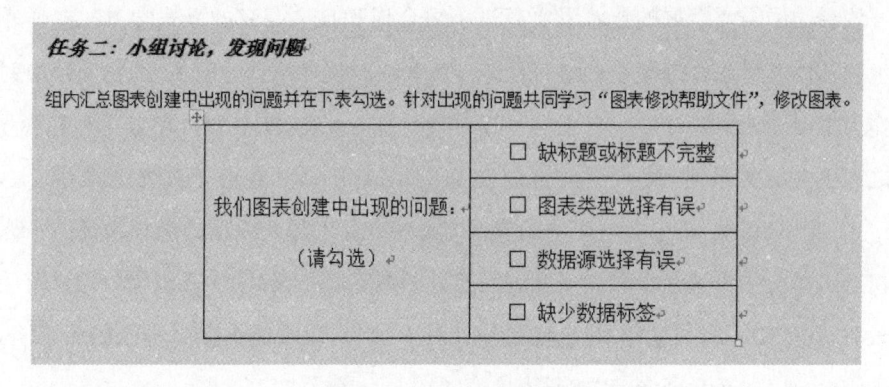

图 4-11　小组共学互助

该环节教师一定要给予学生机会自主学习,同时引导学生结合自己的角色任务尝试拓展、分析、预测相关信息,并鼓励组员齐心协力,互帮互助。

(四)分析师各显神通,展示评价共分享

各组展示"双十一"数据分析报告(图 4-12),为了避免一人负责制,要求每个组员根据各自不同的角色任务进行分享、归纳、总结。

图 4-12　双十一数据分析报告

首先请组长对整个过程进行回顾,再邀请组员分别从销售额、区域、人群、设备四个分析师角色进行分享(图4-13),分工明确,思路清晰。这样每个学生都有机会进行展示,尤其是前期如果认真参与的学生,这样的展示对他们来说意义重大。

图4-13 区域特征、销售额数据分析师

该环节中角色体验微技术能顺其自然地鼓励每一位学生上台,进一步激发他们的参与意识、团队意识,让学生的代入感更强。

角色扮演微技术也需要过程性评价的加入。我将知识技能的学习、小组研究过程中的合作、分角色上台分享的效果都纳入了评价的内容中,利用这样的评价方式使教学过程和评价过程起到相辅相成的效果;又通过角色体验的方式,激发每个组员的责任心。

总之,以上几个环节,角色体验微技术很好地激发了学生的学习兴趣,增强其信息意识,提高其技术应用能力,在轻松、愉悦的氛围中获取知识与技能,促进自身成长与发展。

四、注意事项

① 角色体验主要是引导学生借助角色任务激发学习主动性,感受学习的意义和价值,教师在设计活动内容时不必刻意加入角色扮演的活动形式,要注意这二者的区别。

② 角色体验微技术的应用过程中可能会出现个别组员因为性格原因不愿意上台展示交流,教师可以借助小组的力量或者课后的鼓励,但还是要尊重学生自己的决定。

(撰稿者:袁静)

"小白板"分享：提升合作学习实效

以微技术改进为载体，转变教师教学行为，推进课堂转型，着力提高学科教育品质是着力提升学生核心素养的一项实际举措。学生在合作学习中，缺少展示的平台，笔者采用便携式"小白板"作为课堂转型、教学改进的载体，助推小组合作学习，探索出英语课堂"小白板"分享微技术作文教学范式。

一、理念与意义

便携式"小白板"，就是一块白色正方形可书写的板，是课堂小组合作的微技术。根据合作教学理论，每个学生由于发展水平、兴趣爱好不同，对同一事物有着不同的理解和认识上的差异，而这种差异正是学生间可以进行交往与合作学习的前提。合作学习是一种结构化的、系统的学习策略，以合作和互助的方式开展学习活动，共同完成小组学习目标，在促进每个人学习水平提升的前提下，提高整体成绩。我们认为，学习是一个复杂的思维过程，在促进理解知识、构建显性表达、共享、提升效益等方面，"小白板"分享体现出交流更加全面、呈现更加便捷、评价更加及时、分层指导更加容易等功能，促进学生课堂参与、合作等最大化，也提高学生个体的学习效果。

利用"小白板"分享微技术，推进小组合作，探索英语课堂写作教学的范式，其功能与效益在于：

① 在自主学习基础上的合作学习提升了写作的积极主动精神。以"小白板"为媒介，自主思考可分享，合作主题可聚焦；既引发自我智慧的火花，又在更大范围内产生新的碰撞。

② 可视化思维促进了学生写作的独立共享意识。"小白板"有记录、展示、启智三大功能，它让学习者始终能够体验独立、互动学习的快乐，为教师以学定教和个别化辅导提供便捷、外显的依据，是实现自主互助、以学定教课堂转型的有利抓手。

③ 构思与表达规范形成了写作的课堂教学范式。使用"小白板"不仅提高了学生写作的积极性，也提高了学生习作的有效性，而且建构了审题、构思、语言、行文、检查的英语课堂写作教学范式。

"小白板"分享微技术成为教学改进的抓手、课堂转型的媒介，更重要的是把学生的自主思考激活了，把合作的体验碰撞了，把学习的主动权还给学生，让学生真正成为英语写作的主人。

二、操作方法

以往学生看到英语作文题目，不知从何落笔，思路混乱、东拉西扯、行文不着边际。使用"小白板"辅助小组合作，可以从审题构思、词句组织应用和成文的修改三个角度，对学生英语写作加以指导提升。

环节一：使用"小白板"，共享优化审题构思

教师先将学生按照每五人一组的标准进行分类，之后明确构思评价标准，例如构思要有完整性，主题突出、新颖、符合逻辑等。学生根据教师要求审题，对要写的题目先进行独立构思，思考可以从哪几个角度写。

然后在小组内进行交流，经过讨论、评价，确定出本组认为最好的构思，将其构思框架图写到"小白板"上。之后，小组成员还要围绕这一构思集思广益，头脑风暴，依据评价标准再次分工合作、讨论修改。在此基础上，学生还应根据结构思路，筛选出合适的结构性词句，记录在"小白板"上，形成文章的基本行文框架。

最后小组成员进行班内展示，人人宣读，接受老师和他组同学的评价及修改建议，进一步优化思路。

环节二：使用"小白板"，交流共享写作语言

学生审题目、构思、列好提纲，又出现"词到用时方恨少"的新问题。借助"小白板"，通过小组合作，尽可能多地激活大脑中储存的好词汇、好句型，让学生有词可用，选词优用。

首先要立足学生已有的知识积累，教师引导学生回忆与主题内容相关的单词、词

组、句型,写在本子上,之后组内交流分享,根据教师给出的好词好句评价指南,给学生评判哪些是好词好句。例如,好词是准确的、贴切的、新颖的、吸引人的等;好句是带有复合句的、带有固定搭配的等。进过交流后,将所有成员认为比较好的词汇、句型汇总誊写到"小白板"上。

然后进行组间互评,交换"小白板",各组就他组"小白板"的内容快速讨论,摘抄有启发的单词、词组和句型。由于学生想到的高级词汇与句型比较多,分享亦有疲劳,要求一二小组间交换即可。

教师的引领是不容忽视的资源。教师在教室"大白板"上列举想到的高级词汇与高级句型,点评小组间优质的高级词汇与高级句型。教师的补充和肯定,既拓宽了学生的选择范围,又激发了自主积累、运用的积极性。

环节三:使用"小白板",交流评价行文检查

经过前期的合作与分享,学生独立行文已经有话可说,写作顺利,用时较少。但有时作文依然不能获得高分,原因一是学生缺乏对关联词的认知及正确使用,二是没有养成良好的自我检查习惯。结果常常是好词好句确实不少,表情达意确实不错,却因一些简单的语法、标点错误等,造成没有必要的失分。针对成文的检查评价,"小白板"的使用把好了英语作文的最后一关。

文章写好,誊录在"小白板"上,根据教师提供的评价指南,组内自我评价。例如:① 文章结构是否清晰、完整,是否有逻辑,是否包含 beginning、body、ending 的框架;② 语法、时态,句型的搭配是否准确,主谓是否一致;③ 标点符号、大小写、单词拼写是否正确;④ 关联词是否恰当。小组不仅找出文章的缺点,还用红笔划出小组公认的好词好句。

各组自评后,开始组间评价。每个小组都有编号,采用车轮式评价。教师对学生批阅提前做出指导。根据不同的批改标识,将评价结果反馈给被评价组。

最后教师选择二三个小组的文章以及他组对文章的评价进行评价,评价小组的评价认真程度以及评价质量。此环节教师使用不同于学生所用颜色的记号笔,一边讲一边将自己的评价意见写到"小白板"上。每一位同学可以将自己认可的句型进行采撷,以便独立完成或修改自己的文章,这样做既可以为学生的评价进行反馈,也可以为文章的评价进行认知示范。

借助"小白板",可以使提高表达能力的教学落到实处。未使用"小白板"前,学生的书面语言规范、连贯表达、书写规范等一再失误;使用"小白板"使学生思维可视化、共性失误可共纠。

三、案例与分析

下面借助牛津英语(上海版)8BU6 "France is calling"单元的写作教学案例分析来进行具体说明。

环节一:利用"小白板"呈现优化构思

1. 独立思考,交流对话,达成组内共识构思

在学习牛津英语(上海版)8BU6 时,要求学生根据提示完成一篇关于旅游的习作。教师出示习作题目:Sandy and his family will go to France for summer holiday. They need a relaxing and pleasant trip. Suppose you are a travel agent, design a one-day trip to France for them. Where to go? What to do? How do you feel?

作文结构的基本要求是构思要有完整性,主题突出、新颖,内容符合逻辑等。学生按照每五人分完组后,每个学生对要写的题目先进行各自独立构思,明确自己的思路是什么。然后在小组内进行充分交流,经过讨论、评价,选出本组认为最好的构思。

2. 分工协作,"白板"呈现,品读优化写作构思

每组将筛选的"构思框架图"写到"小白板"展示,随后组内继续集思广益,对文章结构进行进一步优化。同时筛选一些可供使用的结构性词句,列在"白板"上,如:

one of the …

I suggest that you go to …

be deeply attracted by …

If you … you will …

After visiting …

See … doing …

I'm looking forward to doing …

I hope that …

You can't miss visiting …

I think/believe …

Why not ...

继而小组成员分工协作,每位成员按照已有的构思和结构性好词好句进行分工构思,再次讨论修改。分工如下:S1——Beginning 部分;S2——"Where to go?";S3——"What to do?";S4——"How do you feel?";S5——Ending 部分。最后在班中进行各组展示,老师和他组同学提出自己的评价及修改建议,本小组再进行调整,优化思路。

由此可见,"小白板"分享可以将培养学生的思维品质落到实处。小组思维成果得以在"小白板"上展示,学生有了更多展示的空间以及展示的机会,每位学生获得了更多的写作灵感和资源。讨论、交流、分享的过程就是一次学习他人经验补自己不足的过程。使用"小白板"以后,学生们的参与度大大提高了,思维的深度也从肤浅向深刻转变。这其中"小白板"起到了举足轻重的作用。

环节二:使用"小白板"共享写作语言

1. 积极回忆,组内筛选好词好句

结构只是文章的框架,语言的表述是文章的血肉。调动每个学生已有词句的积累,并在组内交流分享,可以充分扩大学生词汇量,夯实学生词句积累。教师给出好词好句积累。本文的写作,各小组"小白板"上的词句就非常丰富:

Useful sentence patterns:

- ✓ ... one of the most ...
- ✓ With ...
- ✓ world-famous
- ✓ landmark
- ✓ such as ...
- ✓ ... where you can ...
- ✓ ... enable ... to ...
- ✓ be impressed/shocked by ...
- ✓ ... be regarded as ...
- ✓ ... be rich in ...
- ✓ It is a must to ...
- ✓ Why not ...

Useful conjunctions:

并列连词：

and，so，but，both ... and，not only ... but also

as well as，either ... or

从属连词：

If，unless

when，while，after，before

because，since，now that，as

as ... as，not as/so as

so ... that，though ...

2. 组间交流，共享好词好句

各组间交换"小白板"，就每块"小白板"内容快速讨论，摘抄亮点句型。因为各小组的文章构思存在不同，联想到的词句必然存在差异，小组交流还可以互通有无，拓展思维。

3. 教师引领，自我选择好词好句

教师点评小组间优质的高级词汇与句型，对学生进行指导和肯定。同时还可以在教室"大白板"上补充其他的高级词汇与句型。教师的肯定和补充，既提升了学生的学习成就感，激发学习兴趣，又拓宽了学生的选择范围。

环节三：使用"小白板"评价写作成果

通过前期合作与分享，学生独立行文已经是有思路有内容，但有时作文依然不能获得高分。由于学生缺乏对关联词的认知以及正确使用或者有简单的语法、标点错误等，造成没有必要的失分，所以应加强对评价检查环节的重视。

下面这篇课内习作为学生在课堂上通过小组讨论在"小白板"上即时生成：

Travel is a good way to enjoy life and broaden my knowledge. France is one of the popular tourist destinations in the world. Paris is the capital of France, so I suggest you go to Paris. There are many landmarks there, such as the Eiffel Tower, the Arc de Triomphe and so on. If you go to visit Paris, you'll be deeply attracted by them. I believe you will feel excited and enjoy yourself. Why not spread your wings and visit France!

1. 小组成员自我评价检查

文章写好，组内自我评价，教师提供评价指南。如：

表 4-3 评 价 指 南

Content 内容	Keeping to the topic 切题 At least 3 interesting ideas 充实 Beginning, body and ending 完整 ≥80 words & handwriting 字数、字迹	☆ ☆ ☆ ☆
Language 语言	Different words and sentences 语法现象丰富：单词多样，句式富有变化 Every 3 mistakes — ☆ 语法、句式、用词正确，无中文式表达	☆ ☆ ☆ ☆
Structure 结构	Using suitable conjunctions 使用合适的连接词 Fluent and logical 连贯流畅且有逻辑关系	☆ ☆
Think: What do you think of it? Which part do you like best? How many good expressions are used in the paragraph?		Total: _____ stars

根据评价指南进行的组内自我评价，一方面引导学生发现自身写作的问题，另一方面，也强化学生"什么样的文章是一篇好文章"的认识。

2. 小组轮换批阅他组习作

各组自评后，开始组间评价。每个小组根据编号采用车轮式评价。教师对学生批阅提前做出指导。例如：① 用红笔标识并改正时态，句型的搭配是否准确，主谓是否一致等；② 用红笔标识出并改正标点符号、大小写、单词拼写错误；③ 用红笔画箭头对习作语句的顺序调整；④ 用红笔以曲线划出习作的好词好句。之后，将评价结果反馈给被评价组。

3. 教师讲评提升规范写作

教师选择二三篇具有典型性的文章，通过展示"小白板"，对文章以及他组对文章的评价两个方面进行点评，既提供了写文章的范式，也提供了评价文章的标准。学生可以将各"小白板"上可为己用的内容摘抄记录，边听边记录，以便于独立完成或修改自己的文章。

整个评价过程是习得评价标准、应用评价标准、内化评价标准的过程，学生在教师设计的评价标准中对自身、对同学的文章做出评价，有效提高写作水平。

四、温馨提示

① "小白板"分享微技术改进的优势显而易见，但教师在实际备课的时候要充分

考虑应用的时机：哪几个环节上需要"白板"展示；哪个问题可能会是学生理解的难点，需要小组讨论后用"白板"展示；哪个问题用"白板"展示后更利于学生思维的拓展延伸；学生可能会在"白板"上质疑哪些问题。

② 作为教师，要对学生的展示结果进行有针对性的点评。老师们在课前就对"小白板"的使用次数、使用环节、使用后可能产生的效果做到心中有数。这样，"小白板"分享微技术在课堂上使用将会更为合理、更为有效，真正实现"以学生发展为本"的目标，课堂教学才能实现真正意义上的转型。

（撰稿者：王静）

第五章

评价多元：课堂教学微技术的激励方法

评价一词可以对应的英文有两个,分别是"evaluation"和"assessment",这两个不同的表达方式代表了两种概念倾向。"Evaluation"侧重把评价看作是价值判断的过程,强调的是对学生的学习效果的总结性评价,如测验、考试等;"Assessment"侧重把评价看作是为教师收集信息从而为改进教学提供依据的过程,强调的是以促进学生学习为主要目的的评价,如学生习作评价、合作学习参与评价。

评价是课堂教学不可分割的一部分,它不是独立于课堂教学之外的,它的核心功能在于激励学生学习。在多样化教学形态下,课堂教学评价方式也呈现出多元化特点。评价多元基于多元智能理论,其内核是为提升学生认知提供驱动力,其目的是帮助学生运用评价信息审视学习状况、反思学习策略、调整学习进度,从而成为真正的学习反思者。不管哪一种评价方式,它都应该是为了更好地激励学生参与课堂学习,形成内在的学习驱动力,在学习学科知识的基础上提升核心素养。

我校课堂的多元评价强调教师运用恰当的评价技术让学生在参与学习活动的过程中主动建构知识,形成批判精神、质疑能力等高阶思维。在提炼课堂"微技术激励方法"的过程中,多元课堂评价方式发挥了优势,它侧重学生在合作学习中的参与度,教师通过真实情境活动的设计激发学生间的互动讨论,然后以学生为中心来进行同伴间的评价与质疑,此评价过程也是学生建构知识和重建认知的过程,借助多元评价,不仅教师可以帮助不同层次的学生找到属于自己的发展空间和方向,而且也使得学生的批判性思维和质疑能力等高阶思维得以培养。这种以学生为中心的多元评价不仅是有效的评价方法,而且给我们的课堂提供了教学改革的新思路,在倡导提升学生核心素养的教育环境下应该成为课堂教学评价的共同努力方向。

捆绑式评价,把个人在小组合作学习过程的表现和成绩作为小组奖励与评价的依据,它强调小组评价与学生个体的评价的有机结合,激励不同层次的学生在评价中获取不同的成长和价值感。

多元评价,根据名著蕴含的德育价值,以学生为主体制定阶段性的评价方法,结合小组自评、互评等来分享学生在阅读过程中的体验和感悟，从而最终建立学生多元评价档案。

"四格法"，基于思维导图衍生出的写作评价方式，它借助一张普通纸张，通过把纸横折、竖折、再在内角处折后展开，用虚线勾绘出折痕，形成格子和虚线。在英语课堂中，它便于写作评价环节的规范化处理和对比应用，从而提升写作评价的效率。

同伴互助是小组内同伴共同学习、答疑解惑的一种学习方式，它满足了学生的尊重需求及自我实现的需求。它侧重采用多种激励评价方式激发学生间的互动，促进不同层次学生的提升。

基于单元视角的输出活动设计顺应英语教学活动观的发展趋势，立足单元视角，聚焦单元目标，以真实情境为载体，以思维提升为主线，培养学生的创新能力、思维能力、知识迁移能力和再建构能力，这种微技术激励方式体现了多元评价的情景化、多元化、个性化的特点。

诚然，多元评价方式并不局限于以上这些微技术。多元评价拓宽了我们课堂教学评价的视野，促使教师不断探索评价有效的具体途径，便于教师更好地关注个体差异，激励学生借助自评、互评等方式参与课堂的深度学习，从而使得评价的过程真正成为促进学生学习的过程。

捆绑式评价：让合作学习有效发生

在着力提升学生核心素养的背景下，深入推进合作学习依然是提升教育质量的有效形式。但是受多方面因素的影响，合作学习并没有发挥其应有的作用，原因之一就是未采用有效的策略和机制。为了避免让合作学习流于形式，我们在合作学习的课堂中探索有效策略，运用小组捆绑式评价，激发学生间的相互评价、交流，让不同层次的学生都能受益。

一、理念与意义

合作学习是以团体成绩作为奖励依据的一种课堂教学活动。合作学习通常不以个人成绩作为评价的依据，而是以各个小组在达成目标过程中总体成绩作为评价与奖励的标准。要达到这一目标，必须建立一种合理的激发每个小组成员最大潜能的小组合作学习评价机制。[①] 这种机制促进学生在小组集体中不仅个人努力并且乐于与同学互相合作，在这样的有效合作学习目标的实施中，捆绑式评价的合作学习微技术发挥了很多优势。

捆绑式评价微技术是把个人在小组合作学习过程的表现和成绩作为小组奖励与评价的依据，把学生的个人表现与集体评价结合在一起。对学生进行捆绑式评价，其目的是要增强伙伴互助的实效性，把小组评价与学生个体的评价进行有机结合，充分发挥捆绑评价的激励作用。它既可以避免学生吃大锅饭的消极表现，又可以避免个人英雄主义。同时，它可以激发小组成员参与合作学习的潜能，激励学生更乐于与同伴

---

① 李春华.合作教学操作全手册[M].南京：江苏教育出版社，2010：18.

互助，激发其集体荣誉感和责任感。它让不同层次的学生在合作学习中都有收获。它的作用主要体现在以下两个方面：

（一）捆绑式评价能够增强合作的实效性，激发后进生的学习热情

由于评价以加分为主，进步最大的小组，积分就可能最高。所以进步最大的因素往往取决于那些平时行为习惯差、学习成绩有待提高的学生身上，因为只有当后进生进步幅度大、小组整体进步的幅度也大时，小组才可能赢得更多的积分。为此，本组的其他成员都会积极主动地去帮助、支持这部分学生，这部分学生也会有所触动，逐步改变过去的习惯，取得一定的进步。这样就能真正促进和增强组员之间的合作与团结意识，实现合作的有效性。

（二）捆绑式评价能够增强合作学习持久性，能整体提升小组成员的学习效果

小组成员固定后，每个成员便明确了自身承担的任务，进而在组群中找到归属感，他们会为了小组积分不断地努力，包括课上和课后，他们会意识到自己即使一点点的进步都能为小组"添砖加瓦"，微小的成功、真实的贡献会大大激发学生的学习热情，从而使他们更加积极、快乐地投身到小组合作学习中，实现良性循环，避免了仅凭新鲜感而短期维持合作学习的状况。

总之，捆绑式评价下的合作学习避免了个别学生疏离的状态，让学生更聚焦于交流、分享、评价和质疑，大大提升了合作学习的实效性，让不同层次的学生都得到了提升。

二、操作方法

为了切实发挥捆绑式评价的作用，我们在合作学习前期要做以下的准备。第一是按照"组内异质，组间同质"的原则，把学生分成不同的小组，每组4—5人，男女混合。第二是小组共同制定海报，确定组名，设计组徽，提出小组口号和共同目标。此环节为学生提供一个增进彼此了解的机会，形成共识，增强团队凝聚力。第三是加强培训，统一组员的认识，使学生认同合作学习的价值，学会倾听，积极、主动地投入到有效的合作学习中并懂得如何去说服同伴。在这个环节，教师可以用浅显易懂的语言或者图片告诉学生合作学习的必要性，或者让学生观看合作学习的课堂实录，更直观地明确合作学习的方式。第四是明确合作学习的角色分工，为每一小组确定组长、记录员和监督员。分工明确、职责清晰是保证合作学习效率的关键。组长负责组织协调；记录员记录组内错误率高的题目;监督员督促小组成员认真投入。第五是确定评价细则,明确评价内容。每个小组分到一张评分表,表中每一项评价要求的总分为5分,组长根据个人表现给予恰当的得分,并最终计入小组得分。评价指标包括:一是能否独立思考,踊跃参与讨论,表现积极;二是小组交流时能否耐心倾听他人发言;三是能否提出有意义的见解启发他人;四是能否主动发问,别人讲解完毕后能否再次陈述正确思路;五是课后作业以及默写订正是否及时完成。

前期准备是后期合作学习具体实施的前提和保障,只有充分做好以上这些准备工作,才能有的放矢地在课堂教学中实施合作学习。

在前期准备的基础上,捆绑式评价在具体实施过程中主要遵循以下的流程:

(一)聚焦错题,学生间交互式问答

错题是"有价值的生成性问题",关注这些错题会大大提高课堂效率。将学生在复习阶段就各自存在困惑的问题记录下来并且写明需要询问的同学,课堂上进行生生间交融式问答。如果遇到不能解决的问题,老师及时介入进行释疑。这一环节对被提问的同学是个挑战,它促使每个同学都要认真复习知识,否则不能应对别人的提问。它和以往"教师提问,学生回答"的最大不同在于每个同学既是提问者也是回答者,课堂问答是交融进行的,在活泼富有挑战性的氛围中要求每个同学课堂上都要注意力高度集中,大脑处于积极活跃的状态,以此来防止学生课堂走神的情况,同时学生回答问题的个人得分会最终计入小组总分。

(二)改进发言策略,激励学困生

小组展示时为了限制学优生发言过于频繁,激励学困生,一般采用三种方法。一是点将法:讨论结束后如果仍有未能解决的问题,犯错同学可以点名已经解决出来的别组的任何一个组员回答。二是委派法:组长特意委派曾经犯错的组员回答。三是抢答法:在倾听别人发言后,只要有任何质疑都可以站起来发表不同看法,并且规定学困生发言次数每周不少于3次,以此来保证抢答的积极性。

(三)一人表达,别组评价

课堂中通过开放性问题或者情景创设,给学生充足发言和表达的机会,其余学生根据评价表进行评价,任何学生的发言或评价都计入小组总分。

(四)小组捆绑,辩论学习

所谓"辩论式"学习是指教学过程中,以学生为主体,以反向思维和发散性思维为特征,由小组围绕特定的论题辩驳问难,各抒己见,互相学习,在辩论中主动获取知识的一种学习方式,它是优化英语听说课的有效途径,它锻炼学生的思维和论辩能力,而捆绑式评价的运用更有利于学生发挥参与辩论的主动性和为团体荣誉奋斗的自觉性,有利于班级小组的和谐发展。

总之,捆绑式评价可以有效保障合作学习每个流程和多种教学方式的顺利开展,通过长期的实践,学生会将捆绑式评价的原则和内核内化为合作学习的自觉行为。

三、案例分析

捆绑式评价的操作流程在不同的课型中会有不同的运用,下面借助案例分析来进行具体说明。

(一) 聚焦错题,交融问答

在英语语法学习过程中经常会出现学生屡次犯错的题目,在复习时,教师可以让学生聚焦各自的错题,整理出错题本,并把理解误区或者有疑问的地方写在旁边,在班级里与同学交流,先由学生询问同伴或者别组的学生,同伴互助无法解决的问题再由老师讲解。如课前布置每个学生要根据自己的错题整理一份提问单,格式如下:

1. It is too late, we had better _____ home as soon as possible.

  A. arrive   B. arrive in   C. reach   D. get to

疑问:为什么答案不是"C. reach"? reach 后面不是可以直接加名词吗?

2. Keep the window _____ while you are in.

  A. open   B. opening   C. opened   D. open

疑问:这里为何要选 open? 不是有 keep sb. doing sth? 这里为何不能选 B? open 做动词和形容词的用法分别是什么?

3. Four _____ were reported by the police last month. (rob)

疑问:为何不可以使用 robbers?

本环节中教师除了组织学生进行质疑和问答之外,还需要把学生犯错的题目进行分类汇总,以变式训练的方式在后期让学生进行再训练。

(二) 改进发言策略,激励学困生

这个操作方法主要适用于习题讲评课。如在分析某份练习时的步骤如下:首先

教师根据批阅情况提醒学生重点关注的问题，即学生出错率高的题目；然后组长组织每一个小组进行讨论，犯错的学生可以提问组内做对的同学，先由这些学生讲解，直到犯错学生完全弄清楚题目；最后犯错学生需要重复一遍做题思路。在讨论中组长要及时对组员的表现根据评价标准进行打分。小组讨论结束后，教师组织学生针对犯错率高的题目进行组间的质疑和交流，针对同一问题倾听不同组的理解。

本环节的习题讲评课，打破了"教师一人主讲，学生被动听讲"的模式，既让犯错学生得到了有针对性的辅导，也避免了学生走神、疏离的状况，同时学生在充当小老师给别人释疑过程中自己也得到了提升。

（三）一人表达，别组评价

评价别人是学生在合作学习中必备的技能之一，若要评价他人，就需要学生认真倾听对方的表达，这对于帮助学生聚焦课堂，提高课堂效率也是非常重要的。如在教授上海牛津英语 7B Unit5 "The happy farmer and his wife"的输出环节（post-task）时，我设计了情景任务（如图 5-1），让学生用"The Luck Fairy"的口吻复述课文，并谈自己的感想，在学生表述完，教师不是急于给出判断而是让学生根据 checklist（表 5-1 评价表）给出评价、补充、质疑，相互评价的过程就是相互学习、提高认识的过程。

```
Names: Fred and Doris  Job:    farmers_____
Three wishes for them at first: _____
They said "No" because:
♥ Although they were poor, they lived happily.
♥ Although they were old, they _____.
♥ Although their hut_____, they thought _____.
♥ Although their clothes_____, they thought _____.
What I have learned from them: _____
```

图 5-1　report 情景任务提示

表 5-1　评价表（Checklist of others' report）

	If the tense was used correctly	If the person was used correctly	Good phrases and sentences	Your suggestions
Student1				
Student2				

本环节教师主要是一个观察者、点拨者，学生们需要对他人做出针对性强的评价，学生无形中就会认真倾听别人的观点，达到以评价促思考的目的。

（四）小组捆绑，辩论学习

英语学科核心素养要求学生具备运用语用意识和用英语进行分析、推理、判断的思维能力，以小组为单位开展辩论式学习就恰恰可以帮助学生培养核心素养。如我在教授上海牛津英语 7A Unit5 的重点句型"it is＋adj. to do"时，我根据课文里出现的格林一家在考虑在市区还是郊区买房的对话安排了这样的情景环节：让学生在输出环节以小组辩论的方式来表达"live in the city centre"和"live in the suburbs"的看法，在辩论中要求学生运用重点句型，并设置了观察小组对其进行评价。又如在教授 9A Unit3 "Head to Head"听说课时，我又将学生分成了"Advantages of keeping pet dogs"和"Disadvantages of keeping pet dogs"两组，学生利用课文里学到的观点进行辩论，既掌握了课文重点知识又锻炼了口头表达能力。

本环节中学生敢于发表自己的见解，敢于对他人的见解进行评价和补充，这就有助于培养学生的批判性思维，有利于提高学生敏感的捕捉力，增强学生的自信心；在辩论中，有时对对方所执的观点，要合力进行驳斥，所以在驳斥中增强了学生的合作精神。由于小组捆绑机制的激励，每个小组的组员们都积极踊跃地用英语进行表达，学生运用英语学科知识在解决问题的过程中学习、理解、迁移，从而促使知识、能力向素养转化。

总之，在以上四种方式中，捆绑式评价这个机制激发了每一个学生保持积极向上的精神状态，真正发挥出小组合作的作用。

四、温馨提示

① 教学中时刻保护学困生的学习积极性。捆绑式评价的运用激发了学生为团体争取荣誉的积极性，对于学困生的发言要给予鼓励，即使犯错也不能当头棒喝，更不能由老师直接纠错，要把质疑、纠错的机会留给学生。

② 在进行以积分为表现形式的捆绑式评价的同时，也要关注对学生的情感评价。对于学生在合作学习中迸发出的智慧和"闪光点"要及时给予表扬和肯定，充分调动学生的非智力因素。积分只是形式，最根本的是让勤学、质疑内化成学生的自觉行为，让主动学习成为学生终身的习惯。

③ 捆绑式评价的评价原则要严格执行，做到有法必依。教师把评价原则打印出来张贴在墙上，让学生明确评价内容，依此来规范自己的行为。同时，对于规则必须不

打折扣地执行,不可以虎头蛇尾、看面子、走后门,确保按照规则办事,谨防学生钻空子。

④ 教师要根据评价的积分情况及时对小组进行调整,促进每个小组的均衡发展。如果在狠抓小组的管理后发现其仍然落后其他组,就要分别找组员谈心,做他们的思想工作,合理调整分工,如合理更换组长,对学生提出要求和学习目标,解决存在的问题,逐步缩小与其他小组的差距。

(撰稿者:沈晓茹)

多元评价：实现名著导读的学科德育价值

2019年11月28日，上海市教育委员会教学研究室发布《上海市中小学语文学科德育教学指导意见》。作为引导学生课外阅读的重要窗口，教育部部编教材（以下简称部编教材）"名著导读"引导学生阅读中外经典名著，蕴含丰富的学科德育价值。但在实际教学上，文学常识、中心主旨等书面考核常常成为评价的唯一途径。这种评价的弊端是：评价主体单一、评价方式单调、评价内容也缺少新意，导致部分学生平时不阅读、考前背试题的现象，让名著导读流于形式，更体现不出语文学科的德育价值。所以，针对名著导读内容，设计多元评价，有助于更全面了解学生名著阅读效果、实现名著导读的学科德育价值。

一、理念与意义

部编教材首次将"名著导读"和"整本书阅读"的概念写入教材，纳入考试范围，直接彰显了"名著导读"的重要性。《义务教育语文课标标准（2011年版）》也指出："阅读教学应引导学生钻研文本，在主动积极的思维和情感活动中，加深理解和体验，有所感悟和思考，受到情感熏陶，获得思想启迪，享受审美乐趣。"多元评价是指从不同主体、不同方式、不同内容，对学生进行客观、积极的评价，有助于引导学生对文本进行更深入的思考与钻研，最终实现政治认同、国家意识、文化自信、人格养成四个方面的德育价值。具体意义如下：

（一）多元评价有助于发挥不同评价主体的作用

在现行的名著导读教学中，经常通过阶段性测试和期中期末考试的形式对学生进行评价。这种评价形式的主体是教师或者教育部门，学生只是被测试对象。师生在教与学的过程中无法在情感、态度、价值观上引起共鸣，在得到评价结果后，也无法达成共识。但多元评价的主体可以是学生、老师，甚至家长。生生之间、师生之间、家庭之间互相探讨，评价主体更多元，并互相产生影响，再辅以德育核心内容的渗透，更利于激发学生的兴趣和钻研。

（二）多元评价有助于改变单一的评价方式

由于名著导读已纳入统编教材，学校在语文阶段性测试和期中期末考试中，必然加入名著阅读相关试题，成为评价的一部分。但目前所见评价方式，大多为纸质试题，且题型以选择题、填空题为主，很少出现主观题，更缺少其他题型，评价方式非常单一，往往使学生缺乏兴致，老师也无从下手，名著阅读的学科德育价值无从体现。

（三）多元评价有助于丰富名著导读的评价内容

名著导读一般考核的是文学常识、中心主旨理解等，例如"《朝花夕拾》的作者是谁？"这样的知识以死记硬背为主，学生无法在情感、态度、价值观上引起共鸣。有些考试内容又过于刁钻，例如"《骆驼祥子》中有一个人因一个不及格的分数，告发了曹先生，这个人是谁？"，看似抓住作品的细节，却偏离了作品的本质，学生盲目识记，抓不住重点，罔顾作品的德育价值。多元评价则可以借助评价方式的改变，针对文本进行主题式挖掘，使评价内容更加丰富多彩。

综上所述，多元评价从评价主体的多元性、评价方式的多元性、评价内容的多元性三个方面，对学生的政治认同、国家意识、文化自信、人格养成四个方面进行客观评价，是名著导读实施过程中的保障性措施，有助于充分保障名著导读的开展效果，从根源上实现学科德育价值。

二、操作方法

（一）前期准备

与沪教版相比，部编教材将两次名著导读分别安排在第三、六单元，明确了上半学期、下半学期各重点研读一部、自主选读若干作品（六上除外），便于师生有条不紊地安排阅读。同时，在编写体例、推荐主题等方面发生了显著变化。我们要在多元评价开始之前，做如下准备：

1. 精心研究各年级"名著导读"编写体例

沪教版强调选文阅读，在学习建议中设置"阅读""表达""积累"三个板块，强调随文学习；部编教材增加名家点评、阅读方法的指导、专题探究、自主阅读四大板块，其中的专题探究，一般设计三到四个问题，为学生进行名著阅读提供可借鉴、可操作的具体路径。如果与语文学科德育价值相结合,必能更深层地挖掘作品内容主题、人物形象、作者意图及作品的现实意义。

2. 精心研究各年级"名著导读"推荐主题

沪教版以所读名著为主题进行研究,这种设计着眼于一个选段,好处是将选段读深,局限性是难以实现整本书阅读;部编教材以语文元素为抓手,引导学生学会阅读的方法(如精读与跳读、圈点与批注等)和不同体裁名著的阅读方法(如纪实作品的阅读、小说的阅读等),通过多元评价,更有助于形成由必读到选读、由课堂到课外、由教材到自主选择、由师生共读到学生个体阅读的开放阅读路径。

(二) 实施过程

1. 结合不同名著作品的学科德育价值,确定多元评价的主体和方式

师生结合不同名著作品的学科德育价值,根据部编教材"专题探究"等板块,结合班级实际,确定符合学生实际情况的名著阅读多元评价的主体与方式,具体见表5-2。

表5-2 初中名著导读的学科德育价值和多元评价主体与方式

语文学科德育核心要求	篇 目	语文学科德育核心内容	多元评价的主体和方式(举例)
政治认同	《红星照耀中国》《林海雪原》《白洋淀纪事》《创业史》《骆驼祥子》《基地》《童年》	党的领导、科学理论、政治制度、发展道路	积累类 1. 读书卡片(亲子评价) 2. 读书笔记(生生评价) 3. 笔试试题(师生评价)
国家意识	《格列佛游记》《猎人笔记》《泰戈尔诗选》《简•爱》《童年》《鲁滨逊漂流记》《哈利•波特与死亡圣器》《星星离我们有多远》《飞向人马座》《昆虫记》《寂静的春天》	国家利益、国情观念、民族团结、国际视野	归纳类(举例) 1. 人物关系图(生生评价) 2. 鱼骨图(师生评价) 3. 路线图(生生评价) 钻研类(举例) 1. 为某某写小传(生生评价) 2. 中外同类作品比较(生生评价、师生评价) 3. 如果我是某某(生生评价)
文化自信	《汉字奇兵》《西游记》《镜花缘》《水浒传》《唐诗三首》《世说新语》《聊斋志异》《骆驼祥子》《林家铺子》《红星照耀中国》	国家语言、历史文化、革命传统、时代精神	表达类(举例) 1. 辩论赛(生生评价) 2. 读书分享会(亲子评价) 3. 科学小品文创造(师生评价) 4. 古文新编(生生评价) 5. 剧本创作与表演(生生评价、师生评价)
人格养成	《朝花夕拾》《湘行散记》《傅雷家书》《海底两万里》《钢铁是怎样炼成的》《简•爱》《童年》《草房子》《鲁滨逊漂流记》	健康身心、守法平等、诚信尽责、自强合作	

2. 细化学科德育价值,确定多元评价的内容

对名著作品中的政治认同、国家意识、文化自信、人格养成四个方面的学科德育核心要求进行细化(详见表5-3),确定多元评价的定量化描述内容。通过评价,教师能及时掌握学生阅读情况,并就学生出现的情况给予及时指导,促使学生对学习的过程进行反思和总结,能更好地确保阅读效果和质量。测试后教师要及时反馈结果,同学生一起改进、巩固教学。

表5-3 初中名著作品德育核心要求细化举例

语文学科德育核心要求	篇 目（举例）	语文学科德育核心内容	细化德育核心要求确定多元评价内容（举例）
政治认同	《创业史》	党的领导	朗读革命先辈的文章,知晓在中国共产党的引领下各族人民所取得的革命成果,感受无产阶级革命者的高尚情操,认识党的领导地位。
国家意识	《鲁滨逊漂流记》	国际视野	读外国神话、童话、诗歌、小说,研读介绍国外艺术作品的文章,理解世界优秀作品的不朽思想和艺术价值,了解异域历史、风情和文化,培养尊重异域文化的思想意识。
文化自信	《唐诗三百首》	国家语言	背诵唐诗、宋词、元曲的名篇,鉴赏历代散文、明清小说等,积累相关的文学、文化常识,了解我国古代文学样式及其特征,感受中国古典文学的魅力。
人格养成	《钢铁是怎样炼成的》	健康身心	通过参观纪念馆、查找资料、排演课本剧等,学习教材中英雄模范的事迹,感悟英雄模范们的献身精神。

3. 建立学生名著阅读多元评价档案

建立学生名著阅读多元评价档案,构建从"精读课文"到"自读课文"再到"课外阅读"的三位一体阅读体系。发挥学生的主体地位,教师只能在学生有困惑或发生方向性错误的地方进行适当引导,绝不能以自己的阅读体验代替学生的个体体验,扼杀学生的个性解读。

三、案例与分析

上述操作流程在不同名著阅读中会有不同的运用,下面以《童年》为例,借助案例分析来进行具体说明。

(一) 前期准备

1. 精心研究《童年》的编写体例

《童年》是高尔基自传体小说三部曲中的第一部,讲述的是阿廖沙(高尔基昵称)三

岁到十岁期间的童年生活,生动再现了十九世纪七八十年代俄罗斯下层人民的生活状况,塑造了吝啬贪婪的"外祖父"、慈祥能干的"外祖母"、乐观淳朴的"小茨冈"、献身科学的知识分子"好事情"等人物形象。在部编教材上,《童年》共设计三个专题探究:

(1) 绘制人物关系图

描写了哪些人？他们之间是怎样的关系？列出其中的人物并绘制各具特色的人物关系图,梳理人物之间的关系。

(2) 梳理小说情节

讲述了阿廖沙童年的哪些经历？思考并讨论:在如此令人窒息的环境里,阿廖沙为何成长为一个坚强、勇敢、善良的人？

(3) 分析人物性格

选几个印象深刻的人物,分析他们的性格,填写人物性格表。

2. 精心研究《童年》的推荐主题

《童年》作为初中阶段第一部名著阅读作品,部编教材在设计时侧重培养学生良好的阅读习惯,如:

(1) 先读前言、后记与目录

(2) 精读与略读相结合

(3) 做点读书笔记

(二) 实施过程

在前期准备充分的基础上,多元评价在具体实施过程中主要遵循以下流程:

1. 根据《童年》的文本特点和德育目标,设计阅读计划表,开展有效阅读

《童年》作为部编教材推荐的第一篇名著,着重培养学生良好的阅读习惯。结合作品的德育目标,初步制定阅读计划,引导学生开展有效阅读(见表5-4)。

表5-4 《童年》阅读计划表

阅读阶段	课程类型	阅读时长	阅读任务
第一阶段	阅读起始课	1个月	自定阅读计划,每日按照页码整理出场人物信息,含人名、关系、主要场景或事件、人物特征等
第二阶段	通读指导课	1个月	自制摘抄本,跳读与精读相结合,运用批注或摘抄赏析,带着思考读文本

(续表)

阅读阶段	课程类型	阅读时长	阅读任务
第三阶段	阅读专题课	1个月	组建小组,聚焦主要人物和主要情节,制作人物关系图
第四阶段	综合展示课	1个月	以下展示二选一 1. 合作表演:选择一个主要事场景,撰写独幕剧并进行表演 2. 辩论赛:外祖父对阿廖沙爱还是恨

2. 结合学科德育价值,确定多元评价的内容,开展多元主体的自评、互评

语文学科德育核心要求为"政治认同、国家意识、文化自信、人格养成",学习《童年》,有助于产生政治认同,同时深入了解国家意识,有助于培养国际视野。根据"初中阶段学科德育核心要求"2-8"阅读外国神话、童话、诗歌、小说,研读介绍国外艺术作品的文章理解世界优秀作品的不朽思想和艺术价值"、2-13"比较分析经典作品中的人物形象,了解不同时代、不同领域的人们的不同人生态度,认识生命价值,树立积极向上的人生观"及2-16"阅读古今中外的励志佳作,了解自立自强的人和事,参与团队活动,与同学合作完成探究性作业,培养自强精神,提升合作能力,尊重劳动成果"[①],我们初步确认《童年》多元评价的内容,并组织进行多元主体的自评与互评,具体见表5-5。

表5-5 《童年》多元评价表

多元评价方式	学科德育价值	评 价 标 准	自评	互评
积累类(亲子评价)和爸爸妈妈一起,确定每日阅读计划,并按照页码整理出场人物信息,含人名、关系、主要场景或事件、人物特征等。	初步阅读外国作品,了解外国风土人情,理解名著的不朽思想和艺术价值,培养国际视野。	A:按照阅读计划,准确梳理出所有人物的出场信息,内容详实。 B:按照阅读计划,准确梳理出主要人物与边缘人物的出场信息,内容详实。 C:基本梳理大多数人物的出场信息,内容简单。 D:只梳理部分人物的出场信息,内容遗漏较多。		

---

① 上海市教育委员会教学研究室.上海市中小学语文学科德育教学指导意见[M].上海:华东师范大学出版社,2019:2-3.

(续表)

多元评价方式	学科德育价值	评 价 标 准	自评	互评
积累、钻研类（师生评价） 自制摘抄本，跳读与精读相结合，运用批注或摘抄赏析，带着思考读文本。	初步掌握跳读与精读结合的方法，并在批注或摘抄赏析中，了解不同时代、不同领域的人们的不同人生态度。	A：摘抄本上见详细批注或摘抄赏析，并分析不同时代人们的不同人生态度，有独立的思考与体会。 B：摘抄本上见详细批注或摘抄赏析，了解不同时代人们的不同人生态度，有一定的思考与体会。 C：摘抄本上见部分详细批注或摘抄赏析，能够区分不同时代人们的不同人生态度，有一定的思考与体会。 D：摘抄本上见简略批注或摘抄赏析，未进行比较阅读。		
归纳类（生生评价） 组建小组，参加读书分享会，聚焦主要人物和主要情节，制作人物关系图。	比较分析经典作品中的人物形象，了解不同时代、不同领域的人们的不同人生态度，认识生命价值，树立积极向上的人生观。	A：积极参加小组学习，和组员一起制作人物关系图，逻辑清晰、内容详实。 B：积极参加小组学习，和组员一起制作人物关系图，逻辑不清或内容不详实。 C：制作完成人物关系图，逻辑不清或内容不详实。 D：未能完成人物关系图，逻辑不清、内容也不详实。		
表达类（生生评价、师生评价） 以下二选一 1. 合作表演：选择一个主要事场景，撰写独幕剧并进行表演。 2. 辩论赛：外祖父对阿廖沙是爱还是恨？	参与团队活动，与同学合作完成探究性作业，培养自强精神，提升合作能力，尊重劳动成果。	A：选择一项积极完成，正确理解文本并在团队中起到主要作用。 B：选择一项积极完成，正确理解文本并在团队中起到一定作用。 C：选择一项完成，基本正确理解文本并在团队中起到一定作用。 D：未完成作业或对文本理解有误、在团队中起到消极作用。		

3. 强化学科德育价值，设计多元评价方式并实施

每个阶段进行名著阅读的终结性评价，以便教师及时了解学生的阅读情况，并及时调整。第一阶段进行《童年》文学常识和人物性格特征的选择题测试，初步了解作品人物特征、了解外国风土人情；第二阶段进行赏析题测试，选择部分语段让学生进行赏析，谈谈自己对文本的理解，帮助学生了解不同时代、不同领域的人们的不同人生态度；第三阶段进行小组汇报，让同学们不仅合作完成人物关系图绘制，并在小组汇报时

能积极回答同学们的提问,从而比较分析经典作品中的人物形象;第四阶段进行最佳剧组、最佳辩手评选,以此鼓励同学们积极参与团队活动,与同学合作完成探究性作业,提升合作能力。

4. 结合多元评价结果,建立学生名著阅读多元评价档案

根据《童年》四阶段的阅读指导,结合多元评价表,建立学生名著阅读五个"一"多元评价档案,即一个阅读计划、一张出场顺序表、一本摘抄本、一张人物关系图、一次表演或辩论。

四、温馨提示

① 初中名著阅读体裁广泛,包括小说、散文、随笔、诗歌、报告文学等,涉及政治认同、国家意识、文化自信、人格养成等多个语文学科德育核心,可以根据《上海市中小学语文学科德育教学指导意见》做进一步细化。

② 名著阅读是个漫长又持续的过程,其多元评价需根据学生实际,进行相应修改或补充。多元评价的标准可进一步细分为3—5类,并结合不同的评价主体、评价方式、评价内容,制定详细的评价标准。

③ 名著阅读的关键,是构建1+2+N的阅读体系,即1本必读名著+2本自主阅读推荐书目+N本课外阅读,教师应加强对学生阅读的指导、引领和点拨,要善于通过合作学习解决阅读中的问题。

(撰稿者:翁晓敏)

"四格法"：助力英语写作教学

英语写作一直以来是英语教学过程中的重点和难点，而英语写作评价的有效性更是师生共同探寻的突破点。英语写作评价环节，由于缺乏科学的方法和标准，容易沦为优等生作品欣赏，或成为中等生语法改错，抑或是学困生批判大会。评价效果低、学生参与面少、难以解决实际问题等，都是传统作文评价的短板。为此，笔者根据教育实践经验，基于思维导图模式，设计可操作性强的"四格法"写作教学、评价方法，聚焦写作教学及评价环节中"四格法"的应用，分享如何用"四格法"实现更快地面批评价、双"四格"互批评价和多"四格"全班评价，从而提高写作评价的效度和信度。

一、理念与意义

《义务教育英语课程标准（2011年版）》指出：英语课程的评价要尽可能做到评价主体的多元化，评价形式和内容的多样化，评价目标的多维化。评价应反映以人为本的教育理念，突出学生的主体地位，发挥学生在评价过程中的积极作用。可见评价在英语教学环节中的重要意义。布卢姆教育目标分类中也指出，评价（evaluation）是认知领域里教育目标的最高层次。这个层次的要求不是凭借直观的感受或观察的现象作出评判，而是理性地深刻地对事物本质的价值作出有说服力的判断，它综合内在与外在的资料、信息，作出符合客观事实的推断。

基于思维导图概念衍生出的写作"四格法"建立在一个简单的图形框架内，直观地为学生搭建好收集想法的各个区域，帮助他们使用这些想法来建构内容清晰、结构稳定的文本。其开放式、可复制的特点又能让各个程度的学生参与到写作的评价环节，既能拓宽学生参与评价的维度,又能让评价过程更理性客观。

借助一张普通纸张,把纸通过横折、竖折、再在内角处折后展开,用虚线勾绘出折痕,形成的格子和虚线构成了"四格法"的基础"硬件"。如图5-2所示。

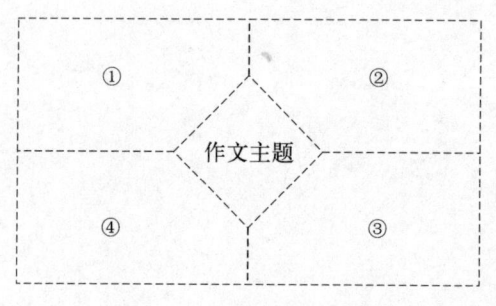

图5-2 "四格法"初步框架

在写作教学各个环节过程中,教师引导学生在每个格子里写上需要训练他们掌握的单词、短语、句子、段落、篇章,再在虚线上标识出这些要素间的逻辑关系,便于写前的构思、写中的编辑、写后的修改与评价,构成了"四格法"的"软件"。"四格法"不限于使用普通纸张,它还可以出现在黑板上、学生的本子上、考试下发的草稿纸上,它比传统思维导图模式更灵活,因而更容易掌握和操作,也更便于写作评价环节的规范化处理和对比应用,它在英语写作中有以下意义:

(一)"四格法"对于写作教学的意义——搭建写作框架,合理谋篇布局

在写作教学过程中,教师往往会遇到类似困境:学生听到要上英语写作课,心中会产生抗拒和不悦心理,感到困难重重无从下笔;又或担心内容与其他同学雷同,课堂氛围变得沉闷压抑;"数格子""凑字数"成为学生写作过程中的常态。针对以上难点,"四格法"中勾绘出的虚线能起到框架分割、内容串联的作用。一条虚线代表一个思维射线,指向作文要表达的主旨。其次,学生写出来的句子模板化、内容缺乏条理性、容易东拉西扯、虎头蛇尾。"四格法"中的格子部分能很好地应对以上问题,每个格子填写一部分内容,思维逐格深入,格子间的对比和关联,让学生直观地看到篇幅长短,避免凑字数,看到段际分界,避免生套模板,最终有条理地扣住主旨。

(二)"四格法"对于写作评价的意义——提升评价效率,关注语篇差异

写作整个过程主要包括写前准备(prewriting),撰写初稿(composing/drafting),修

改(revising)、编辑(editing)、评价(evaluating)五个阶段。而在评价环节利用"四格法",是教师有效介入、师生高效互动、学生个体作文提升的关键。初稿完成后,师生利用"四格法"进行师评、自评、互评。自评时关注每个格子的内容与主题是否一致,学生不再将文章自评做成改错练习,而是更多关注语篇再看语句细节。互评时,比起互相纠正用词和语法,两名学生拿出自己的四格,逐格对比,优缺自现。师评环节,教师既可以实现快速面批,也可以挑选典型的、程度相当的例文做同格比较,大幅提升评价效率。

同思维导图[①]类似,"四格法"是一种用一个中央关键词或想法,以辐射线形连接所有的代表字词、想法、任务或其他关联项目的图解方式。"四格法"不仅可以应用于写前准备、初稿撰写、二稿修改,更可以应用于评价生成。基于"四格法"的英语写作教学及评价,可以有针对性地提升学生合理审题谋篇布局的能力,对抗词句生成的第一反应,进行字句升级优化,从别人的作品中获取自己的写作经验等关键要素。

二、操作方法

和大部分教师一样,笔者之前每逢作文讲评,苦于没有科学的方法。而在笔者尝试写作评价环节中采用"四格法"后,发现"四格法"不仅可以实现更快的课后面批评价,更可以借助学生智慧,实现学生之间的"双四格"互批评价和"多四格"全班评价。依托教师面批、学生两两互批、小组合作批改这三个环节各自的操作步骤和三个环节的整合运用,可以提升写作评价过程中的效度和信度。

(一)"四格法"写作评价微技术之面批评价

面批即当面批改学生作文,它对于学生写作的提高帮助很大。但是大班额加上有限的在校时间,教师给学生面批操作的困难性是非常大的。"四格法"模式化、标准化的特点使面批流程效率会大幅提高。

"四格面批"的基本流程:拿到学生按要求写的文章之后,教师首先询问学生的作文总字数和每一格分配了多少字数。通常情况下,学生在审题、撰写初稿等写作前期过程中就已经运用"四格法"进行谋篇布局,段落内容量的配比基本已经定型。学生在给教师面批前已进行过自我检查,并能第一时间给出教师真实的数据反馈,降低教师

---

① 霍向丽.浅析思维导图在初中英语写作教学中的应用[J].课程教育研究,2019(02):102-103.

在面批过程进行到一半才发现学生作文因字数不足或内容分配不均导致作文被退回的情况,提升面批效率。

此外,教师可以结合学生递交的"四格",来对照批阅学生的作文。首先观察学生的"四格"的菱形中心,判断学生是否按要求在中心写上主题词或关键词是否切题。其次,观察学生在每个格子左上角标注的次级主题词。次级主题词可以是说明文的分论点,也可以记叙文的5W1H等关键词。之后,再遵照次级主题词逐格分析格子里的内容和次级主题是否一致,表述是否详实,有没有虽分格但内容重复或内容不足的情况。

在字数、审题、内容都借助"四格"的辅助确认之后,检查虚线部分的"跨越和衔接",这是在没有"四格法"帮助下学生容易在写作过程中忽视,教师在批阅过程中要花费精力去寻找的环节。学生在撰写一篇作文时,容易只关注作文题目中给出的参考问题,而忽视问题与问题之间的衔接。本应是一篇内容详实、起承转合的作文,却变成了问题回答的堆砌。教师查看每一格的末句和首句,观察格与格之间的虚线上有没有合理的过渡词。在虚线上的过渡词与格子中的内容契合、格子之间衔接不重复、起承转合流畅之后,进一步检查学生的语句是否"对抗第一反应"。学生在遣词造句时的第一反应往往是简单句、人称代词开头。鼓励学生多用课内学过的结构,诸如从属连词、形式主语、非谓语动词、被动语态、介词短语等替换简单句、并列句,做到词句的提升。

整个面批流程是规范化、标准化的,有点像工厂中的"流水线"。不论学生的作品多么个性化,"四格法"都能检查出学生作文中存在的问题,引导学生做好主题呈现、句段衔接、词句升级,规避了作文面批评价过程中只改语法错误的低效批改。

(二)"四格法"写作评价微技术之"双四格"同伴评价

面批评价过后,教师在课堂上可以尝试第二种方法,即建立同伴批阅评价体系。"双四格"同伴批阅评价,也称作为 peer checking。在传统同伴互评过程中,如果不加引导和评价工具的辅助,会成为单纯的语法改错,由于学生在评价过程中缺少可以用来参考的"标准",难以发现同伴作文中的亮点或问题。与之对比,"双四格"互评,因作文题目相同,每一格的次级主题一致。教师引导学生在评价过程中做虚线对格子、格子对比格子的查读,学生很容易看出主题呈现、句段衔接、词句升级方面的优劣。

班级内互批时,"双四格"和"三四格"对比法也可以在小组内部进行,四人小组的小组长充当面批时老师的角色,引导组员们互换作品,从总字数到每一格字数分配、从菱形中心看到虚线、从虚线对照格子到格子间对比,完成内容和框架的审核。

(三)"四格法"写作评价微技术之"多四格"全班评价

以往的班评作文,往往是范文的逐个罗列呈现,老师在屏幕前点评作文,学生在听课的过程中虽然认同优秀范文,但真正做到"为我所用"却总感无从下手。我们可以利用"四格法"的基本模式来进行有效评价。借助幻灯片,可以选取四篇完整的作品填写在每一个四格里,四篇作文同步呈现,各自的亮点非常直观。也可以选取不同学生每一格的典型案例,逐格对比,汇聚各个学生的智慧形成一片佳作。整个评价过程中切记不要沦为单纯的语法改错,还是应该像面批一样,遵循字数、内容(格子)、串联(虚线)的顺序来检查评析作文的完整度。

和互评类似,因为每一个格子的主题预设是基本一致的,当四个同格比较下来,全班学生会对某个格子内的内容写法非常清楚,再对比一下自己的作品,有时都不用老师再进行个别指导,他们都会把好作品的亮点记入相应的格子内,对自己的作文内容做好修改和升级。

完整的面批、互批、班批三个环节应该用在最关键的写作时,比如大型考试过后,学生的习作基本上是个人最真实的写作水平。完成整个过程有时需要一周左右的时间,看似工程浩大,学生学得会非常扎实,因为每个环节的批改都是高效有趣的。

三、案例与分析

为了更直观展现"四格法"微技术在写作评价三个环节中的运用,笔者以 6BU10 "Windy Weather"的单元测试作文话题"A Typhoon"为例。题目下方三个问题为单元测试中提供的参考问题。

A Typhoon

1. What may happen when there is a typhoon?
2. What can you see people doing when there is a typhoon?
3. What should we do?

在教师面批环节,笔者发现大部分学生都能处理好作文题目中的三个问题和"四格"的关系。学生利用"四格法"进行谋篇布局,四格内容主要包括:第一格,开头结尾语句的撰写；第二格，参考问题1的回答；第三格，参考问题2的回答；第四格，参考问题3的回答。如果能够正确进行分格处理的学生，呈现的作文整体框架协调、内容完整，如学生A撰写的例文01。而对于有框架或内容问题的作文，笔者尝试利用课堂时间让学生进行互评。

例文01：

    A typhoon is a fierce wind. When there is a typhoon, heavy objects may fall down and accidents may happen. Big waves may sink ships and boats. When there is a typhoon, people in the street always hold their coats tightly and go home immediately. In order to keep us safe, we should close all the windows in our flats and stay at home. We should take flower pots inside our flats. Drivers should park their cars in car parks. A typhoon is very dangerous, so we should be very careful.（91字）

在互评环节，发生了一个插曲。学生B写的例文02和学生A写的例文03在"四格"框架搭建时不是按照作文参考问题为导向的，他们又正好是同桌；两位同学犯了类似的错误，在互评的过程中，虽然两位同学的作文都忽视了对第二问题的回答导致作文内容的缺失，但他们彼此都没有发现，只是更多关注对方作文的语句和串联。所以，笔者针对这一问题，在课堂上准备进一步开展班评。

例文02：

    A typhoon is very dangerous. When there is a typhoon, the leaves blow fiercely, some of the trees fall down, ships and boats sink in the sea. A big storm may come. We must be careful when a typhoon is coming. We should close the windows tightly. We should take the flower pots into the flats as well. Keeping ourselves careful in the street is a safety rule when a typhoon comes. If we want to go out when there is a storm outside, we should hold your raincoat tightly. All in all, we must be careful when a typhoon is coming.（102字）

例文03：

    Typhoons are one of the most terrible disasters in the world. When there is a typhoon, the wind blows fiercely. Trees fall down. Ships and boats sink in the sea. Sometimes heavy objects may fall on cars and damage them in the streets. So we should stay at home instead of going out. We should close the windows and take our flower pots into our flats. We should tell people to park their cars in car parks. If we have to go out, we'd better not go alone. It's too dangerous. We should protect ourselves from danger.（97字）

在班级评价环节,如按照常规的作文讲评课,教师基本按照逐个例文呈现的方式进行逐句讲评,学生往往缺乏主动思考,也不易对作文中产生的亮点产生共鸣。而借助"四格法"的帮助,可以把作文的审题、框架、内容、串联等写作要素进行直观展示,便于不同作文的横向比较。6BU10 这篇作文体裁是说明文,主要关注开头结尾的呼应、三个问题的完整陈述、问题与问题之间的衔接这三个方面。在班评过程中,一格中可以呈现三位学生对于这一格内容的不同把握情况,情况将会一目了然。

第一格(开头部分):

第一位学生:A typhoon is a fierce wind.

第二位学生:A typhoon is very dangerous.

第三位学生:Typhoons are one of the most terrible disasters in the world.

第一格(结尾部分):

第一位学生:A typhoon is very dangerous, so we should be very careful.

第二位学生:All in all, we must be careful when a typhoon is coming.

第三位学生:We should protect ourselves from danger.

通过第一格的归类对比,不难发现对于开头的处理,第三位学生在语句的使用上要明显优于前面两位学生,而结尾三位同学都差不多,第三位同学用了"protect … from …"结构,可以和前面两位同学使用的"be careful"结构连用,更加丰富句式。

第二格(What may happen when there is a typhoon?)

第一位学生:When there is a typhoon, heavy objects may fall down and accidents may happen. Big waves may sink ships and boats.（21字）

第二位学生:When there is a typhoon, the leaves blow fiercely, some of the trees fall down, ships and boats sink in the sea. A big storm may come.（27字）

第三位学生:When there is a typhoon, the wind blows fiercely. Trees fall down. Ships and boats sink in the sea. Sometimes heavy objects may fall on cars and damage them in the streets.（32字）

通过第二格的对比，在课堂上学生都能明显的发现三位同学都较好地使用了课内学过的时间状语词组和相关课内内容，基本做到文本输入到内容输出的过程。

第三格(What can you see people doing when there is a typhoon?)

第一位学生：When there is a typhoon, people in the street always hold their coats tightly and go home immediately. (18字)

第二位学生：未回答

第三位学生：未回答

当教师在课堂上和学生一起梳理到第三格时，发现第二位学生和第三位学生均未回答第二个问题。如果没有"四格"的帮助，学生在作文评价过程中很难注意到内容的缺失，这也从侧面反映出了第二、第三位学生在撰写初稿前没有用"四格法"给作文搭建框架。

第四格(What should we do?)

第一位学生：In order to keep us safe, we should close all the windows in our flats and stay at home. We should take flower pots inside our flats. Drivers should park their cars in car parks. (35字)

第二位学生：We should close the windows tightly. We should take the flower pots into the flats as well. Keeping ourselves careful in the street is a safety rule when a typhoon comes. If we want to go out when there is a storm outside, we should hold your raincoat tightly. (49字)

第三位学生：So we should stay at home instead of going out. We should close the windows and take our flower pots into our flats. We should tell people to park their cars in car parks. If we have to go out, we'd better not go alone. It's too dangerous. (48字)

通过最后一个内容的罗列，学生们发现第二位同学的句式更加丰富多变。不仅用了课内核心情态动词"should"，更大胆尝试动名词做主语"Keeping ourselves careful"结构和"if"引导的条件状语从句中嵌套时间状语从句的用法。

虚线(内容衔接)：

第一位学生：When there is a typhoon, ... In order to keep us safe, ...

第二位学生：We must be careful when a typhoon is coming.

第三位学生：So ...

三位学生中,衔接得最好的是第一位学生,而第三位学生虽然在开头结尾句式上更胜一筹,但明显在衔接词的使用上不够注意。

最终,"四格法"的课堂PPT呈现形式如图5-3所示。

第四格(What should we do?)
第一位学生: In order to keep us safe, we should close all the windows in our flats and stay at home. We should take flower pots inside our flats. Drivers should park their cars in car parks. (35字)
第二位学生: We should close the windows tightly. We should take the flower pots into the flats as well. Keeping ourselves careful in the street is a safety rule when a typhoon comes. If we want to go out when there is a storm outside, we should hold your raincoat tightly. (49字)
第三位学生: So we should stay at home instead of going out. We should close the windows and take our flower pots into our flats. We should tell people to park their cars in car parks. If we have to go out, we'd better not go alone. It's too dangerous. (48字)

衔接: In order to keep us safe, …
We must be careful when a typhoon is coming.

第三格(What can you see people doing when there is a typhoon?)
第一位学生: When there is a typhoon, people in the street always hold their coats tightly and go home immediately. (18字)
第二位学生: 未回答
第三位学生: 未回答

Topic: A Typhoon

第一格(开头部分):
第一位学生: A typhoon is a fierce wind.
第二位学生: A typhoon is very dangerous.
第三位学生: Typhoons are one of the most terrible disasters in the world.
第一格(结尾部分):
第一位学生: A typhoon is very dangerous, so we should be very careful.
第二位学生: All in all, we must be careful when a typhoon is coming.
第三位学生: We should protect ourselves from danger.

衔接: When there is a typhoon, …

第二格(What may happen when there is a typhoon?)
第一位学生: When there is a typhoon, heavy objects may fall down and accidents may happen. Big waves may sink ships and boats. (21字)
第二位学生: When there is a typhoon, the leaves blow fiercely, some of the trees fall down, ships and boats sink in the sea. A big storm may come. (27字)
第三位学生: When there is a typhoon, the wind blows fiercely. Trees fall down. Ships and boats sink in the sea. Sometimes heavy objects may fall on cars and damage them in the streets. (32字)

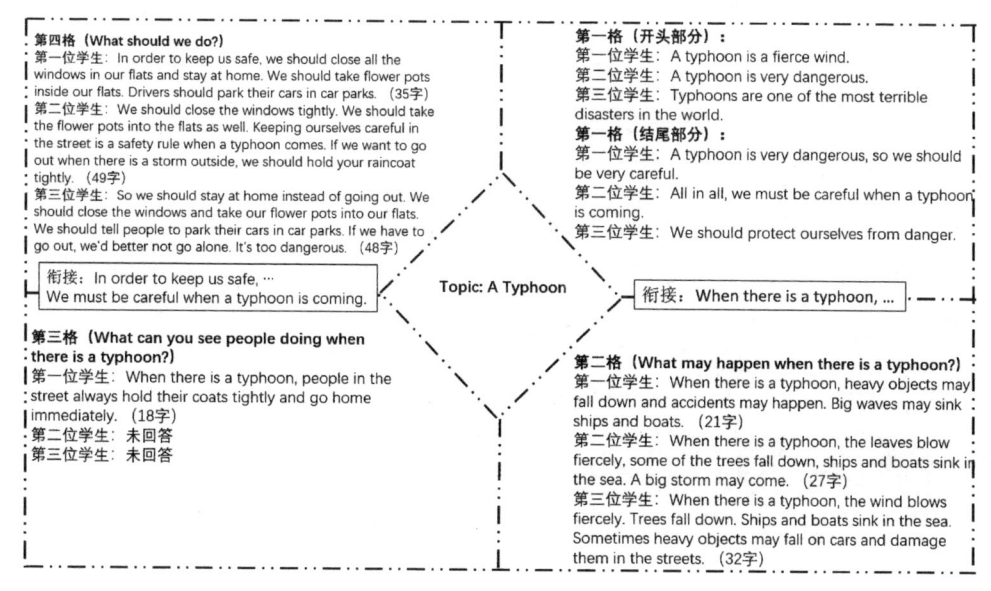

图5-3 "四格法"的课堂PPT展示

借助"四格法"进行写作,学生遇到写作任务时,第一反应不再是抽象的一整篇文章而是具体的八线四格,让他们在行文过程中有了"脚手架",在写作评价过程中有了"参照物"。

"四格法"最大的特点在于,它从感官上让写作变成了一种游戏——学生最爱也最擅长的事情。在一条虚线一条虚线去突破、一个格子一个格子去征服的过程中,学生的综合能力,以及诸如逻辑性、批判性、创新性思维等核心素养也得到了潜移默化的培养。

四、温馨提示:

① "四格法"可以先在班级小范围内试运转,如一到两个小组,待组内运转熟练后,可以设立"四格法"微技术示范员,在班级内进行推广运用。

② "四格法"在作文框架搭建上有着非常明显的优势,但对于内容输出的影响有限。而内容的输出还是基于更多的内容输入,教师在写作教学过程中切勿忘记内容输

入环节的写作教学。

③"四格法"不仅可以运用在写作教学,甚至可以用于班级建设和学生个人目标设定等多元环境中,建议教师多尝试新的使用场景。

（撰稿者：杜宪政）

同伴互助：促问题解决能力提升

初中信息科技学科的概念教学中知识较为抽象难懂，学生学习起来相对困难，学生学习积极性不高；由于学生不懂就问的意识不强，教师无法及时解决每一位学生的问题，导致教学效率低下。同伴互助的教学微技术通过小组中学生的互相帮助来解决学生学习中遇到的困难，在问题解决的过程中激发了学生学习的主动性，促进了不同层次学生能力的提升，课堂教学有效性大为改观。

一、理念与意义

同伴互助微技术是小组内同伴互相帮助、答疑解惑的一种学习方式，具体指在信息科技学科概念教学中，学习了一个新概念之后，学生先进行自测。随后小组展开讨论，做对题目的同学可向做错的同学进行讲解，做错题目的同学也可以提出自己有疑问的地方，组内同学共同讨论解决问题。

同伴互助微技术基于"学习金字塔"理论。"学习金字塔"理论是由美国学者爱德加·戴尔1946年首先发现并提出的。"学习金字塔"理论根据学生获得知识的方式，通过两周后学习内容平均留存率的多少来衡量学习效果。[①]

从图5-4[②]中可以看出，传统教学中的讲授、阅读、视听结合、示范于两周后学习内容平均留存率较低；而小组讨论、实践练习的学习内容留存率较高，其中转教别人与立即运用的学习效果最好。

[①②] 颜素莉,陈贤卿,汪劲.基于"学习金字塔"理论开展自学课堂的教学实践与探索[J].计算机时代,2018(12):81.

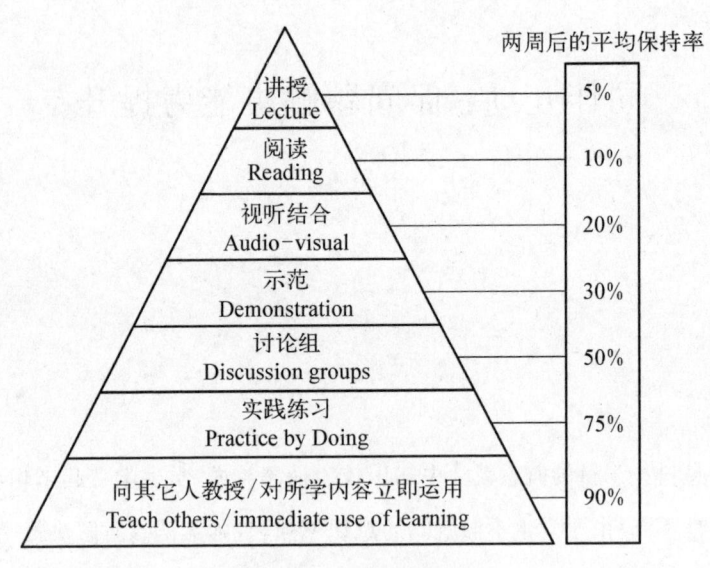

```
                 讲授              
                Lecture    ————  5%
               阅读
              Reading      ————  10%
            视听结合
          Audio-visual     ————  20%
            示范
         Demonstration     ————  30%
           讨论组
       Discussion groups   ————  50%
          实践练习
       Practice by Doing   ————  75%
    向其它人教授/对所学内容立即运用
   Teach others/immediate use of learning  ————  90%
```

两周后的平均保持率

图 5-4　学习金字塔

同伴互助微技术在使用中具有的意义如下：

（一）同伴互助为及时解决学生的疑问提供了机会

在以往教学中，由于班级人数较多，教师很难及时发现并照顾到每一位对所学新知有疑惑的学生；一些学生也由于胆怯、害羞等原因缺乏主动向教师提问的意识。一节课中不理解的知识一直积攒下来、没有得到有效解答，影响了学习效果。同伴互助中，小组讨论与互助学习基于教师检测题目展开，目的明确、讨论效率较高；同伴之间的认知水平相似且没有太多拘束，畅所欲言、易于沟通；不懂的问题经过大家一起讨论，简单的基本都能得到快速解决，都不懂的问题可以请老师到小组来集中讲解。教师通过两次检测能较为精准地了解整体学生的学习情况与学生真正难以自主解决的问题，为教师后续的答疑解惑提供了方向。这样的模式下，学生的问题一般都能得到及时解决，课堂教学效率相比以前有较大的提升。

（二）同伴互助提升了学生的学习热情

在以往信息科技概念教学中，整节课常以教师讲授为主。学生仅仅作为听众被动接受知识，能参与的活动不多，学习热情不高。

同伴互助的小组讨论给了每一位同学可以畅所欲言表达自己观点的平台：可以讲述自己的观点与理解，帮助还未理解新知的同学；也可以表达自己的困惑、寻求帮助;还可以就某个概念、知识点进行讨论、辨析,将概念越辩越清晰,使所有小组成员真正理解。在这个过程中,小组中的每个成员既是老师,也是学生;既被他人需要,也同时从别人那里得到帮助。这种被需要的感觉与自身价值的获得感不知不觉地激发了学生的学习热情,提高了学生自主学习的意识,学生学习的主动性与积极性慢慢提升。

(三) 同伴互助提升了学生的问题解决能力

在同伴互助的过程中,小组成员间是一种平等协商、互助合作的关系。那些对相关概念已经理解与掌握的学生可以充当小老师,给同伴讲解自己的看法、帮助有问题的同学纠正对概念的错误理解。这个过程对于施教者而言一是提升了表达能力与分析能力;二是根据"学习金字塔"的原理,通过讲解,自己对于概念理解更加深刻、又上升到一个新的高度。而那些对某个概念原本理解含糊不清或根本不理解的同学,在通过与组内同伴的交流讨论、听取小老师的讲解后,有可能会逐渐明晰概念的真正内涵、理解了原来不懂的知识,促进了学习。在这个过程中,小组成员通过讲解、讨论、分析等自己的方式共同解决了一部分问题,问题解决能力得到了提升。

总之,同伴互助微技术的应用改变了以往信息科技学科概念教学的传统模式,鼓励学生通过小组成员间的讨论与交流,相互启发、相互帮助、互助解决问题。在此过程中,学生对于新知识有了更加深入的理解,同时也有了更多发表观点、体现自身价值的机会。

二、操作方法

同伴互助适用于信息科技学科概念教学。为了更好地倡导学生自主学习、发挥同伴互助的作用,教师需要课前做好学生的分组工作。同伴互助微技术通过小组内学生的互相帮助来解决问题,组内学生的学习能力与现有水平如存在差异则可以更好地体现学习效果,所以分组原则主要采用异质分组,每组人数以 4—5 人为佳,每个小组需要有一位组长进行讨论时的有效组织。

(一) 概念讲解,新知学习

此过程可以通过教师讲解进行,也可以通过教师提供学习支架(如课本、教师设计的帮助文件、与知识点相关的微视频等)让学生进行自主学习。

(二) 学后测评,引发问题

在新知学习结束后,教师发布关于此概念的第一套客观题,学生作答。题目发布的形式要求不仅教师能快速回收结果、得到答题正确率,学生也能知道自己作答正确与否。如在机房环境下,可使用问卷星等平台开展;普通教室环境下可使用平板电脑等设备进行;如无信息化环境支撑,也可使用答题卡记录的形式进行。

(三) 同伴互助,答疑解惑

开展小组讨论,同一题目,做对的同学可以讲解对于该题目的理解,为什么会选择该选项;做错的同学可以提出自己的困惑与不理解之处,小组成员共同交流分析。最终希望达到的效果:已掌握概念的同学通过给他人讲授,对于此概念有了更深入的理解;测试中做错的同学通过组内的讨论与分析,明确自己错误原因、纠正错误认知、对新概念有了正确理解。

在此过程中,教师全班巡视。如某小组遇到所有成员都不会的问题,可记录下来请老师来帮助。

(四) 变式训练,效果检测

教师设计一组与第一套测试题目涵盖知识点相同,但形式略有变化的题目进行再次测试,观察答题正确率的变化情况。

(五) 基于反馈,重点讲解

找出第二套测试中正确率仍然较低的题目,这类题目一般是学生学习与理解的真正难点,通过同伴互助学习也难以突破。针对此类题目,教师在全班再进行重点分析与讲解。

总之,同伴互助促进小组成员通过讨论交流、自助式地尝试解决一些问题。在此过程中他们学会了合理表达、有效分析、大胆质疑,每位同学都有了不同程度的成长、解决问题的能力得到提升。

三、案例与分析

本案例以初中信息科技学科《计算机硬件》一课中"存储器"概念的学习为例。

(一) 学习"存储器"相关概念

1. 问题引入

提问:什么是存储器?它们有什么功能?常见的存储设备有哪些?

全班交流讨论,对"存储器"的概念有了初步了解。

2. 学生自主学习相关知识

① 存储器的分类：内存储器与外存储器。

② 内外存储器的作用与特点有何不同？

③ 哪些设备属于内存储器，哪些设备属于外存储器？

教师提供教学小视频与阅读文本，给学生的自学提供相应支架。

（二）检测新知学习情况

为了检测刚才的学习效果，教师针对"存储器"概念，设计 4 道客观题，通过问卷星发布。

测试题目：

1. 以下属于内存储器的是

　　A. 内存条　　　　B. 硬盘　　　　　C. U盘　　　　　D. 光盘

2. 以下说法正确的是

　　A. 内存储器在机箱内，外存储器在机箱外

　　B. 外存储器可以长久存储数据

　　C. 通常情况下，与外存储器相比，内存储器速度慢

　　D. 通常情况下，与外存储器相比，内存储器容量大

3. 想要长久保存的一个视频文件，可以将它保存在

　　A. 只读存储器　　B. 随机存储器　　C. 硬盘

4. 随机存储器的特点是

　　A. 信息可读可写　　　　　　B. 信息只能读

　　C. 信息只能写　　　　　　　D. 信息不能读也不能写

学生独立完成测试。

（三）针对疑问，小组讨论解决

各小组针对教师发布的四道题目，展开讨论。

以第一题为例：以下属于内存储器的是

　　A. 内存条　　　　B. 硬盘　　　　　C. U盘　　　　　D. 光盘

同学甲：这道题目我做错了，我选了选项B(硬盘)，我认为硬盘是放在计算机内部

的,所以应该是内存储器。

同学乙:硬盘是外存储器,老师提供的视频里有提到。我虽然选对了,但是为什么我还是不太理解。

同学丙:内外储存器不是以位置来区分的,是以功能来区分。硬盘的功能是用来长久存储数据的,属于外存储器;而内存的功能是临时存放CPU工作时的数据,以及与硬盘等外部存储器交换的数据的。所以这道题目选A内存条。

同学甲:那是否我们学习过的存储设备中,只有内存条是属于内存储器?

同学乙:是这样的,我也明白了。

同学甲:我知道了,外存的主要功能就是用来长久保存数据的,如硬盘、U盘和光盘,所以硬盘虽然在机箱内部,但是功能上来说还是属于外储存器。内存的功能是临时存放一些计算机工作时的数据,一般就是指内存条。

通过对教师发布的题目进行讨论与辨析,对于"内、外存储器"这个概念理解错误或理解不透彻的同学,明晰了概念。

(四) 设计变式题目,检测学习效果

针对"存储器"的相关概念,教师发布第二套测试题目。

测试题目:

1. 硬盘属于

 A. 内存储器 B. 外存储器 C. 随机存储器 D. 只读存储器

2. 以下说法不正确的是

 ① 外存储器中的信息一般可以长久保留

 ② 内存储器中的信息一般可以长久保留

 ③ 断电对内存储器中的数据没有影响

 ④ 断电对外存储器中的数据没有影响

 A. ②③ B. ①③ C. ①④ D. ②④

3. 硬盘能直接与CPU交换信息

 A. 正确   B. 错误

4. 计算机断电时,以下哪个设备中的信息会丢失

 A. 硬盘 B. U盘 C. RAM D. ROM

这四道题目同样围绕着"存储器"的概念展开,相对第一套题目,略有变化。

(五) 根据训练反馈,对难点问题进行分析

教师查看第二次测试结果

1. 对比同一个知识点正确率的前后差异

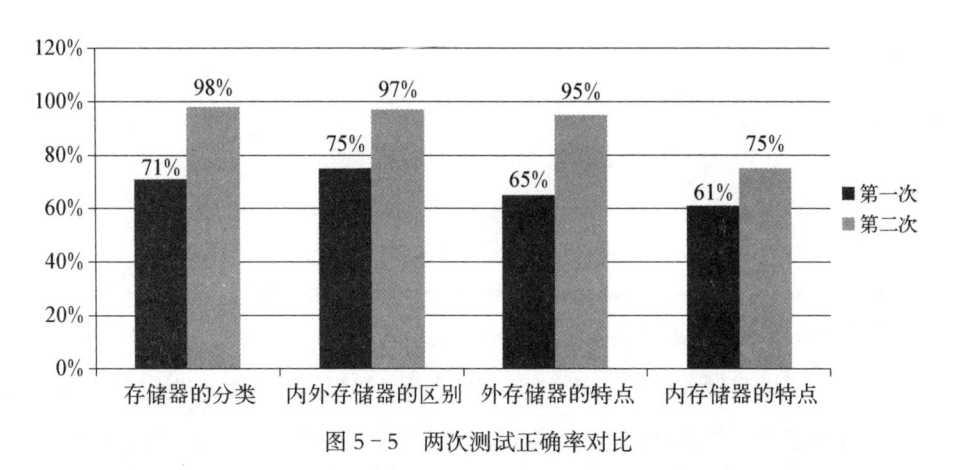

图 5-5 两次测试正确率对比

2. 对第二次正确率仍然较低的题目进行重点讲解

从两次准确率分析中可知,"内存储器的特点"是学生学习中的难点,虽然经过小组讨论,正确率有提升,但还不理想。教师对于这个知识点再进行全班范围内的深入讲解。

四、温馨提示

① 教师在备课过程中要重点关注两次测试题目的选择。应尽量选择一些能引发学生相异构想的问题,以促进小组内学生更多的讨论,加深学生对于此概念的理解。

② 小组讨论过程中,教师的巡视应及时到位。对于个别小组中经讨论也无法解决的问题,教师可以参加到小组的讨论中,引导学生找到问题解决的方向。

(撰稿者:宁颖)

基于单元视角的输出活动设计：
提升学生的语用能力

英语学习活动是英语课堂教学的基本组织形式，是帮助学生将所学知识运用在真实情景中的载体，借助这些活动学生可以学习语言知识、发展语言技能、提升思维品质、增强文化意识。但是目前在设计学习活动中依然存在以下的问题：活动设计缺少单元知识的内在联系，活动过程碎片化，对培养学生单元主题意义的表达关注度不够；设计的活动对语言和思维融合关注不够，导致学生思维能力和语言运用割裂；学习活动设计的问题未引发认知冲突导致学生间缺乏真正的评价互动。为了改变以上的现状，我在教学实践中探索出基于单元主题视角设计学习活动来提升英语核心素养的实践思路，并总结出有效的基于单元视角的输出活动的设计方法。

一、理念与意义

单元主题学习活动设计指"教师立足单元视角，聚焦单元目标，结合学情，重新设定单元教学设计各要素的功能（目标、内容、活动、作业、评价等），优化单元教学设计结构，甚至立足整个课程调整部分单元功能及单元之间的关系，设计有效教学活动"[1]。本文中的单元视角的输出活动设计指的是教师基于单元主题和单元教学目标来设计出恰当有效的输出活动，帮助学生在掌握学科知识的基础上，对知识进行迁移、整合，从而提升英语的语用能力。

《普通高中英语课程标准（2017年版）》指出英语学习活动观是指学生在主题意义

---

[1] 上海市教育委员会教学研究室.初中英语单元教学设计指南[M].北京：人民教育出版社，2018：2.

引领下,通过学习理解、应用实践、迁移创新等一系列体现综合性、关联性和实践性等特点的英语学习活动,使学生基于已有的知识,依托不同类型的语篇,在分析问题和解决问题的过程中,促进自身语言知识学习、语言技能发展、文化内涵理解、多元思维发展、价值取向判断和学习策略运用。[①] 从中可以看出英语学科对教师的要求就是：教师要通过设计出体现综合性、关联性和实践性特点的学习活动来引导学生分析并解决自身认知发展、英语学习以及实际生活相关的问题,实现语言能力、思维品质、文化意识和学习能力的综合发展。这一要求也符合建构主义理论的实质：让学生在学习活动中主动建构知识,重塑认知。基于单元视角设计学习活动有以下的优势：

(一) 优化了教师的单元设计和备课行为,提高了单元教学的实效

通过单元主题学习活动的实践教学,教师养成了基于单元视角探究和发展学生核心素养为导向的备课观,有效解决了以单一课时为出发点的备课行为,这样的方式解决了学习碎片化问题,也有助于引导学生形成单元自主归纳、总结、积累学习收获的意识和习惯,促进学生语言和思维发展的融合。

(二) 培养学生深度学习、提升自主学习的能力

在单元学习中,教师引导学生围绕基于单元视角理解的问题链进行梳理、归纳和总结,进行知识迁移,有助于学生对单元内容进行新的认知建构,搭建单元内容之间的关联,实现深度学习,提升自主学习能力。

(三) 提升学生的英语思维能力,让学科核心素养培养落地

认知冲突问题的设置提升学生的高阶思维,同时,学生通过观点表达和相互质疑、评价,提升了学生的批判性思维品质。

总之,英语学科素养的落实是要借助学习活动的,基于单元视角来设计输出活动,以真实情景为载体,以思维提升为主线,培养学生的创新能力、思维能力、知识迁移能力和再建构能力,可以实现思维和实践的有效结合,有效提升学生的语言能力和综合素养。

二、操作方法

为了促进学生素养的融合发展,教师在设计单元输出活动时可遵循以下的方法：

[①] 中华人民共和国教育部.普通高中英语课程标准(2017年版)[M].北京：人民教育出版社,2018：13.

（一）设计问题链呈现单元主题的大问题

设计基于单元主题关键点的大问题，聚焦单元视角的整体理解和表达，指向学生学科核心素养综合发展，是具有开放性、综合性和关联性的统领性问题。利用与单元主题相关联的问题链可以帮助学生实现对知识的整体理解并在整体理解的基础上进行自主梳理、归纳总结从而实现新认知再建构。

（二）创设真实情景设计有效整体输出活动

教师可以根据单元教学目标，依托真实情景创设，设计紧扣语言内容的输出活动。真实情景是与学生真实生活密切相关的，是学生将所学学科知识迁移到实际生活并解决实际问题的有效载体，它具备综合性和实践性的特点，学生需要借助所学的语言知识解决实际问题，最后进行综合表达和呈现，这有助于其整体建构主题意义，提升跨文本提取、整合利用信息的能力。

（三）借助认知冲突引发学生理性思考和表达

认知冲突是启发学生理性思考、提升其批判性思维的重要手段，学生在解决问题冲突中一方面可以提升语言表达力，另一方面可以关联自我认识，形成正确的价值观。

总之，利用问题链加强学习活动之间的关联，借助真实情景和认知冲突帮助学生关联实际生活的教学实践方法可以克服学习活动的碎片化，实现学生从书本内容转化到现实场景的知识迁移。

三、案例分析

为了更好地体现基于单元视角设计输出活动的意义，现用教学案例来做具体的说明。

（一）问题链串起单元主题

"问题链是由一连串相对独立而又紧密关联且具有系统性的问题构成，以文本中的人物、事物或者现象作为主线，一个问题推及到另一个问题，有利于学生对主题内容和意义形成结构化认识和表达能力"[①]，如 7B Module 2 的单元主题是身边的榜样人物，包括同学和身边带给人正能量的人物。依据学情，我确定主题意义探究的关

---

① 李宝荣.基于主题意义的中学英语单元学习活动设计策略[J].中小学英语教学与研究，2020（05）：19.

键点为：一是"Model"的内涵以及带给人们的启示；二是要想成为榜样人物需要具备怎样的素质。根据这样的关键点，在教授课文"The Luck Fairy"时，我设计的问题链为：

Who is Fred?

What do you think of Fred and his wife?

If you were them, would you like to do like them?

What do you learn from them?

设计基于主题意义且紧密结合的大问题有助于学生从不同角度深入探究语篇的主题意义、内容信息和价值取向等，问题链的最后一个问题还要求学生关联自己的认知生活，并最终形成正确的价值观。

（二）真实情景助力输出活动

真实情景活动可以帮助学生把所学知识进行整合、归纳、有效表达，树立英语应用意识。我在教授 6A Unit5 "What will I be like"时采用以下的方式：

1. 真实社会性事件引入，激发兴趣

如在教授 6A Module2 "Changes"主题时，在引入环节，教师以巴黎圣母院被烧前后的照片对比，通过问题引发思考。

Q1：What happened to Notrem Dame De Paris? Look at the two pictures, and does it change a lot?

Q2：Besides it, everything is changeable. Can you see some changes about today's English lesson?

此环节以社会热点导入，激发学生兴趣，然后由巴黎圣母院的变化引导学生思考今天英语课的变化以及身边同学的变化。这样的 free talk 切合学生实际且没有太绕，可以让学生有话说，从而自然地过渡到主题。

2. 利用身边同学对未来的设想操练句型

① 播放几位学生不同时期的成长照片，让学生猜测，猜测完并让学生思考巩固已学知识。这个环节主要是操练以下句型：She loves …/She is …/She is good at …/She is poor at …

② 利用同学自己画出的自己未来的样子操练表示未来变化的句型，句型操练从半控制到不控制，保护了学生的思维（如图 5-6、图 5-7）。

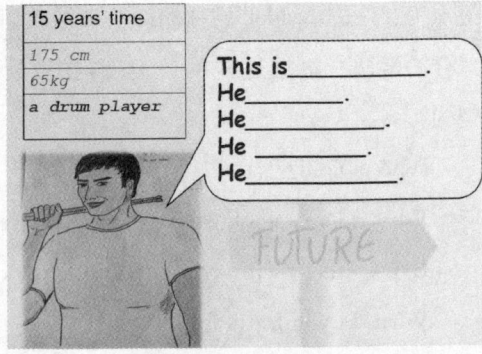

图 5-6　句型操练　　　　　　　　图 5-7　补充句子

3. 从上课老师自身出发设计情景，激发学生在真实世界中运用所学知识的热情

① 设计一个可以预测未来的人工智能机器，让学生对他提问有关自己未来的问题，然后老师将问题进行总结提炼。

T：Suppose there is an AI who can predict your future, what questions will you ask him?

T：From what you have asked, we can know when we talk about the future, we can use the following aspects: physical look, your advantages and disadvantages, your health, your family and your job.

② 展示教师 15 年前后照片的对比，让学生思考变化并帮助教师设计 15 年后的人生变化，以完成短文的形式来独立写作。

In 15 years' time, Mrs. Shen will ... (age). She'll ... (weight). She will ... (height). She will ... (family). She will ... (advantages). She will ... (disadvantages). She will ... (health). She will ... (job).

4. 从学生实际出发设计真实情景帮助学生更好地落实和运用本单元的知识

T：Discuss in groups and write your member's future in 15 years' time. You can write from these aspects: age, height, weight, health, advantages, disadvantages, family and job.

本环节通过基于真实情景的驱动性任务创设，引导学生主动探究、归纳、信息整合，这种方法有助于引领学生走向深度学习。

(三) 认知冲突引发学生理性思考和表达

恰当的认知冲突问题的设置可以引发学生间的思维碰撞，在解决过程中也有利于学生形成正确的价值观。如在设计 6A Unit5 "What will I be like"这一单元时,我基于单元主题"changes"解读出本单元的主题意义是让学生明白人的变化既有外貌变化,也有精神层面的变化和成长,并且起决定作用的不是人的外貌而是人在精神层面的成长。基于这样的主题意义,我设计了这样的单元输出活动:

1. 以读促表达

在操练"I agree/I don't agree"这两句表达观点认同和不认同的句型时,我给出 4 个人 20 年前信息,让学生根据信息预测他们 20 年后的职业可能。我把姚明和 Justin Bieber 归为一类,岳云鹏和马云归为一类。由于存在理解冲突,学生们踊跃表达他们的职业可能并给出自己的理由。如岳云鹏的信息是这样的:He was born in a poor family. He is 14 years now. He has left school because of his poor family. He is not good-looking. He can't write or read well. He loves singing. 学生在阅读完各抒己见,学生回答如下:

S1:In my opinion, he will be a singer because he is good at singing.

S2:I don't agree. He is not good-looking, so he won't be possibly a singer. He will be possibly a composer who can write songs for others.

S3:I don't agree. We know a lot of singers who are not good-looking can be loved by us, such as Jay Zhou.

通过以上的对话可以看出学生间产生了真正的互动且学生在质疑的过程中逐渐理解了外貌不是决定一个人成功的关键因素,从而使得理解能力有了广度和深度。

2. 问题促思考

在经过讨论之后,教师通过问题引导学生思考从 4 人的成功中可以得到什么人生道理。最后教师把学生的回答进行归纳总结,从而得出"拥有天赋或良好家庭背景的人更容易获得成功;没有天赋的人通过自己的努力奋斗一样可以获取成功(Without talents or a good family, you can depend on your hard work. If you work hard, you can also make your dream come true.)",从而帮助学生对职业和人生变化有了更深层的理解,同时实现了本单元和本课时的情感价值目标。

无论新中考改革还是英语学科核心素养的要求,我们都可以看出考试不仅仅是考核学生是否掌握知识,更考核知识达成目标的过程;教学应该更注重学生的学习经历和参与过程;基于单元主题意义设计输出活动,创造英语教学情景和有冲突的问题来引导学生学会综合分析文本,提升跨文本提取、整合有效信息和表达视角来进行综合结构化的表达能力,从最终的教学实施过程来看这些方法都是行之有效的。

四、温馨提示

① 问题链的设计要以单元承载的语言能力为切入点,要融合在单元视角下进行设计,对单元内的主题内容进行对比分析,指向综合表达,不能只着眼在单个课时。

② 课堂的输出活动一定要体现本节课的语言知识要求,不可以只注重形式花哨而与知识内容割裂。

③ 情景任务要尽可能真实,贴近学生的生活且要有开放性。过于封闭的情景容易导致语言活动机械,开放性的情景可以为学生个性化的表达提供空间,易激活学生思维,引发真实的互动。

(撰稿者:沈晓茹)

第六章

管理技巧：
课堂教学微技术的
放大效应

课堂教学管理是师生共同参与,有目的、有计划和多维度地协调课堂内外各种教学因素,生成性地实现教学目标的过程,包括对学生的引导、激励,建立有序的课堂秩序和规则,及时恰当地处理课堂问题行为等。它是建立有效教学课堂环境、保持课堂互动、促进课堂生成的动态历程。当代课堂教学管理理论认为,良好的课堂组织管理、健康的交流方式、有效的沟通技巧有助于增进师生间的关系和有效实现教学目标。没有有效的课堂教学管理,就没有有效的课堂教学。

因为课堂教学管理如此重要,所以我校教师结合自身教学实践,提炼出课堂教学管理微技术,通过"学生自主命题"来提升复习课效率,通过"角色分工""设置督察员"让合作学习更深入,通过"架设'脚手架'"进行数学概念教学,通过"思维可视化"帮助学生突破物理思维障碍,有效解决物理问题。这些课堂教学管理微技术的使用,很大程度上促进了学生的自主学习,利于学生的合作学习,让学生对知识的理解更便捷深刻,对课堂教学管理起到促进作用。

学生自主命题微技术,是学生在教师的组织引导下自我研读学习材料、自我命题、自我作答、师生点评的一种教学管理方式。它转变了课堂教学模式,能更好地发挥学生学习的自主性,让中考语文复习课高效灵动起来。

角色分工微技术,是在小组合作学习中,通过设置小组合作任务,指导学生在任务完成的过程中承担不同的角色,履行不同的角色职能,提高合作学习有效性的一种教学管理方式。它使小组合作学习分工更明确,组织更有序,互动更积极,协作更有效。

架设"脚手架"微技术,是用先前学过的知识去解释、融合和联系当前学习的任务,在已知的材料和需要学习的材料之间架起一道桥梁,让学生建立新旧知识之间的联系,促成有意义的学习。它转变了课堂教学模式,让学生用数学的眼光来观察世界,让枯燥无味的概念教学变得生动有趣。

思维可视化微技术,是指运用一系列图示技术、实验演练等手段使本来不可视的思维(思考方法和思考路径)清晰可见的一种教学管理方式。思维可视化能吸引学生的注意力，帮助学生突破物理思维障碍，有效解决物理问题，培养学生核心素养。

设置督察员微技术，是指在小组合作学习中，设置督察员角色监督小组成员整个学习过程和分配学习任务的一种教学管理方式。设置督察员能观察督促本组成员学习的进度与质量，能让小组合作学习更有效。

课堂教学管理微技术不止有上面提到的这些，其实还有很多。教师通过不同的课堂教学管理微技术，达到有效利用时间、创设良好学习环境、减少课堂不良行为、调控师生关系、和谐教学环境等效果，从而实现课堂教学管理微技术效应的最大化。

学生自主命题：让中考语文复习高效灵动

中考语文复习阶段，各种复习资料、配套训练题铺天盖地，有些是常见题的简单重复，学生被埋在这样的题海中，精神疲惫，效率低下。加之复习课的课堂模式较为单一，"做题——讲题——做题——讲题"占主体，这样的课堂连有效都谈不上，更不要说有活力和生气。长此以往，学生学习语文的主动性丧失殆尽。为了避免复习课的低效和枯燥，我们采用学生自主命题微技术，充分发挥学生学习的自主性，转变教学方式，让语文复习课高效灵动起来。

一、理念与意义

建构主义学习理论认为知识学习是一个建构过程，必须突出学习者的主体作用；教师通过组织者、合作者和引导者的身份，让学生主动参与到整个学习过程中。学生自主命题是学生在学习过程中自我研读、自我命题、自我作答、师生点评的一种学习方式，实质上也是在教师的组织下学生自我教育、自我学习、自我提升的过程。教师的作用在于激发学生学习的兴趣，指导学生学习的方法和命题的方式，进而提升学生自主学习的能力，提升中考语文复习的效率和灵活度。

学生自主命题对中考语文复习的作用主要体现在以下两方面：

（一）"学生自主命题"能够提升中考语文复习的效率

学生在老师的指导下自主命题，在学习命题的过程中，他们知道要考什么、怎么考，了解了命题的范围、题型、方式和细则等；通过评分标准的制定，学生掌握了答题的标准规范，知道如何回答才是最佳。学生也从被动地做题变为主动地研究题目，学生的自主性、积极性得到充分释放，学生掌握了复习的主动权，对自己的薄弱点可以有更多的钻研时间,并以命题的形式呈现出来,在考核别人的同时也提升自己,大大提升了语文复习的效率。

(二)"学生自主命题"能够增强中考语文复习的灵活度

"学生自主命题"打破以前"学生听,老师讲"的枯燥单向课堂,学生命题、讨论、交流、修改,教师点评,学生都动起来,老师也投入其中,课堂焕发了活力。这种主动、分享的教学方式更是促进了教师的研,研促进教,教又促进学,实现教学相长的目的,也给教学注入了活力。学生自主命题应用到"诗词鉴赏、课内文言文、现代文阅读、作文"教学等板块,可以达到"牵一发而动全身"的效果。中考语文复习真正丰富灵动起来!

总之,学生自主命题一定程度上避免了学生中考复习的枯燥低效,让学生更聚焦于自主研究、交流分享,大大提升了中考语文复习的效率和灵活度。

二、操作方法

为了切实发挥学生自主命题的作用,我们在学生自主命题之前要按照"组间同质,组内异质"的原则,将全班同学分组,每组5—6人,组内选定组长,组员岗位职责明确。分好组后,"学生自主命题"在具体实施过程中主要遵循以下流程:

(一)学生自主命题,暴露问题

后"茶馆式"教学主张"尽可能暴露学生的潜意识,尤为关注'相异构想'的发现与解决"[①],很多知识与能力就是在学生相异构想的不断发现与解决中形成的。教师下发命题材料后(最初阶段训练命题的阅读材料最好是中考或一模二模卷中的文本),教师对命题不做任何要求和提示,先让学生自主命题,目的是暴露问题。

果不其然,我们会发现命题过程中出现的一些问题:比如命题数量过多或过少、命题的题型单一重复、命题没有梯度、命题过难或过易等。这些暴露的问题恰恰是课堂最好的生成性资源,解决了这些问题,学生们也基本了解了命题的规律,这是学会命题的前提。

(二)比对真题,明确考点及题型

针对学生命题过程中暴露的问题,教师呈现下发材料的真题。学生比对真题,明确考点及题型。中考语文分文言文阅读、现代文阅读、综合运用和作文四大板块,文言

---

① 张人利.后"茶馆式"教学[M].上海:上海教育出版社,2012:83.

文又分默写、课内古诗文阅读、课外文言文阅读；现代文主要是说明文、议论文、记叙文三大文体的阅读；作文分全命题、半命题、材料作文；综合运用题型灵活多变。每一个板块的考点和题型更是有区别。这一环节的比对，学生可以总结归纳出阅读材料所属板块的基本考点和题型。

（三）小组讨论，合作完成一份优质题

明确阅读材料的考点和题型后，学生将自己的命题与小组成员讨论："我为什么要命这道题？这道题我为什么这么来命？"讨论主要针对命题的内容和形式展开。命题内容与文本材料的内容息息相关，要命出一道好题必须要读懂文本，所以讨论命题内容也就是进行文本的解读和梳理。命题形式也很重要，同样的命题内容，有些题目很新颖，有些题目很老套。这一环节的讨论，一定要组织好，最好每个人都阐述自己的命题缘由，都点评组员的命题，最后在讨论中小组共同完成一份优质命题。

（四）小组展示优质命题，教师明晰命题要点细则

每个小组派代表展示本组的优质命题，并且向全班同学阐述命题的缘由，其他组点评命题，对命题进行补充，教师明晰优质题目的要点细则。学生还可以根据优质题目的要点细则，进一步修改完善自己的命题。

（五）学生学习评分细则，精准答题

学生自主命题微技术的目的不仅仅在于命题，而是通过"命题"来读懂文本，了解考点和题型，从而精准解题。那如何精准解题呢？除了"读懂文本"这一核心途径外，学习评分标准、讨论精准答题的细则、总结解题的策略和范式也非常重要。

总之，学生自主命题可以一定程度上提高学生复习的积极性、主动性，通过改变教与学的方式来提高中考语文复习的效率和灵活度。

三、案例与分析

上述操作流程在中考语文复习不同的课型中会有不同的运用，下面我以学生自主命题微技术在课外文言文复习中的应用为例来具体说明。

（一）学生自主命题，暴露课外文言文命题问题

首先，我下发了上海 2013、2014 两年的中考课外文言文阅读材料，学生阅读材料后自主命题。学生一看不再是发下试卷来让他们做，反而一下有了新鲜感，课堂渐渐有了一点涟漪。我们也发现了命题过程中的一些问题：比如题型单一重复，有学生通

篇下来都是句子翻译或内容理解;命题没有梯度,有学生第一题就是对主旨的把握、人物形象的分析,最后才"词语解释";还有命题过难,不明确命题范围,题目超纲;第3、4题的命题普遍没有方向,比较随意。

(二) 比对真题,明确课外文言文考点及题型

学生自主命题后,教师呈现这两套中考课外文言文真题,让学生比对真题。真题如下:

(一) 韩生料秦王

昔者秦王好猎而扰民,下令猎于北郊。前日,民皆徙避之。有韩生者止之曰:"王之爱子病三日矣,王心忧之,必不出。"已而果然,或问之曰:"吾宿卫①王宫,且不知王之爱子病也。子何以知之?"韩生曰:"吾闻王之爱子好纸鸢②,吾登丘而望王宫之上,三日不见纸鸢矣,是以知之。"

注释:① 宿卫:在宫禁中值宿警卫。② 纸鸢:风筝。

1. 解释下列加点词。(4分)

(1) 昔者秦王好猎而扰民 _____

(2) 王之爱子病三日矣 _____

2. 用现代汉语翻译文划线句。(2分)

子何以知之?_____

3. 本文情节曲折,引人入胜。请在下面空格处依次填入恰当的内容。(3分)

秦王将猎→_____→韩生劝止→_____→韩生释疑

4. 这则故事告诉我们的道理是_____(3分)

A. 遇事要勤学好问。　　　　B. 要善于见微知著。

C. 要勤于观察思考。　　　　D. 遇事要集思广益。

(二)

闻公有一册历,自记日行事,纤悉不遗。每日阴晴风雨,亦必详记。如云某日午前晴,午后阴,某日东风,某日西风,某日昼夜雨。人初不知其故。

一日,民有告粮船失风者,公诘其失船为何日?午前午后?东风西风?其人不能知而妄对,公一一语其实。其人惊服,诈遂不得行。于是知公之风雨必记,盖亦公事,非漫书也。

【注】公:文中指周忱,明朝官员。册历:记事簿。失风:行船遇恶风失事。漫:随便。

1. 解释下列加点词。(4分)

(1) 人初不知其故 _____　　　　(2) 公诘其失船为何日 _____

2. 对文中画线句意思理解正确的一项是(　　)(3分)

A. 那人震惊佩服，行骗于是没有成功。

B. 那人震惊佩服，于是就不再去行骗了。

C. 其中一人震惊佩服，行骗于是没有成功。

D. 其中一人震惊佩服，于是就不再去行骗了。

3. 从文中看出"民"有诈的语句是_____(用原文语句回答)(2分)

4. 对本文写作意图理解最恰当的一项是(　　)(3分)

A. 希望官员做事认真，一心为公。　　B. 称赞周忱留心公事，做事细密。

C. 赞赏周忱学识超群，慧眼独具。　　D. 讽刺"民"自作聪明，贪图钱财。

学生比对真题的环节很投入，他们认真研究真题后，得出课外文言文命题一般有四道，基本的考点和题型是：① 词语解释(2个实词，填空)；② 句子翻译(1句，填空或选择)；③ 对文章细节内容的考查分析(1道，填空或选择)；④ 对主旨、人物形象、写作意图等文章要素的整体把握(1道，填空或选择)。

(三) 小组讨论，合作完成一份课外文言文优质题

明确课外文言文考点和题型后，在先前自主命题的基础上，小组讨论命题，每位同学围绕"命题内容"和"命题形式"阐述自己命题的缘由。讨论阐述环节最为激烈，这种思维的碰撞一下就让课堂这潭"死水"灵动起来！讨论后每个小组合作完成一份优质命题。

课外文言文阅读，每位同学都出了"句子翻译"，我们来看一个小组对翻译题目的讨论：

同学1：我要求翻译的句子是"有韩生者止之曰"，这里的"生""止"是考纲中要求掌握的实词，"之"是考纲中要求掌握的虚词，所以我认为这个句子很重要。

同学2：我出的翻译句子是"是以知之"，别看这句话简短，但是它对整篇文章主要内容的理解很关键，"是以"这个词还是倒装，"是以"是"以是"，"因为这样"的意思，整个句子的意思是"我因此知道了(大王不会出来打猎)这件事"。

同学3：我出的句子是"下令猎于北郊"，因为这是个省略句，省略了主语，那我们在翻译的时候，要补充主语"秦王"。

同学4：我认为考查"子何以知之"最好，这也是一个倒装句，"何以"的正常语序是"以何"，"凭借什么"，既考查了重要实词"知"，又考察了虚词"以""之"。

经过小组几个同学的理由阐述，我们大致可以总结：涉及考纲实词、虚词较多的句子，对文章内容理解起关键作用的句子，还有倒装、省略、被动等特殊语法的句子都是翻译的重点。所以小组的阐述理由一下子就激起千层浪，使得整个课堂都灵动起来！

（四）小组展示优质命题，教师明晰课外文言文命题要点细则

各小组派出一名代表展示优质命题，并且阐述命题的缘由，其他小组进行点评补充，教师明晰优质题目的要点细则，细则如下：

1. 解释词语：词语为考纲范围内的实词、虚词，课内出现过，含有通假、词类活用等现象。

2. 句子翻译：特殊句式（判断句、被动句、倒装句、省略句等），对文章内容理解至关重要的句子。

3. 理解题：

（1）考查学生筛选信息（用原句填空）、概括信息（用自己的话概括）的能力。

（2）考查原因、结果、具体表现、情节梳理等。

4. 分析推断：考查主旨把握、人物形象分析、写作意图等。

学生在明晰课外文言文命题细则的基础上，再次修改自己的命题。教师可以挑选一些优秀命题进行展示。

（五）学生学习课外文言文评分细则，精准答题

学习评分细则对于精准答题非常关键，这对于提升中考复习的高效性至关重要。我们可以以《韩生料秦王》的一道情节梳理题为例：

本文情节曲折，引人入胜。请在下面空格处依次填入恰当的内容。（3分）

秦王将猎→_____→韩生劝止→_____→韩生释疑

A. 令猎北郊/令其徙避/下令迁徙

B. 百姓逃避/百姓迁徙

C. 民皆徙避/民徙避之

便于讲授评分细则，我提供了A、B、C三个选项。第一处如果用A答案回答，一分也拿不到；用B答案回答拿一分；选C拿满分。为什么呢？我们要让学生知道这种差距背后的原因并总结出一条精准解题的路径。

首先用定位法，给每个情节定位，情节一"秦王将猎"定位在第一句话，"韩生劝止"在第三句话；第一空的答案应该定位在第二句话"前日，民皆徙避之"，这样首先排除A，A答案的主语都是"秦王"而非"民"。B答案不完整，它只讲到"迁徙"或"逃避"，可以用"补全法"排除它。答案是"民皆徙避之"，但需要用"仿写法"和"微调法"来整理答案，因为"秦王将猎""韩生劝止""韩生释疑"都是主谓结构的四字短语，所以我们要做微调，变成"民皆徙避、民徙避之、百姓徙避"就完美了。第二空同样可先定位，再仿写、补全、微调来完成，这条路径还可以迁移到现代文阅读的情节梳理题中。

就这样，学生在一次次的"暴露问题""比对真题""修改命题"的反复中，基本明确了命题的题型、范式以及命题的细则，可以说学生不仅从根本上知道了要考什么、怎么考，命题也越来越成熟；更关键的是，课外文言文的课堂不再是我讲你听、死气沉沉的课堂，更像是一场场思维的盛宴。

通过这种"自主命题"，我们由"课堂"延伸到了"课外"。课外文言文材料来源广泛，但是一般有写人、记事、状物、说理四个基本主题，我们安排每两个小组研究一个主题，包括自行寻找与主题相关的材料、自行命题、制定评分标准等。教师对每个小组的命题进行审核评选，利用文言文阅读时间让全班同学进行练习，命题小组进行讲评，并对命题优秀的小组进行表彰，这样中考语文复习才能真正高效灵动起来！

四、温馨提示

① 学生自主命题训练初期最好是运用一些经典的阅读材料，比如历年的中考原题、一模二模卷的材料，不仅材料经典，而且题目规范。

② 在学生自主命题的过程中，教师始终是一个组织者、引导者，多肯定学生的闪光点，这样才能充分调动学生的自觉性和积极性。

③ 学生自主命题不要仅仅停留于命题形式，更应该关注命题内容，因为对命题内容的研究才是触及阅读文本的内核、提升阅读能力的关键，才能真正让中考语文复习高效灵动。

（撰稿者：王爱华）

角色分工：助力小组合作深入学习

小组合作学习作为一种重要的学习策略，现已被广泛应用于我国中小学课堂教学实践之中。它的产生主要出于克服传统教学存在的弊端，改革课堂教学和提高教学效率的需要。小组合作学习将社会心理学的合作原理纳入教学之中，强调人际交往对于认知发展的促进功能，在课堂上给了学生自主、合作的机会，使其通过互助合作共同完成学习任务。

角色分工微技术主要针对小组合作学习中所出现的消极互赖、零散无序、流于表面等问题而提出。以往的小组合作学习，由于学生分工不明确，有的小组只有一两个成绩较好的学生在思考发言，形成了"一言堂"现象；有的小组互相推诿，讨论结束也没有任何学习成果。小组合作学习看上去热热闹闹，其实学生并未真正参与进去，讨论只是流于形式，学习效率也大打折扣。

一、理念与意义

《上海市中长期教育改革和发展规划纲要（2010—2020年）》明确提出"为了每一个学生的终身发展"的理念，为课堂教学转型指明了一个鼓舞人心的方向。现在的课堂教学改进应该更加关注学生作为"人"的思考能力、角色指导探究能力、社会交际能力和解决问题的能力等。新课程标准也倡导主动参与、自主探索、交流与合作的学习方式。开展科学有效的小组合作学习，已成为现在课堂教学的重要策略。

角色分工微技术设置小组长、观察员、记录员和发言人等不同角色，对学生进行专门的指导与培训，让他们在合作学习的过程中，或负责整体协调与组织，或负责追问与反驳，或负责整理记录，或代表小组交流分享，让学生人人有责任，齐心协力，从而使小组合作学习分工更明确,组织更有序,互动更积极,协作更有效。

(一) 角色分工使小组合作学习任务更明晰

角色分工微技术对小组每一个成员都设置了不同的角色,每位成员在小组合作学习中承担起不同的职责。小组设置了小组长、观察员、记录员和发言人等不同角色,教师前期通过专门的指导与培训,让他们在合作学习的过程中各有分工,各司其职,为共同的目标而努力。小组长负责小组的整体协调与组织,观察员针对成员的回答不断追问、反驳,促使同伴深入思考,记录员整理记录小组的讨论成果,每个成员积极思考、献计献策、职责明确,小组合作学习的效率也相应提高。

(二) 角色分工使小组合作学习思考更深入

在小组合作学习中,经常会看到有的小组会有几个学生积极发言,但却是各说各的感受,蜻蜓点水,脱离文本,思考深度极为有限。而老师在巡视时,时间有限,分身乏术,对学生讨论的指导也有限。所以,不少小组在课堂讨论时所能达到的思维深度实在有限。

角色分工微技术,特别设置了观察员这一角色,由学科能力强、思维反应快的同学担任,专门负责讨论时对组内同学的回答进行追问和反驳,如追问同学的观点在文章中的具体依据,引导组员多角度地理解,反驳同伴回答中的错误之处、不当观点等,促使其思考得更深入、更全面,从而使小组讨论的结果更科学、更有力,促进小组合作学习的深入开展。

总之,角色分工在小组合作学习中,通过指导学生在任务完成的过程中承担不同的角色,履行不同的角色职能,从而使小组合作学习组织更有序,思考更深入。

二、操作方法

要开展有角色分工的小组合作学习,需进行一定的前期准备。① 小组的组建。每个小组 4—5 人,遵循组内异质、组间同质的分配原则,以学生的学科水平为主要依据,兼顾性别比例、性格差异等因素,按照一定比例分为高、中、低三个层次。② 角色的分工。每个小组都要设置一名小组长、观察员、记录员和发言人,每个角色都要要承担一定的任务分工。③ 角色的培训。角色确定后,教师要针对不同的角色进行相应的培训,如对观察员进行如何追问和反驳的培训,对记录员进行如何速记的训练,对发言人进行发言仪态和内容阐释的指导等。

有了前期的分工与相应角色的指导与培训之后,小组合作学习在课堂上可以按照以下的流程来实施:

① 提问:巧妙设问,暴露异想。讨论问题的设置,必须是教师在把握文章的重难点之后,结合学生的实际情况提出的。问题应该是和文章的重难点知识密切相关,且能够暴露出学生不同的想法。它是学生通过独立思考和小组合作可以解决的有一定难度和价值的问题。讨论问题可以是教师指定的某一个具体的问题,也可以是教师给定几个问题,由小组自由选择。

② 讨论:一问三答,人人献智。讨论由小组长负责统一协调与安排,在组员游离讨论时,及时督促、提醒他们回归正题。观察员负责追问和反驳,在组员空谈感受时追问文本依据,在组员围绕着一点重复徘徊时提示、追问另一个角度的思考,在组员回答有误时直接予以反驳。小组成员都要秉着对小组负责的原则,积极思考,结合具体文本认真回答,每一个人都要对这个问题的解答贡献自己的思考。此环节直接关系到合作学习的成效,极为重要。

③ 展示:小组齐动,四人展示。小组讨论后,形成本组的最终观点,然后在小组长的带领下进行分工,四人共同到"白板"前进行展示。小组成员有的阐释观点,有的补充理由,有的进行板书,人人都要参与展示,承担自己的一份责任。有时,小组的展示还可以是分角色朗诵或者短剧表演等,这更要求小组成员要有明确的分工与共同的参与。

④ 互动:组组对话,存同求异。一个小组交流结束之后,其他小组可针对他们的观点与论据进行反驳与质问,也可以补充完善。小组交流时,除了交流本组达成共识性的观点外,本组存有争议的地方,或者不能解决的问题,也可以进行交流,向其他的小组寻求帮助。如果全班依然不能解决,教师可适时进行点拨与指导。

角色分工的小组合作学习尽可能地让学生以小组为单位组建一个学习共同体,在同一学习任务的驱动下,各司其职,积极主动,共同为解决学习任务而努力,变消极无序为积极有序,提升学生学习的主动性与实效性。

三、案例与分析

下面借助一篇现代文阅读课《"诺曼底"号遇难记》对这一操作流程进行具体说明。

① 精心设计讨论问题,暴露学生相异构想。《"诺曼底"号遇难记》是法国著名作

家雨果先生的一篇短篇小说,故事主要讲述了"诺曼底"号的船长哈尔威在邮船被撞、海难突如其来、众人乱作一团的情况下,沉着镇定,有条不紊地指挥,以高度的责任感,坚守在自己的岗位上,将船上所有的乘客和工作人员全部救出,但自己却选择与船共存亡。

本文的情节集中,人物形象鲜明,哈尔威船长沉着冷静、临危不乱、忠于职守,这些品质学生理解起来也并不困难。但是,为什么哈尔威船长在能逃生的情况下却选择不逃,最终与船一同沉没,这对于他们而言是一个理解的难点。我们的学生从小接受的生命教育是:生命只有一次,生命是最可贵的。此处是可能引起学生相异构想的地方。而本文中的哈尔威船长在那个年代里对于英雄的选择、舍生取义的做法,也应让学生理解,丰富他们的人生观和价值观。

所以,小组合作学习的问题最终确定为:"哈尔威船长为什么不逃?他的死值不值得?"

② 观察员追问反驳,小组共思考齐献智。下面选取其中一个小组的一段讨论实录:

生1:我觉得他的死不值得。这场海难责任在"玛丽"号,它在夜雾很大、能见度低的情况下,行驶得这么快,导致了两船的相撞,哈尔威船长没有错,没必要一定要死。

生2:我也觉得他的死不值得。哈尔威船长已经尽了自己作为船长的责任,将船上所有的人都营救了出去,使海难的伤亡降到最低,所以,他完全可以在营救众人的时候,也实行自救,积极逃脱。

生3:哈尔威船长一定也有亲人,他们一定也很爱他,他这么死了,对于他的家人来说是不负责任的,他的死不值得。

观察员:如果说他的死不值得的话,为什么文中说"在英伦海峡上,没有任何一个海员能与他相提并论"?

(小组成员沉默思考中……)

观察员:文章里有一句话:"人们透过阴惨惨的薄雾,凝视着这尊黑色的雕像徐徐沉进大海。""雕像"一般雕刻的是一些英雄人物或者伟人,把哈尔威船长比作"黑色的雕像",说明人们是很崇敬他的。如果他的死不值得的话,为什么人们要崇敬他,作者也要赞美他?

生2:哈尔威船长一直将营救船上的生命作为自己的责任,坚守在船长的工作岗位,思考着怎么帮助大家逃生,考虑到了每一个人,而忘记了他自己,他可能来不及逃走。

生1:哈尔威船长完全可以逃走的。两艘船的救生艇在救人,而且还有救生圈,在船下沉时,哈尔威船长完全可以先用个救生圈,然后等待人们来救援。他是能逃走但是不逃走。

观察员:那他为什么不逃走呢?

生3:我觉得他之所以不逃走,是因为他是一名船长,他热爱他的船,船就是他的生命,所以,他选择和船共存亡。

生1:有点像我国古代的民族英雄,"城在人在,城亡人亡",哈尔威船长是"船在人在,船亡人亡"。他其实是在履行作为船长的责任,始终坚守在自己的工作岗位上。所以,从这个方面来说,他的死也是值得的。

通过这个片段,我们可以感受到在观察员的引导下,小组其他成员是如何共同思考,使讨论一步一步深入下去。

③ 小组分工齐动,四人共同展示。最先上来展示的小组,一名学生负责阐释本组的观点,两名学生从不同方面给出相应的论据,还有一名学生负责板书,将观点和主要依据清晰地写在黑板上。后面展示的小组,有的学生负责驳斥对方的观点,有的批驳对方的论据,还有的阐释自己组的观点,小组每个学生都能参与到展示的环节中来。

④ 不同小组交流对话,存同求异深化理解。教师在巡视的过程中,已经了解到了每个小组讨论的结论以及他们掌握的基本依据,所以,在小组展示环节,笔者有意识地选择了一组认为船长的死不值得的小组先发言,他们的观点和理由激起了其他小组批驳的热情,接下来请了两个小组来互动,他们先是阐释了自己组的观点,然后针对对方的观点进行了驳斥。尤其是之前在观察员追问下曾经修正、调整过自己观点的那个小组,反驳的理由更加充沛,因为这是他们曾经深入思考过的地方。最终,班级学生达成了共识:哈尔威船长选择与船共存亡,是他作为船长的职责,他的死值得我们尊敬。

在本次小组合作学习前期,由于时代的原因,学生对于哈尔威船长之死理解得还不够深入,但是观察员的有效追问和同伴的积极思考,使小组的讨论紧扣文本,一步一步由浅入深,小组学习的合力使他们的认识往前了一步。观察员的两次追问,使讨论逐步深入;小组分工展示,各司其职,锻炼了学生的能力;各组相互诘问,使学生在互动中对这一难点问题加深了理解。

四、温馨提示

① 教师在巡视时要特别关注对观察员的现场指导。小组讨论能否深入，关键在于观察员的追问与反驳。它要求观察员要能快速判断出组员发言中的不足，引导大家在文本中找依据，向更深处思考，这对于学生来说的确是很有挑战性的。教师在巡视时，要有意识地多聆听观察员是怎么进行追问的，指导他们不断修正自己的提问，也可以亲身示范如何快速根据文本发现组员发言中的漏洞，进行追问和反驳。观察员的成长不会一蹴而就，需要老师不断的指导。

② 角色分工在学生熟练后可轮换。在学生已经对于有角色分工的小组合作学习比较熟悉、操作起来十分熟练的情况下，可以尝试着让学生实行不同角色的轮换。发言人尝试着作为观察员去追问，观察员尝试着去管理小组，小组长尝试着记录，记录员尝试着代表小组去发言等，学生尝试不同的角色，在小组合作学习中承担不同的责任，锻炼自己不同的能力，从而更好地提升语文素养。

③ 角色分工在不同课型有调整。语文学习的课型较多，包括现代文阅读课、写作课、试卷讲评课、文言文新授课与复习课等。角色分工的微技术主要运用在现代文阅读教学与文言文教学之中。其他课型，如写作课与试卷讲评课等，尚需进行一定的调整。

（撰稿者：李瑶）

架设"脚手架":让概念教学变得更深刻

在平时的教学中,我们往往会重视解题技巧,轻视数学概念,把概念当作一种数学规定直接灌输给学生。学生也认为基本概念单调乏味,不去重视它,导致概念认识和理解模糊。然而数学概念形成的背后往往隐含着重要的数学思想,因此,在高效课堂的探索中,我通过架设"脚手架"让学生理解数学概念和结论形成的过程,体会其中蕴含的数学思想,让枯燥无味的概念教学变得生动有趣,从而激发学生学习数学的兴趣,形成主动探究的意识。

一、理念与意义

"脚手架"最早是由美国著名的心理学家及教育学家布鲁纳在20世纪70年代从建筑行业借用过来的一个术语,常常用于说明在教学活动中,学生可以通过父母、教师、伙伴以及其他人提供的辅助或者提示,来完成无法单独完成的任务或者习得相应的知识。一旦学生能独立完成某种任务,这种辅助物就像建筑竣工后的脚手架被逐渐撤离。这些由社会、家庭、学校提供给学生的各种辅助物就称为"脚手架"。[1]

在概念教学中,教师架设不同类型的"脚手架"能够充分利用学生的已有知识,帮助学生开发其内藏技能,促成有意义的学习,从而提高课堂教学有效性。具体来说,它的作用主要体现在以下几个方面:

---

[1] 冯妮.脚手架理论在英语教学中的应用[J].新课程(综合版),2014(10):78.

(一)架设"脚手架",激发学生的探索欲

概念学习前,教师根据学习任务设计不同类型的"脚手架",比如:故事游戏可以激发学生的学习兴趣,发展学生的想象力,增强课堂情趣;熟悉的生活情境触动学生探索之心,拓宽学生的思维层面;数学史的介绍可以让学生了解数学体系发展的过程,提高学生的民族自豪感;思维图表可以使学生进行整体把握,完善知识体系,激发学习潜能。"脚手架"的桥梁作用改变了学生已有的认知结构,使学生为接纳新概念做好了充分的准备,有利于激发学生对新知识学习和探究的渴望。

(二)架设"脚手架",提高学生的学习效率

概念学习过程中,教师根据学生的学习情况,可以架设问题串、数学操作活动、问题情境等"脚手架",引导学生进行探究,经历概念的产生过程,体验数学概念的形成过程,充分获得数学概念的思维活动过程。学习的过程中,学生将原有知识和新学的知识串联起来,将新的知识脉络同化到原有的认知结构中,学生知识不断系统化,知识结构更加完善,从而进一步提高学习效率。

(三)架设"脚手架",促进学生思维品质的发展

概念学习后,教师可以架设变式题、实际问题的解决等"脚手架"。学生在探究过程中,通过对已经掌握的数学内容进行思考、分析、加工、组合,创造性地将其运用到探索未知的问题中,从而形成新的知识内容解决问题。这样的探索加深了学生对概念的理解,进一步明确了概念的内涵和外延,巩固了所学的知识,同时也有助于学生能够有意义、有效地进行学习迁移,增强数学技能,促进思维品质的提升。

总之,架设多种类型"脚手架",可以充分调动学生原有的认知,增强知识的横纵联系,利于学生探索和掌握新知,拓宽学生的数学思维水平,锻炼学生的自主学习能力,促进学生的全面发展。

二、操作方法

在设计、选用"脚手架"时,教师应分析学生已有的认知结构并深刻剖析新旧知识间的联系,而后对新旧知识进行加工、提炼或延伸,最后形成"脚手架"。在教学中,架设"脚手架"促使学生在已知的材料和需要学习的材料之间架起一道桥梁,使得新知识的学习难度降低,循序渐进地添加到学生的认知系统中,从而使学生更有效地学习。操作方法如下:

（一）架设情境"脚手架"，引出问题，激发兴趣

学习动机和兴趣是影响学习效果的重要因素，教师在课堂中只要将学生的学习兴趣唤起，就可调动学生学习的主动性、积极性，取得事半功倍的教学效果。因此，教师在课前或上课开始用学生熟悉的事物创设情境，让每个学生融入到生动的情境中参与学习，打开思维，进入本节课的学习主题。

（二）架设操作活动"脚手架"，自主探索，协作学习

数学概念反映的是客观事物的空间形式与数量关系方面的本质属性。课堂中，为了使学生体验到概念的形成过程，教师可以设计一些操作活动，引导学生进行自主探究。有时活动还需要同伴一起合作，分享各自的观点，在思维碰撞中产生智慧的火花。学生在探索中形成概念，不仅可以巩固知识，而且可以领悟数学思想，发展了学习能力。

（三）架设问题"脚手架"，化难为易，分解难点

课堂中，一些学生在学习概念后，在应用环节遇到不熟悉或复杂的问题时往往会卡壳、无从下手。如何引导学生寻找突破口解决问题？这时教师可以架设问题"脚手架"，把原来复杂的问题拆分成比较熟悉的、容易解决的几个元问题。通过问题驱动，学生从简单问题开始思考探究，不断推动有效思维，最终感悟到解决问题的本质。

（四）架设练习"脚手架"，及时反馈，反思提升

课堂中的提问和巩固练习，教师只是收到个别或部分学生对某个知识点的认知、理解及掌握的程度。新课结束前几分钟，教师可以架设练习"脚手架"。教师通过练习反馈可以迅速清晰地了解每个学生的学习情况，也可以审视自己的教学，改善教学行为，提高课堂教学效果。同样，学生通过练习反馈了解自己的学习情况，反思学习中的不足，在不断进步中提高自我效能感。

三、案例与分析

架设"脚手架"在操作流程上对于不同的课型会有不同的作用。下面借助案例分析来进行具体说明。

（一）架设生活情境"脚手架"，激发学生探究欲望，促进理解新概念

在教学平面向量第一课时"有向线段"这部分内容时，对于初中生来说，"有向线段"这个名词比较陌生。引入新概念前，为了让学生先学会描述物体的位置移动，教师

在新课引入环节中架设生活情境"脚手架",让学生感受到数学来源于生活,又服务于生活,激发学生的学习兴趣。

以下为教学片段:

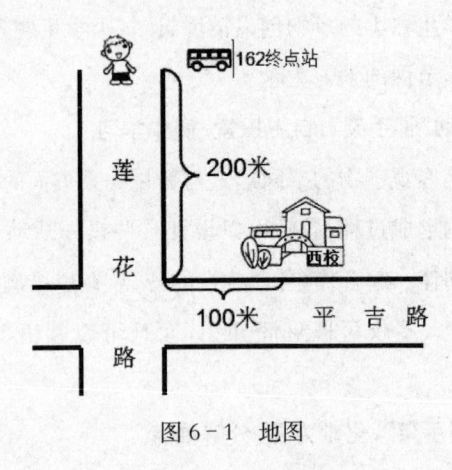

图 6-1 地图

师:如图 6-1 所示,一位外校老师在 162 终点站向小明问路:"到实验西校怎么走?"

生:说法一:约走 300 米就能到实验西校。说法二:沿着莲花路向南走到一个十字路口,再沿着平吉路向东走就到实验西校。说法三:先沿着莲花路向南走大约 200 米到达一个十字路口,再沿着平吉路向东走 100 米就到实验西校。

师:那哪种说法比较妥当?为什么?

学生讨论后得出说法三是正确的,因为说清楚了方向与距离。

师生共同总结出:要描述清楚物体或者人的位置移动有两个要素:移动的距离、移动的方向。

师:如果我们把 162 车站看作 A 点,路口看作 B 点,实验西校看作 C 点,那么刚才的每一次位置移动其实是反映了两个点的位置差别,所以要描述两个点的位置差别就是要说清楚距离和方向。

此时老师再让学生描述两点的位置差别,就大大提高了正确率。

师:请同学们根据刚才的说法完成指路图(引出有向线段概念)。

生:在任务单上画出指路的"示意图"。

在教学有向线段的过程中,教师架设生活情境"脚手架"引发学生思考,依托生活经验,让学生认识描述"两点相对位置"和"位置移动"的要素。在画出指路示意图的过程中让学生主动感受到"方向"和"距离"两个要素,两者的联系帮助学生正确地理解有向线段的概念。

(二)架设操作活动"脚手架",助力学生主动探索,经历概念形成过程

勾股定理:直角三角形两直角边的平方和等于斜边的平方。

数学表达式:$a^2+b^2=c^2$

教学勾股定理这一经典内容时,很多学生听说过"勾三股四弦五",但这不代表学生是真正理解了。探索定理的过程中,教师可以架设操作活动"脚手架",启发学生通过操作拼图把形的问题转化为数的问题,让学生在动手操作中感悟定理的产生过程。

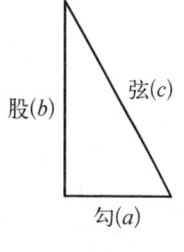

图 6-2

架设操作活动"脚手架"使学生顺利发现知识间的内在联系,帮助学生将已有的知识和经验迁移到新内容的学习中来。这样的探索活动不仅可以调动学生的已有经验,关联相关知识,而且还能培养学生观察、动手实践的能力,学生在动手操作中体验到了学习数学所带来的快乐,引起了他们更深层的探究欲望。

(三)架设问题"脚手架",启发学生思考,有效突破障碍

图形运动类问题对于七年级刚刚正式接触几何学习的学生来说比较困难,所以教学图形运动复习课时,教师可以架设问题"脚手架",帮助学生解决动态几何问题,引导学生真正理解图形运动的基本形式、概念和特征,从而培养学生的分析转化、数形结合和解决实际问题能力。

以"等边三角形"为载体,教师提出以下几个问题:

问题一:如图 6-3,已知 $\triangle ABC$ 和 $\triangle CDE$ 是等边三角形,点 D 在边 AC 上,连接 BD 和 AE 有什么样的数量关系。

问题二:如图 6-4,当等边 $\triangle CDE$ 绕着点 C 运动到如图所示的位置,还能得到问题一这样的结论吗?

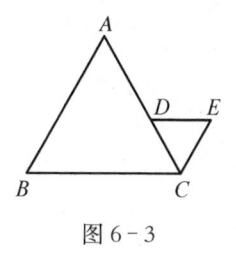

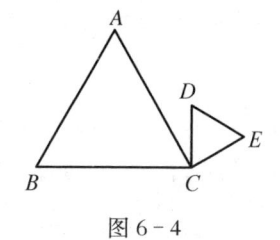

图 6-3

图 6-4

问题三：如图6-5，延长 BD、AE 交与点 F，则∠AFB 的大小是否发生变化，如果不变，请求出它的大小。

问题四：如图6-6，已知△ABC 和△CDE 是等边三角形，且 B、C、E 在同一直线上，AC 与 BD 相交于点 M，DC 与 AE 相交于点 N，求证：△MNC 是等边三角形。

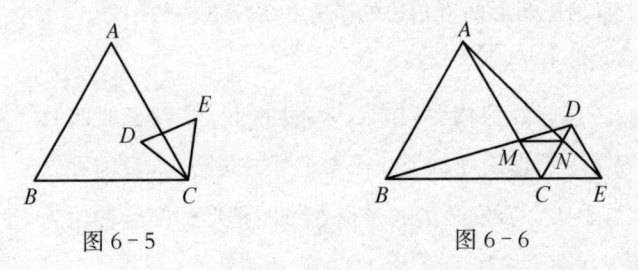

图6-5　　　　图6-6

只有从问题联想到已经掌握的知识技能，才能找到解决问题的方法和策略。此案例中，教师在分析过程中始终架设问题"脚手架"，并提问学生图形中不变的量有哪些，变化的量又是什么，发生了怎样的变化。在师生一问一答中，学生总结思路与方法。这里通过证明三角形全等得到边的数量关系、角的大小，引导学生运用图形运动的眼光与全等三角形相关的数学几何问题，唤起学生用运动的眼光观察问题的意识，养成用数学的方法分析解决问题的思维习惯，感悟数学思想解决问题的教育价值，发展应用意识和数学素养。

（四）架设练习题"脚手架"，帮助学生巩固知识，学习更有效

下课前，留出几分钟时间，教师根据教学目标，架设练习题"脚手架"，来了解每个学生课堂知识的掌握情况。练习可以由教师通过电子书包平台批阅，也可以用教师批阅小组长，小组长批阅组员的方法迅速完成。反馈的结果让学生发现自己学习中存在的问题，教师也能迅速、全面地了解全体学生对本课时的掌握情况。

在教学一元二次方程的概念这节课时，课末练习设置如下：

1. 下列方程中，不是一元二次方程的是（　　）。

A. $(2x-1)(3x+1)=2x(2x-1)$

B. $4x^2=0$

C. $3x^2+2=0$

D. $(2x-1)(2x+1)=x(1+4x)$

2. 将一元二次方程 $(x+1)(x-7)+4=(2x+1)^2$ 整理为一般式 _____。

3. 关于 x 的一元二次方程系数是 1，一次项系数是 -1，常数项是 2，则这个一元二次方程是_____。

4. 已知关于 x 的一元二次方程 $(m^2-1)x^2+mx-3-m=0$ 有一个根为 1，求 m 的值。

这份课末练习覆盖了本节课的 3 个知识点：① 理解一元二次方程的概念；② 会把一元二次方程化为一般式，会辨认一元二次方程的二次项、一次项、常数项以及各项的系数；③ 理解方程的根的意义。

教师对于学生出现的共性问题进行集体辅导；而对学生学习上的个别特殊问题，则采取个别交流或小组互助的方式来纠正错误。对于普遍性的错误、容易遗忘的知识或者比较重要的问题，在下一次课末练习中可以继续体现。总之，在课末架设练习题"脚手架"，激发学生的学习内力，实现知识输入到能力输出的转换，让师生共同在学习中收获，在反思中成长。

四、温馨提示

① 教师应充分分析学生已有的认知水平和学生可能的发展水平，根据学生的能力和特点合理设置教学"脚手架"，架设的"脚手架"过难或过易都会浇灭学生学习的热情，使"脚手架"失去应有的价值。

② 课堂中，当学生对于教师搭建的"脚手架"表现得很轻松或是无从下手时，教师要及时调整"脚手架"的跨度或是添加一些提示"脚手架"来对学生的学习予以支持。

（撰稿者：钱燕）

思维可视化：
突破学生思维障碍的有效途径

思维的培养是发展学生物理核心素养的关键，在物理教学中有着非常重要的地位。物理教学的一个重要任务就是教会学生如何正确地去思考问题，进而发展学生的学科素养。近年来上海市的中考物理试题，更多地关注学生的思维过程，引导学生多层面、多角度地思考问题，对思维过程中的细节问题考查较多。思维可视化教学微技术就是为适应上述变化而提出的，我们重视学生的思维训练，在教学过程中有意识地设置一些思维含量高的问题，以此训练学生的思维、优化学生的思维品质、提升学生的应变能力。

一、理念与意义

建构主义学习的特征：学习是学习者的积极建构，不是学习者单纯地被动接受。学习过程是学习者积极的活动，是学习者主动建构知识的过程，是学习者知识累积的过程，是学习者达到学习目标的过程，是学习者自我诊断和反思的过程。[1] 这一阐述为教学微技术提供了实质性理论支撑。

思维可视化是指运用一系列图示技术把本来不可视的思维（思考方法和思考路径）呈现出来，使其清晰可见。被可视化的"思维"更有利于理解和记忆，因此可以有效提高信息加工及信息传递的效能。

---

[1] 上海市中小学(幼儿园)课程改革委员会.上海市中学物理课程标准解读[M].上海：上海教育出版社,2006：7.

思维可视化微技术是指运用实验、思维导图、列表等手段,将学生的隐性思维显性化、抽象思维形象化、静态思维动态化,最终达到思维的可视化,帮助学生突破物理思维障碍的教学技术。它的作用主要体现在以下两个方面:

(一)思维可视化微技术能激活学生的思维

兴趣是推动学生学习的最实际的内部动力,有了兴趣,思维就会处于活跃状态,教师在教学过程中应激发学生学习的兴趣,而激励是培养兴趣的重要前提。

学生在初三学习电学时,无论是在学习内容、学习要求,还是在思维方法等方面与初二相比都出现了较大跨度。物理教育学家朱正元先生说过,物理概念、规律等一些理论的东西往往是"千言万语说不清,一看实验便分明"。在教学过程中,教师可以利用实验为学生搭建好合适的学习"脚手架",通过实验的方法使学生思维可视化,激活学生的思维,引导学生不断克服学习思维障碍,进一步完成学习任务。

(二)"思维可视化"教学能有效突破学生思维障碍

学生有了学习的兴趣,但是遇到思维含量高的题目仍然有畏难情绪,怎么办?对于思维含量高的习题教学,要注重过程分析,一般的物理问题,总是有初态(条件)和终态(目标),解题者的任务应在于寻找一系列由初态逐渐逼近终态的中间状态。具体地说,思维可视化可以在初态和终态之间建立联系。思维可视化可以将隐形的、抽象的、静态的信息直接展示出来,帮助教师了解学生的思维过程,同时,也帮助学生合理把握信息,理解教师的思维轨迹,使师生之间有更好的交流与对话。在课堂教学中合理地运用列表、思维导图等可视化的方式,找到学生思维的障碍点,帮助学生突破思维障碍,使更多学生不再惧怕物理,对提升学生的核心素养具有重要意义。

总之,教师利用思维可视化方法教学,能够吸引学生的注意力,帮助学生突破物理思维障碍,培养学生的核心素养,从而有效解决物理问题。

二、操作方法

思维可视化微技术能够有效地启动学生的思维,激发学生的学习兴趣,引导学生从多角度、多方位思考问题,实现思维的拓展与延伸,提高思维品质。具体操作方法如下:

(一)设计实验,使学生思维可视化

有一些物理问题在用语言描述时,学生很难明白,新课程特别强调学生的亲身体验和感受,教师可以把问题设计成实验,使学生感到亲切,更容易接受,有助于培养学生的注意力、观察力、分析问题能力。选择恰当和典型的实验,简练生动地说明问题,使学生感受更深刻,容易激发学生的学习兴趣,使其注意力集中到被研究的对象上来,注意观察现象的变化及产生的条件,从而发现本质的特征。

(二) 利用思维导图,注重过程分析

学生在面对过程复杂、条件繁杂、隐含关系的物理问题时,常不知如何处理,在问题解决过程中常常会存在思维障碍。应用思维导图将物理问题的解决过程展示出来,从而有针对性地使学生克服在物理问题解决中存在的思维障碍,以提高学生解决物理问题的能力。

(三) 建构图表,提供思维支撑

在习题教学中,学生通过平时的学习积累,分析总结出电学中的故障分析、动态分析等题型适合于列表法,在老师的引导下构建列表,通过列表找出初态(条件)和终态(目标)的联结,具体地说,通过思维可视化(列表法)在初态和终态之间建立联系,逐层展示出来,形成思维支撑。

思维可视化微技术不再是教师按照预设平稳进行,课堂存在很大的生成性和不确定性,这就要求教师要能够灵活地驾驭课堂,把握好时间,掌握好尺度,充分发挥思维可视化微技术在物理教学中的有效作用。

三、案例与分析

串联电路故障分析是教学的难点,近几年各区模拟考和中考中,单一简单电路故障的考查比例在减少,更多的是以电路中同时存在两处故障或复杂故障(在电键闭合前已经出现故障)的形式呈现,对学生的思维能力和综合运用知识的能力的要求更高。

学生在学习了串联电路故障的分析后,对串联电路故障的分析有一定的学习基础。但对于串联电路复杂故障的分析,在认识上仍存在一定的困难,不能融会贯通地解决此类问题。

教师根据学生对串联电路故障分析的认知基础,通过理性分析与实验验证相结合的形式,运用思维可视化教学微技术,采用实验、思维导图、列表等方式,突破学生对串联电路复杂故障分析的思维障碍,引导学生总结解决这类问题的方法,提高学生解决问题的能力。

（一）设计物理实验，增强学生主动参与意识

利用实验使学生思维可视化，教师不再直接呈现知识或结论，而是引导学生根据要解决的问题设计实验，在实验过程中，通过体验、分析、判断等在探索中学习，提高了学生的主动参与意识，增强了学生的自主学习能力。

例题1：在图6-7所示的电路中，电源电压保持不变，当S闭合时，电阻R或灯L有且只有一个存在故障。电流表、电压表的示数如何变化？

这个题目从理论上讲解的一般方法是：

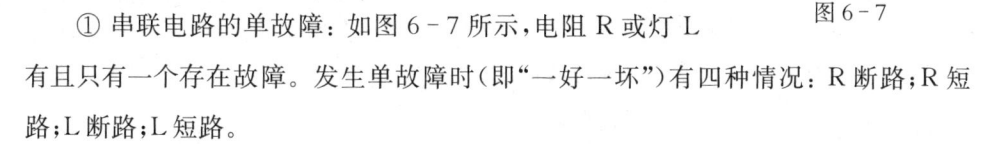

① 串联电路的单故障：如图6-7所示，电阻R或灯L有且只有一个存在故障。发生单故障时（即"一好一坏"）有四种情况：R断路；R短路；L断路；L短路。

图6-7

② 根据电路元件发生的故障，会分析判断电表示数的变化情况。

电路发生故障时，电路中的电流或电压可能发生变化，用电器的工作状态也可能发生变化，因此我们要会分析判断电流表、电压表示数的变化情况（如变大、变小或不变）或小灯的亮灭情况。

这样类似的题目已经讲了很多，有的同学还是不明白，电路发生故障时电流表、电压表示数的变化情况及小灯的亮灭情况。

教师可以以实际生活生产中的电路故障检测为切入口，使学生明白电路故障分析的重要性。根据学生的认知水平，教师引导学生设计一系列的电路故障，学生猜想可能出现的现象，阐述猜想的理由，并通过实验来验证猜想，以加强学生的体验。然后学生根据现象来判断电路可能发生的故障，解决一些实际问题。把抽象的问题转换成具体的实验现象，经历"故障→分析→猜想→验证→现象→分析→检测"的过程。教师引导学生在此基础上总结串联电路单故障的规律，学生就容易接受。根据现象查找原因，本题主要考查用电器时出现了短路和断路电表发生的变化。短路实际上就是它的电阻减小变为零；断路就是该处电阻变为无穷大，以致该处无电流。在分析时，电流表的电阻可以认为为零（即把它当作一条导线处理）；电压表的电阻可以认为为无穷大（即把它当作断路处理）。

教师引导设计一系列的电路故障，以加强学生的体验。把抽象的问题转换成具体的实验现象，利用实验使学生的思维可视化，整个过程的着眼点是以学生的认知过程为主线，将问题的解决过程从教学角度进行必要的思考和加工，把学生带到问题开始

的地方,使教学过程真正成为学生主动参与的再发现过程。

(二)建构思维导图,让学生经历知识发现过程

物理是一门实践性很强的学科,只有通过参与一定的实践活动,才能将学得的知识最终转化为自己的能力。物理习题教学是一种重要的实践活动。问题解决是物理学习关键,瞄准核心,给学生提供思维支撑,让学生经历知识发现过程,有助于提升学生问题解决的能力。习题教学的目的不仅仅在于求出一个正确答案,更在于提高学科知识的应用能力和问题解决能力。

例题2:在图6-8所示的电路中,电源电压保持不变,电阻R或灯L有且只有一个存在故障。电键S闭合前后,只有一个电表的示数发生变化,其对应的故障是_____。两个电表的示数发生变化,其对应的故障是_____。

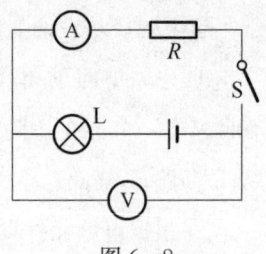

图6-8

在例题1中,通过实验观察到R断路、R短路、L断路、L短路四种情况下S断开、S闭合时电流表、电压表的示数变化,在本题可以引导学生列出思维导图,从图中可以看出,电键S闭合前后,只有一个电表的示数发生变化,其对应的故障发生在电压表之内,是R断路或者R短路。两个电表的示数发生变化,其对应的故障发生在电压表之外是L短路。

这道题目是串联单故障,利用思维导图的方式可帮助学生梳理思路,描摹学生的思维轨迹,有效降低学生理解学习内容的难度,帮助学生突破学习物理的思维障碍,使更多学生不再惧怕物理。

(三)注重过程分析,列表逐层建构

学生在面对串联电路的多故障问题时常不知如何处理,在问题解决过程中常常会遇到思维障碍。对于这类问题的解决,可以应用列表法逐层建构,从而有针对性地使学生克服在物理问题解决中存在的思维障碍,以提高学生解决物理问题的能力。

下面,以串联电路的多故障题目为例,说明如何从知识的生成出发,通过"提出问题——列出表格——归纳比较——得出结论——巩固深化"的教学程序,让学生在经历重演物理知识发生的过程中,实现知识的逐层构建。

例题3:在如图6-9所示的电路中,电源电压保持不变。已知灯L、电阻R出现了故障,闭合电键S后,若有一个电表的示数没有发生变化,则故障可能是_____ _____(写出所有可能故障)。分析:

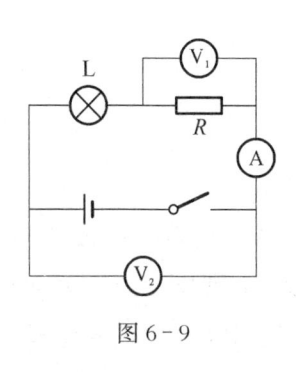

表 6-1 七种故障情况表

S 闭合		A	V_1
L 断路	×	0	0
L 短路	×	I	U
R 断路	√	0	U
R 短路	√	I′	0
L 断路、R 断路	×	0	0
L 断路、R 短路	√	0	U
L 短路、R 断路	×	0	0

图 6-9

第一层：明确这是一个多故障问题，可能有七种情况：① L 断路；② L 短路；③ R 断路；④ R 短路；⑤ L 断路、R 断路；⑥ L 断路、R 短路；⑦ L 短路、R 断路。

第二层：列出表格。

第三层：在表格中填写七种故障对应的 A，V_1 的现象。

第四层：总结归纳：若有一个电表的示数没有发生变化，则故障可能① R 断路；② R 短路；③ L 断路、R 断路；_____（写出所有可能故障）。

学生在面对例题 3 这样过程复杂、条件繁杂、隐含关系的物理问题时常不知如何处理，可采用列表法把可能出现的故障一一列出，再把七种故障对应的电流表、电压表的示数变化逐步填写到列表中去（见表 6-1），哪里存在问题一目了然。

问题初态（七种故障）对应的电流表、电压表的示数的示数变化与终态"若有一个电表的示数没有发生变化，则故障可能是_____"通过表格建立联结。

对于这类问题，首先审读题目，在明确对象、分析过程（状态）的基础上，构建出适合题意的解题方法，使"实际问题"转化为"物理问题"，接着选用相应的可视化工具（列表法），把"隐性问题"转化为"显性问题"，然后归纳出用列表法解答电路故障分析题的一般方法。

教师设计表格，可帮助学生梳理思路，通过表格内填写的内容，找到答案，进一步归纳总结方法。

初中学生学习物理科学方法需要隐性与显性相结合，循序渐进，逐层建构。从教学案例中可以发现，思维可视化教学微技术是一种思想，也是一种方法，教师利用思维可视化方法教学，将学生的隐性思维显性化、抽象思维形象化、静态思维动态化，最终达到思维的可视化,帮助学生突破物理思维障碍,发展学生的核心素养,有效解决物理问题,是符合学生发展需要的教学方法。

四、温馨提示

① 教师应该根据教学内容灵活选择具体的思维可视化方式。

② 利用思维导图和列表法时,一定要把可能出现的类型全部列出,把可能出现的现象写正确,否则一处出错,会导致结果全错。教师要具备较高的调控能力,能够预测学生在独立思考、自主建构过程中可能遇到的问题,及时发现问题,并提供适时、恰当的启发引导。

(撰稿者:段筱静)

设置督察员：
提高布堆画合作学习的有效性

美国肯塔基大学嘎斯基教授认为,合作学习是一种教学形式,它要求学生在一些由2—6人组成的异质小组中一起从事学习活动,共同完成教师分配的学习任务。在每个小组中,学生们通常从事各种需要合作和互助的学习活动。

在小组合作时,笔者常常发现有些同学能积极参与到学习中,而一些不能跟上教师节奏的同学会消极应对,使得小组合作学习变成了一部分或者某个同学的展示。如何改变这一情况呢?经过思考与实践摸索,笔者设想在小组分工合作完成特定的布堆画学习任务时,设立督察员机制。督察员作为中间角色,能协调学习任务,督促学习过程。

一、理念与意义

设置督察员微技术的布堆画合作学习是指在小组合作学习中,督察员对学习任务进行分层后分配给相应的组员,统领整个小组完成布堆画作业并充当小老师的角色。这一微技术鼓励学生乐于助人,接纳同伴;允许后进生与快进生合作学习,实现分层教学;激发小组成员合作学习的热情;真正提高教学的有效性。

民间美术布堆画属于非物质文化遗产,有其繁复的制作工艺。以一张宽45厘米、长55厘米的布堆画作品为例,一名对布堆画技法熟悉的学生每周花费一节课时制作,需要一个学期的时间。选择小组合作有利于化繁为简,形成流水操作,更重要的是降低了学习难度,让更多的学生在初中学段掌握这一非物质文化遗产,对文化有重要的传承意义。

督察员在合作学习中承担了小老师的角色,是领头羊。教师在拓展课上统一对督察员进行专业技能培训,明确每周学习任务。教师应尽量选择参加过市级、区级各类展示活动、竞赛活动的同学作为督察员,此类同学有良好的沟通和语言表达能力、责任心强、有集体荣誉心。教师要对这些同学提前开展布堆画的技能技法教学,使之拥有更专业的技能担当督察员。督察员在分工合作学习时,观察督促本组成员的进度与质量,提高学生分工学习的效率,每个学生都能有不同程度的学习收获和技能提高,实现学生互惠学习。督察员的意义主要体现在以下几个方面:

（一）帮助教师实现布堆画分层教学

在布堆画教学中分组,每组设置一名督察员。教师在授课时就可以采用后"茶馆式"教学,学生会的可以不教,对于各小组出现的共性问题集中讲解。督察员将教师的学习包解压后,按照组员的学情合理分层分配学习任务,对快进生分配一些有难度的学习任务并且多分配一些学习任务,而对后进生则适当降低作业难度。允许快进生在完成本课时的布堆画学习任务后,开展新的布堆画创作。

（二）督促学生人人参与教学

督察员将学习任务分配下去后,学习能力弱的同学在遇到困难时,督察员承担了教授组内后进生的任务,并协助后进生完成布堆画作业,这样的做法承认个体差异,但不放弃后进生,解决作业分层的问题又保护后进同学的学习积极性。六个人的小团队可以避免角色重复而导致学习效率低下,教师容易把握小组成员的动态情况。

可见,督察员角色的设置避免了三个和尚没水吃的情况,不让任何一个同学落单,让每位同学都能参与到教学活动中,人人都有活干,没有旁观者,提高合作教学的有效性。

二、操作方法

督察员在小组合作学习布堆画过程中,掌握组员的学习情况。对小组成员的角色分工要明确、细化,避免组员无所适从。注意避免角色重复而导致学习效率低下。督察员在小组合作学习布堆画中发挥引领作用。

（一）督察员聚焦布堆画技法,作业分工分层

督察员一般选择校布堆画社团的成员,他们掌握了一定的布堆画制作技法,对于动植物题材、人物场景题材都能很好地驾驭。督察员的职责是将学习任务分工、学习

目标分层体现在组员身上。对于学习能力强的组员，就分配难度大一些的布堆画学习任务，如布堆画人物制作；对于学困生就要降低作业难度，如布堆画小动物、植物的制作。团队合作完成一幅布堆画作品，快进生负责布堆画的堆、绣技法，把难度较低的画、剪、粘的技法安排给不同层次的后进生，避免了小组合作中的怠工情况，整个团队的学习效率也大大提高了。

（二）督察员担任小老师的角色，带动后进生，提高小组学习的效率

督察员将学习任务统一用学习任务单分配下去后，督察员承担起小老师的角色，"一带五"对小组成员进行分层教学。督察员可以将布堆画的主体物形象设计成卡纸模版，后进生用卡纸模版在布上描摹出各种主体物的形象，并交给其他组员剪出造型。复杂的配件制作涉及堆的技法，督察员需要重点帮助，手把手地教给组内成员，不让任何一个同学落伍，还可以拿出午自习时间对其单独辅导。小组成员在不断的合作磨合中，掌握布堆画的制作流程，简化布堆画的制作技法，提高小组的学习效率。

督察员的职责不是一味带领组员埋头苦干，而是将小组成员的学习状态与学习结果及时反馈给教师，督促各环节负责人的工作，同时协调组员积极参与各环节操作。

（三）督察员对组员表现要有全面的评价

对小组成员的作业进行评价：由于组员的作业是合作完成的，组员手中只有布堆画作品的部件，所以督察员要从色彩搭配是否适合、大小尺寸是否匹配等方面进行评价，否则会出现布堆画各部件无法拼到一张作品上的情况。对组员学习过程做出合理的评价：组员在某个阶段掌握了布堆画的画、剪、粘、堆、绣技法，作业能否与其他组员的制作部件拼接起来，能否创作，都是阶段评价内容。成长性评价：督察员对组员在合作分工中是否与其他组员存在交流困难，在小组合作学习中是否改进，是否从后进生转化为快进生，是否能够参与各级各类竞赛及展出活动等方面进行评价。

在管理上，要有奖惩规则。督察员对小组成员进行评价，对小组中快进生要进行奖励，鼓励其参加各级各类的艺术竞赛活动和展示活动；奖励其参加每年上海国际手造博览会做布堆画志愿，并赠送入场券。小组成员对督察员也要进行评价。

三、案例与分析

在前期铺垫的基础上，利用督察员机制在布堆画小组合作中开展分工学习，应当遵循以下三个步骤：

(一) 督察员对作业分工分层,聚焦布堆画技法

布堆画的制作技法是学习的重点,关注学习目标可以大大提高课堂教学的有效性。督察员为每位小组成员"量身定制"作业量和作业难易度,从而实现作业的分工与分层的合理化,提高小组学习效率。

我们以《布堆画——石榴》一课为例进行具体分析。遵循学生的认知规律抛出问题:请每个小组观察布堆画石榴作品,分析石榴籽共堆积了多少层?同学们认为应该先制作哪层?是最顶层还是最底层?如果是最底层你会如何制作?如果是最顶层你又是如何制作的?将知识层层递进并将之串联起来,引导学生主动探索上述问题。课堂教学在问题中展开,使探究具有推动意义,引导学生"做中学"。经过讨论,每个小组展开实践后,得出石榴籽应该先上后下,先小后大,先内后外的制作规律。

督察员根据小组成员的学情将任务分配给组内每位成员。(附小组学习任务单,见表6-2)

表6-2 小组学习任务单

第一小组(督察员黄同学)			
姓 名	学 习 任 务	作业自查情况	督察员对成员评价
督察员	画出石榴造型与枝叶的卡纸模板	☆☆☆	☆☆☆
甲	利用模版制作布堆画石榴造型	☆☆☆	☆☆☆
乙	利用模版制作布堆画石榴的枝叶	☆☆☆	☆☆☆
丙	石榴籽1(布堆画堆的技法)	☆☆☆	☆☆☆
丁	石榴籽2(布堆画堆的技法)	☆☆☆	☆☆☆
戊	石榴籽3(布堆画堆的技法) 石榴的枝叶(布堆画绣的技法)	☆☆☆	☆☆☆

在小组开展合作学习时,督察员根据小组成员的学习基础迅速分配学习任务,每位组员在督察员的带领、调度下积极参与合作学习,各司其职,分工协作。督察员事先画好石榴与石榴枝叶造型模版,将造型模板分配给小组成员甲、乙两位同学制作,这部分的制作比较简单,但是是这个课题学习的重要载体,后进生的甲、乙同学同样感受到自己在团队中的重要性。石榴与枝叶的数量都是可多可少的,选择甲、乙制作中最佳的入画,略微差点的石榴造型可以作为小奖品,奖励给组员,下课后带回家自己做成作品欣赏。将石榴籽的学习制作任务交给同学丙、丁,分工看似简单,但是在课题石榴作

品中需要的数量很多，同时又是布堆画技法堆的重要体现。戊同学是一位承上启下的成员，将所有同学的作业衔接起来。小组成员合作完成一件复杂的非遗布堆画作品，极大缩短了布堆画的制作环节与用时。每个组员都是这个小组的重要组成，不可缺少。

（二）督察员担任小老师的角色，带动后进生，提高小组学习的效率

小组分工学习中，总会出现理解能力快的同学和理解能力弱的后进生。督察员除了将学习任务分工外还需要承担起小老师的角色，帮助后进生掌握学习要领，改善学习方法，督促后进生追赶小组内其他同学，提高小组学习效率。

在《布堆画——石榴》合作学习中，后进生甲、乙两位同学完成布堆画石榴造型与枝叶的制作后，督察员鼓励他们继续学习石榴籽的制作方法，这是布堆画技法中最难的技法——堆，督察员引导他们先做最上面的一层，再做下面的一层；先做石榴籽最内圈，再做外圈，先小后大，真正实现互惠学习。

（三）督察员对小组成员的表现要有全面客观的评价

完成布堆画石榴的制作后，督察员要点评每位组员的表现，承认优缺点，提出改进方法。不忽视任何一位组员的努力，认可他们在小组内的贡献，这样可以激发小组内成员的自信心和学习热情。在组内评价时需要保护后进生的学习积极性，发现问题解决问题，不能自行解决的问题及时向老师提出，一同解决。对于后进生仍然要找时间及时帮助他补缺查漏，形成一个共前进的小团队。

下课前，督察员组织成员一同展示学习成果并交流心得，教师做适当点评，小组间互相评价。评出最佳合作小队给予奖励，奖品为每年上海国际手造展门票；评出最佳领导力的督察员不仅可以获得手造展门票，还可以获得教师赠送的精美十二生肖布堆画作品一幅，并可获得更多的寒暑期文化展示活动的学习机会。

四、温馨提示

① 教师要对督察员进行一定的技能培训、领导力培训。小组合作学习中，督察员起领导核心作用。小组分工是合作学习的基础和重要环节，它决定了合作学习的效率和最终效果。很多效率低下的合作学习往往源于分工不明确，学生不知道该干什么。从表面看，小组是随机产生的，但督察员是教师指定的，并经过一系列培训上岗的。

② 教师必须辅助督察员将学习任务分配下去。督察员学会领导组内五位组员是

非常重要的,在分配学习小组的时候就需要教师做足功课,同学们如何分组,他们对知识的掌握要有梯度,不能将同一知识水平的同学放在同一小组内,不利于合作学习的开展。小组成员还需要对督察员认可和信服,避免出现组内成员不服从督察员任务安排的情况。

③ 督察员在小组学习中,带领小组成员讨论学习内容、学习要点,制定学习目标。各小组在教师基本框架内形成自己的创意与方案,每位组员在讨论和指定方案的过程中各抒己见,充分发挥主观能动性和创造性,互帮互助,培养合作的意识。

督察员角色的设立、选取、管理都需要布堆画教师运用自身的教学经验,结合实际情况,因地制宜地设计一整套流程,并根据每一阶段的实行效果不断进行调整。布堆画督察员机制的平稳运行也是分层教学的有力保障。

(撰稿者:韩俊丽)

后　记

　　2020年是一个不平常的年份。由于新冠疫情肆虐，人们出行受到极大的影响，学校新学期开学不得不推迟，学生线上学习一下子成为常态。

　　2020年是一个具有特殊时间点的年份。今年正好是我个人从教三十年，巧的是前十五年我在奉贤，在高中任教。后十五年我在闵行，在初中从事教育管理，见证了实验西校的创建和发展。而今天的实验西校，犹如一位风华正茂的青年满怀理想走向未来。我们也在思考，学校的未来发展该走怎样的路。

　　2020年是一个很有意思的年份。2015年，值实验西校十周年校庆之际，由我编著的《主动・分享・快乐——构建"成长课堂"的实践探索》一书由上海教育出版社出版。这是西校成立以来的第一本正式出版物，老师们欣喜若狂，虽然书的内容还显稚嫩，但是反映了学校老师几年来教学改进的初步成果，以此书献礼十周年校庆。当时我一句"五年后我们再出一本有关微技术的书"，一直如影伴随。2017年我校的教改成果《理念转化为行为的助推器：教学微技术的研究与开发》获得上海市基础教育教学成果二等奖，这更加坚定了我们对微技术研究的信心。今天，《课堂教学的30个微技术》的出版既是完成了五年前的承诺，也是为十五年校庆准备的一份厚礼。

　　课堂教学改进是学校永恒的主题，而学校课堂教学改进最自然的方式就是，每一个教师在自己的教学实践中去发现不足，然后想办法去改进。但这里有两个问题：第一，教师自己发现不了问题怎么办？第二，发现了问题教师无法解决怎么办？

对于第一个问题，我们的策略，一是提高教师本身的素养和教学的标准，让他自己去发现。这要求每一个教师从立德树人的高度、从培养学生核心素养的高度来审视自己的教学，反思自己的行为。标准一提高，问题就容易显现了，从而让教师发现自己在课堂教学中的不足之处。二是，学校建立多渠道的听课评课制度，通过其他人的听课来帮助教师发现问题。

对于第二个问题，我们引导教师针对问题提炼教学微技术。教师不仅是知识的传授者，也是知识的创造者。教学实践中，我校教师自己提炼的微技术实际上都是他们实践智慧的结晶，是他们自己创造的知识。三年中我们命名了九位微技术示范员，激发他们实践探索的热情，示范员们也在创造属于他们自己的知识。目前，其中五位教师新晋了高级职称，一位教师成为学校教导处副主任，一位教师成为闵行区学科带头人，三位教师成为教研组长或年级组长，这九位教师已经成为我校教学改革的"尖刀班"成员，作为一个团队引领着我校的课堂教学改革。

也许每一个教师的微技术只是一个小的方法或手段，仅仅是课堂教学改进的一个微小的力量。但是，涓涓细流汇成大海，当一个学校的每一个老师都在为改进自己的课堂寻找办法，这本身就是一个巨大的力量。因为每一个微技术，是广大教师转变教育理念、投身教学变革的精神写照，是每一位教师（或团队）实践智慧的凝聚，它解决了理念向行为转变的"最后一公里"。今天，我们把它汇编成书，就是要把这些散落在各处的珍珠串起来，汇成一个熠熠闪烁的光环。通过微技术的研究与提炼，学校已形成了从课例研究中提炼经验、由经验提炼变成教法、经教法推广形成技法的机制，已经使"精益求精、务实求进、不断攀登"成为西校人的文化特征，使学校成为不断促进教学变革的永动机。

本书的出版，首先要感谢与我一起来撰写的同事们。第一部分总论除了我撰写外，陈旭丽副校长撰写了"全校教研日的形成"一节。第二部分，第一章概述由黄雪丹书记撰写，五篇案例分别由李铮怡、张艳萍、蔡小红、葛亮和蔡小红老师撰写并由黄雪丹书记统稿；第二章概述由陈旭丽副校长撰写，五篇案例分别由陈旭丽、傅仕禄、叶萌、叶萌和张毓皎老师撰写并由陈旭丽副校长统稿；第三章概述由周永国老师撰写，五篇案例分别由周永国、孙丽凤、黄慧、赵茜和王必成撰写并由周永国老师统稿；第四章概述由宁颖老师撰写，五篇案例分别由葛亮、宁颖、胡燕君、袁静和王静老师撰写并由宁颖老师统稿；第五章概述由沈晓茹老师撰写，五篇案例分别由沈晓茹、翁晓敏、杜宪政、宁颖和沈晓茹老师撰写并由沈晓茹老师统稿；第六章概述由王爱华老师撰写，五篇案例分别由王爱华、李瑶、钱燕、段筱静和韩俊丽老师撰写并由王爱华老师统稿。

更要感谢上海市教育科学研究院杨四耕老师，他多次来学校指导本书的结构，培训教师如何进行研究和写作！感谢上海市教育科学研究院吕星宇博士对我校微技术研究的指导，并为此书作序！感谢上海市实验学校徐红校长经常对学校教学研究的指导，并在百忙中亲自为该书写序！感谢闵行区教育学院庄明老师平时对学校教科研工作的指导！感谢张丽老师前期的组织和资料的提供，感谢周永国老师为本书出版进行了大量的组织工作！

由于时间比较仓促，也限于我们的水平，本书会有疏漏和不尽人意之处，诚恳地希望广大读者提出宝贵意见，帮助我们继续改进。

谨以此书献给实验西校建校十五周年！

上海市实验学校西校校长　章志强
2020 年 8 月

教学诠释学	978-7-5760-0394-9	42.00	2020年9月
原点教学：提升区域育人质量的策略研究			
	978-7-5760-0212-6	56.00	2020年8月
聚焦学科核心素养的课堂教学	978-7-5675-8455-6	36.00	2018年11月
指向学科核心素养的课堂教学范式	978-7-5675-8671-0	54.00	2019年6月

学校课程发展丛书

数学学科课程群	978-7-5675-9445-6	58.00	2019年8月
科学学科课程群	978-7-5675-9593-4	34.00	2019年9月
核心素养与课程设计	978-7-5675-9462-3	46.00	2019年9月
语文学科课程群	978-7-5675-9441-8	56.00	2019年9月
品牌培育与学校课程	978-7-5675-9372-5	39.00	2019年9月
英语学科课程群	978-7-5675-9575-0	39.00	2019年10月
体艺学科课程群	978-7-5675-9594-1	34.00	2019年10月
跨学科课程的20个创意设计	978-7-5675-9576-7	34.00	2019年10月
学校课程与文化变革	978-7-5675-9343-5	52.00	2019年10月

品质课程实验研究丛书

学校课程框架的建构：HOME课程的旨趣与架构			
	978-7-5675-9167-7	36.00	2019年9月
聚焦育人目标的课程设计：红棉花季课程的愿景与追求			
	978-7-5675-9233-9	39.00	2019年10月
核心素养导向的课程设计：花园式课程的文化与聚焦			
	978-7-5675-9037-3	48.00	2019年10月

学校课程文化的实践脉络:百步梯课程的逻辑与架构

978 – 7 – 5675 – 9140 – 0　　48.00　　2019 年 11 月

学校课程发展策略:SMILE 课程的逻辑与深度

978 – 7 – 5675 – 9302 – 2　　46.00　　2019 年 12 月

聚焦内涵发展的课程探究:芳香式课程的理念与实施

978 – 7 – 5675 – 9509 – 5　　48.00　　2020 年 1 月

以儿童为中心的课程:欢乐谷课程的旨趣与维度

978 – 7 – 5675 – 9489 – 0　　45.00　　2020 年 1 月

学校课程体系的建构:"小螺号课程"的架构与创生

978 – 7 – 5760 – 0445 – 8　　45.00　　2020 年 9 月

特色学校聚焦丛书

每一个孩子都是一棵树	978 – 7 – 5675 – 6978 – 2	28.00	2018 年 1 月
教育不是一个人的事:"众教育"36 条			
	978 – 7 – 5675 – 7649 – 0	32.00	2018 年 8 月
不一样的生命,一样的精彩	978 – 7 – 5675 – 8675 – 8	34.00	2019 年 3 月
童味正醇:特色学校的文化图谱	978 – 7 – 5675 – 8944 – 5	39.00	2019 年 8 月
特色普通高中课程建设探索	978 – 7 – 5675 – 9574 – 3	34.00	2019 年 10 月
儿童是天生的探索者:360°科学启蒙教育			
	978 – 7 – 5675 – 9273 – 5	36.00	2020 年 2 月
做精神灿烂的教师:教师自我成长的 5 个密码			
	978 – 7 – 5760 – 0367 – 3	34.00	2020 年 7 月
让教育温暖而芬芳	978 – 7 – 5760 – 0537 – 0	36.00	2020 年 9 月
快乐教育与内涵生长	978 – 7 – 5760 – 0517 – 2	46.00	2020 年 12 月

跨学科课程丛书

大情境课程：主题设计与创意评价

978 - 7 - 5760 - 0210 - 2　44.00　2020 年 5 月

社会参与素养的培育模型与干预机制

978 - 7 - 5760 - 0211 - 9　36.00　2020 年 5 月

大概念课程：幼儿园特色主题活动设计

978 - 7 - 5760 - 0656 - 8　52.00　2020 年 8 月

核心素养导向的课堂教学丛书

漾着诗性智慧的课堂教学　　978 - 7 - 5675 - 9308 - 4　39.00　2019 年 7 月

转识成智的课堂教学：核心素养导向的历史教学

978 - 7 - 5760 - 0164 - 8　40.00　2020 年 5 月

学导式教学：学会学习的教学范式

978 - 7 - 5760 - 0278 - 2　42.00　2020 年 7 月

特色课程建设丛书

教师，生长的课程　　978 - 7 - 5760 - 0609 - 4　34.00　2020 年 12 月

学校课程发展的实践范式　　978 - 7 - 5760 - 0717 - 6　46.00　2020 年 12 月